New 배드민턴교본

KIHON GA MINITSUJU BADMINTON RENSHU MENU 200
ⓒ IKEDA PUBLISHING CO., LTD., 2011
Originally published in Japan in 2011 by IKEDA PUBLISHING CO., LTD., TOKYO,
Korean translation rights arranged with IKEDA PUBLISHING CO., LTD., TOKYO,
through TOHAN CORPORATION, TOKYO, and BC AGENCY, SEOUL.

이 책의 한국어 판 저작권은 BC 에이전시를 통한 저작권자와의 독점 계약으로 삼호미디어에
있습니다. 저작권법에 의해 한국 내에서 보호를 받는 저작물이므로 무단전재와 복제를 금합니다.

New
Badminton

New 배드민턴교본

마스다 케이타 지음 | 권오룡 감수 | 김미희 옮김

Message of the Supervisor
배드민턴을 잘하려면?
To Be a Good Badminton Player

배드민턴은
풋워크로 승패가 결정된다!

배드민턴은 풋워크가 가장 중요하다

배드민턴은 라켓으로 상대와 셔틀콕을 주고받으면서 점수를 얻는다. 득점력을 높이려면 라켓을 잘 다루는 것이 중요하다고 생각하겠지만, 그보다 더 중요한 것이 바로 발의 움직임 즉, 풋워크이다.

풋워크가 잘못되면 아무리 좋은 자세로 쳐도 실수하기 마련이다. 프로 선수도 시합 후 인터뷰에서 "오늘은 발의 움직임이 좋았다"고 말하곤 한다. 이와 같이 '풋워크'는 승패를 좌우할 만큼 매우 중요하다.

실제 샷에서 예를 들어 보겠다. 많은 경우들이 있는데 로브의 경우, 풋워크를 잘못하면 셔틀콕이 의도한 방향으로 날아가지 않게 된다. 이와 같은 실수는 너무나 흔해서 필자가 참가하는 강습회만 해도 많이 볼 수 있다.

대부분의 사람들이 풋워크 때문에 실수할 수 있다는 것 자체를 모르고 있기 때문이다.

그럴 때마다 필자는 "저도 풋워크를 잘못하면 똑같은 실수를 할 겁니다. 일반인이나 선수나 실수하는 이유는 똑같습니다. 풋워크를 신경 써야 같은 실수를 하지 않을 겁니다"라고 말한다. 따라서 먼저 풋워크를 바로 잡고 난 다음에 샷을 배워야 한다.

그래서 본서에서는 올바른 풋워크에 대해서 집요하게 이야기할 것이다.

이제 배드민턴을 시작한 지 얼마 안 된 사람이라면 특히 풋워크를 중요하게 생각하길 바란다. 풋워크가 몸에 잘못 배면 그것이 당신에게 치명적인 약점이 될 수 있기 때문이다.

샷의 기본은 스매시와 로브다

배드민턴의 매력 중 하나는 스매시, 클리어, 커트, 로브, 헤어핀, 푸시 등 다양한 샷이 있다는 것이다. 그런데 이 모든 샷의 기본은 스매시와 로브 두 가지이다.

예를 들어 스매시를 할 수 있으면, 힘을 조절해서 셔틀콕을 코트 뒤쪽으로 날려 보내는 클리어도 할 수 있다. 또 라켓의 타면을 바꿔서 코트 바로 앞에 떨어뜨리는 커트도 할 수 있다. 이와 같이 클리어와 커트는 스매시의 연장선상에 있는 것이다. 같은 방식으로 로브를 이용해서 할 수 있는 헤어핀과 푸시가 있다. 배드민턴을 단기간에 익히고, 시합에서 이기기 위해 처음부터 커트를 배우는 선수가 많은데 그러한 경우 스매시를 똑바로 치기 어려워진다. 반대로 말하면 기본 움직임, 스매시, 로브를 배우면 대부분의 플레이를 할 수 있는 것이다. 스매시와 로브에서 배운 것을 조금씩 응용하면 플레이의 폭이 넓어질 수 있다.

또, 필자가 스매시를 중요하게 여기는 이유 중의 하나는 정신적인 부분이다. 배드민턴은 혼자 싸우는 경기이지만 응원해 주는 관객도 있고 팀원도 있다. 드롭이든, 스매시든 득점하면 똑같은 1점이지만 아무래도 스매시로 득점하는 편이 훨씬 재미있고 선수 자신은 물론, 팀원들의 사기를 올릴 수 있다. 스매시는 샷의 기본이기도 하고 스스로 힘을 낼 수 있도록 도와주는 샷이라고도 할 수 있기 때문에 확실하게 배울 수 있도록 하자.

Message of the Supervisor

배드민턴을 잘하려면?
To Be a Good Badminton Player

초보자나 선수나 하는 연습은 같다

'대표팀 선수들은 어떤 연습을 하고 있을까?' 하고 생각해 본 적이 있는가? 선수들의 실제 연습은 독자 여러분이 평상시에 하고 있는 연습과 거의 다를 게 없다.

대표팀 선수들도 '셔틀콕 놓기(235쪽)'를 하고, '올 쇼트(166쪽)', '올 롱(167쪽)' 연습도 한다. 수준이 높아지면서 동작을 더 응용하고 전보다 무거운 부하를 걸고 정밀한 움직임이나 샷을 연습할 뿐이다.

즉, 초보자나 선수의 연습은 다를 게 없다. 시간이 지나도 중요한 건 기본이라는 것이다.

본 도서의 소개된 연습은 초등학생부터 성인까지도 할 수 있다. 물론 이 책에서 소개하는 연습 방법이 전부는 아니다. 몇 개의 연습을 함께 활용해도 되고, 스매시를 하는 연습이라면, 클리어나 커트로 바꿔서 색다르게 연습해도 좋다. 오히려 이런 사고를 하는 것이 더 중요하다. 지도할 때도 처음부터 전부 가르쳐 줄 게 아니라 문제를 해결할 수 있도록 먼저 힌트를 주는 것이 좋다. 스스로 생각하면서 연습하는 선수들은 배드민턴 실력이 더 빨리 향상되기 때문이다. 본서에서 소개하는 연습을 기본으로, 자신의 수준에 맞게 응용하며 연습하자.

배드민턴은 100명의 플레이어가 있으면 100가지의 플레이 스타일이 있다

배드민턴을 하다보면 코치가 바뀌는 경우도 있을 것이다. 각각의 코치는 당연히 선수가 이기기를 바라며 지도를 하겠지만, 선수 입장에서는 이전 코치와 지도 방식이 달라 잘 받아들여지지 않을 수 있다. 이런 상황에서는 새 코치의 말을 무조건 부정을 하지 말고 이야기를 다 들은 후에 자기 것으로 만들어 보자.

필자가 경험한 일인데, 고등학교 때 존경하는 은사께서 "앞으로 여러 코치를 만나서 여러 가지 지도를 받게 될 것이다. 우선은 듣고, 필요하다고 판단되는 것은 네 것으로 만들면 된다"고 말씀해 주신 적이 있다. 한 가지 방법으로만 배드민턴을 할 수 있다면 그 방법을 못하게 되었을 때 할 수 있는 게 아무것도 없다.

코치는 가능한 '내가 절대적으로 옳다'고 가르치는 것이 아니라, 선수에게 힌트를 주는 방식으로 지도하길 바란다. 강한 선수들의 공통점은 자기 스스로 생각하고 발전해 나가기 때문이다. 반대로 실력이 늘지 않아 고민하는 선수는 대부분 코치의 해답만 기다리는 유형이다.

본서의 연습법도 절대적으로 모든 선수에게 적합하다고 할 수 없다. 만일 100명의 플레이어가 있다면 100가지의 플레이 스타일이 있기 때문이다. 자신의 플레이 스타일을 확립하는 과정에서 이 책이 도움이 되었으면 좋겠다.

배드민턴 일본대표 **코치 마스다 케이타**

목차

머리말 배드민턴을 잘하려면? ... 4
이 책의 사용법 ... 14
배드민턴의 연습일정 짜는 법 ... 16
  수준별 ... 16
  시기별 ... 17
  목적별 ... 18
연습 메뉴에서 사용하는 용어의 해설 ... 19
용어 해설 배드민턴의 기초 지식 ... 20

제1장
기본 기술

001 라켓 잡는 방법을 익힌다 ... 22
002 라켓으로 스윙 연습하기 ①
  오버 헤드 스트로크 ... 22
003 L자형 봉을 사용한 오버 헤드 스트로크 ... 23
004 라켓을 바꿔서 잡기 ... 24
005 라켓으로 스윙 연습하기 ②
  언더 핸드(포핸드) ... 25
006 라켓으로 스윙 연습하기 ③
  언더 핸드(백핸드) ... 25
007 라켓으로 스윙 연습하기 ④
  사이드 핸드(포핸드) ... 26
008 라켓으로 스윙 연습하기 ⑤
  사이드 핸드(백핸드) ... 26
009 셔틀콕 잡기 ... 27

010 셔틀콕 던지기 ... 28
011 셔틀콕을 발끝으로 차기 ... 29
012 셔틀콕을 바로 위로 치기 ... 30
013 앉아서 1 대 1 주고받기 ... 30

제2장
스매시

기술 해설 스매시 ... 32
014 네트 앞에서 스매시 연습 ... 34
015 뒤에서 앞으로 움직이면서 스매시 연습 ... 35
016 네트 앞에서 좌우로 움직이면서 스매시 연습 ... 36
017 앞에서 뒤로 움직이면서 스매시 연습 ... 37
018 좌우 뒤쪽으로 움직이면서 스매시 연습 ... 38
019 스트레이트와 크로스로 나눠서 스매시 연습 ... 40
020 점프 스매시 ... 41
021 백핸드 스매시 ... 42
022 다양한 상황에서 스매시 연습 ... 43
023 포사이드 앞으로 풋워크 → 포핸드 스매시 ... 44
024 백사이드 앞으로 풋워크 → 라운드 스매시 ... 45
025 포사이드로 풋워크 → 포핸드 스매시 ... 46
026 포핸드 스매시 풋워크 → 라운드 스매시 ... 47
027 사이드 원 점프 스매시 ... 48
028 후위 스매시 (복식용) ... 49

칼럼 ① 배드민턴은 상대의 약점을 공략하는 스포츠다 ... 50

제3장
클리어 · 커트

기술 해설 **클리어** ... 52
029 포핸드 클리어 연습 ... 54
030 라운드 클리어 연습 ... 55
031 좌우 번갈아 클리어 연습 ... 56
032 클리어 후 쇼트 서비스 라인 터치 ... 57
033 하이 클리어 ... 58
034 드리븐 클리어 ... 59
035 스트레이트와 크로스로 나눠서 클리어 연습 ... 60
036 다양한 상황에서 클리어 연습 ... 61
037 2 대 1 전면 클리어 ... 61
기술 해설 **커트** ... 62
038 포핸드 커트 연습 ... 64
039 라운드 커트 연습 ... 64
040 좌우 번갈아 커트 연습 ... 65
041 크로스 커트 ... 66
042 리버스 커트 ... 67
043 페인트 커트 ... 68

제4장
네트 플레이

기술 해설 **포핸드 로브** ... 70
기술 해설 **백핸드 로브** ... 72
044 포핸드 로브 연습 ... 74
045 백핸드 로브 연습 ... 75
046 좌우 번갈아 로브 연습 ... 76
047 다수의 인원이 할 수 있는 스매시에서 로브 연습 ... 77
048 셔틀콕에 재빨리 반응해서 로브 연습 ... 78
049 크로스 로브 연습 ... 79
050 포핸드 스매시 풋워크 → 포핸드 로브 ... 80
051 라운드 스매시 풋워크 → 백핸드 로브 ... 81
052 포핸드 스매시 → 포핸드 로브 ... 82
053 라운드 스매시 → 백핸드 로브 ... 82
054 네 군데 코너로 움직이는 풋워크 연습 ... 83
기술 해설 **헤어핀** ... 84
055 포핸드 헤어핀 연습 ... 86
056 백핸드 헤어핀 연습 ... 87
057 좌우 번갈아 헤어핀 연습 ... 88
058 포핸드 스매시 풋워크 → 포핸드 헤어핀 ... 89
059 포핸드 클리어 → 포핸드 헤어핀 ... 90
060 커트 & 헤어핀을 번갈아 하고 백 바운더리 라인 터치 ... 91
061 스핀 헤어핀 ... 92

목차

062 다양한 상황에서 로브와 헤어핀 연습 93
기술 해설 푸시 94
063 포핸드 푸시 연습 96
064 백핸드 푸시 연습 97
065 좌우 번갈아 푸시 연습 98
066 스매시 & 푸시 연결 99
067 크로스 리시브의 대응 100
068 네트에 꽂힌 셔틀콕을 푸시 101
069 전위 푸시 연습 ① 102
070 전위 푸시 연습 ② 103
071 전위 푸시 연습 ③ 104
072 전위 푸시 연습 ④ 105
칼럼 ② 코치는 선수에게 가장 든든한 '힘'이 된다 106

제5장
리시브

기술 해설 포핸드 리시브 108
기술 해설 백핸드 리시브 110
073 포핸드 리시브 연습 112
074 백핸드 리시브 연습 112
075 좌우 번갈아 리시브 연습 113
076 스매시 리시브 114

077 공격으로 전환하는 리시브 115
078 포핸드 리시브→라운드 스매시 116
079 커트 리시브 117
080 푸시 리시브 118
081 푸시와 푸시 리시브 119
082 스매시 & 커트의 리시브 프리에서 스매시 120
083 사이드 커트를 네트 앞에서 리시브 하기 121
084 로브 뒤의 리시브 대응 ① 122
085 로브 뒤의 리시브 대응 ② 123
086 리시브에서 공격 ① 124
087 리시브에서 공격 ② 125
088 상대방의 강타를 막아내고, 공격의 실마리를 잡는다 126
089 상대방의 강타를 막아내고 크로스 로브에 대응한다 127
090 리시브에서 자세 바로 잡기 128
091 크로스 스매시 리시브 129
092 복식용 리시브 연습 130

제6장
드라이브

기술 해설 포핸드 드라이브 132
기술 해설 백핸드 드라이브 134

093 좌우 번갈아 드라이브 연습 ... 136
094 코트 반면을 이용한 1 대 1 드라이브 ... 137
095 코트 중앙에서 백사이드로 이동해서 드라이브 ... 138
096 전면 드라이브 ... 139
097 드라이브 → 스매시 ... 140
098 드라이브 → 푸시 ... 141
099 드라이브 → 사이드로 뛰어 오르면서 스매시 ... 142
100 포핸드 스매시 → 드라이브 ... 143
101 라운드 스매시 → 드라이브 ... 143
102 랠리의 주도권을 뺏기지 않는 공격 ... 144

제7장
서비스

기술 해설 롱 서비스 ... 146
기술 해설 쇼트 서비스 ... 148
103 롱 서비스를 하고 상대의 리턴을 짧게 리시브하기 ... 150
104 주도권을 잡기 위한 롱 서비스 ... 151
105 유리한 전개로 이끄는 쇼트 서비스 ... 152
106 복식에서 쇼트 서비스와 리시브 ... 153
107 상대의 뒤쪽을 노린 서비스 리시브 ... 154
108 주도권을 잡기 위한 쇼트 서비스 ... 155
기본 개념 서비스 할 때의 포지셔닝 ... 156

109 세 번째 랠리에서 전위 여자 선수가 푸시한다 ... 157
110 남자 선수의 공격으로 이어지는 서비스 리시브 ... 158
111 서비스 이후 세 번째 랠리전법을 여자 선수가 역으로 잡는다 ... 159
112 상대의 움직임을 보면서 전위 여자 선수가 헤어핀을 한다 ... 160

제8장
단식의 전술 연습

기술 해설 단식 전술 ... 162
113 전후로 움직이는 스트로크 연습 ... 164
114 번갈아 가면서 스매시 ... 165
115 올 쇼트 ... 166
116 올 롱 + 스매시 ... 167
117 올 쇼트 + 스매시 ... 168
118 백핸드로 클리어와 커트하기 ... 169
119 2 대 1 리시브 ... 170
120 1 대 4 리시브 ... 171
121 앞과 뒤가 없는 게임 ... 172
122 앞이 없는 게임 ... 172
123 스매시가 없는 게임 ... 173
124 클리어가 없는 게임 ... 173
125 한 쪽이 공격할 수 없는 게임 ... 174

목차

칼럼 ③ 종합적인 능력을 요구하는 단식 174

제9장
복식의 전술 연습

기술 해설 **복식 전술** 176
126 푸시 & 푸시 리시브 178
127 푸시 & 푸시 리시브 (세 번째 랠리를 크로스 리시브) 178
128 쇼트 드라이브를 주고받기 179
129 드라이브를 주고받기 179
130 스매시와 드라이브를 주고받기 180
131 커트 → 스매시 → 드라이브 주고받기 181
132 뒤 프리 연습 182
133 2 대 1 나눠서 치기 183
134 2 대 1 푸시 & 리시브 ① (두 명이 푸시) 184
135 2 대 1 푸시 & 리시브 ② (한 명이 푸시) 184
136 2 대 1 푸시 & 리시브 ③ (한 명이 크로스로 푸시) 185
137 2 대 1 푸시 & 리시브 ④ (한 명이 연속 푸시) 185
138 2 대 1 드라이브 ① (한 명은 후위) 186
139 2 대 1 드라이브 ② (크로스 드라이브로 대응) 187
140 2 대 1 드라이브 ③ (네트 앞으로 리턴) 187
141 2 대 1 스매시 & 드라이브 188
142 2 대 1 리시브 189
143 2 대 1 스매시 & 공격으로 연결하는 랠리 ① 190
144 2 대 1 스매시 & 공격으로 연결하는 랠리 ② 191
145 2 대 1 스매시 → 드라이브 → 공격으로 연결하는 랠리 ① 192
146 2 대 1 스매시 → 드라이브 → 공격으로 연결하는 랠리 ② 193
147 2 대 1 스매시 → 드라이브 → 공격으로 연결하는 랠리 ③ 194
148 2 대 1 스매시 → 드라이브 → 공격으로 연결하는 랠리 ④ 195
149 2 대 1 올 쇼트 196
150 3 대 1 리시브 196
151 3 대 1 푸시 & 리시브 197
152 2 대 2 리시브 197
153 2 대 2 푸시 & 리시브 198
154 2 대 2 드라이브 ① 198
155 2 대 2 드라이브 ② 199
156 2 대 2 드라이브 ③ 199
157 2 대 2 공격과 리시브 200
158 공수 전환 200
159 2 대 2 노 로브 게임 201
160 2 대 2 노 로브 게임 VS 프리 게임 201
161 2 대 2 앞뒤 없는 게임 202
162 2 대 2 뒤가 없는 게임 202
163 3 대 2 게임 203
164 3 대 2 리시브 ① (세 명 중 전위 한 명) 203

165 3 대 2 리시브 ② (세 명 중 전위 두 명) 204

칼럼 ④ 복식은 파트너와 균형이 중요하다 204

제10장
랠리 연습

기술 해설 랠리 연습 206

166 스매시 리시브 208

167 푸시 → 스매시 209

168 포핸드 헤어핀 → 라운드 스매시 → 푸시 210

169 백핸드 헤어핀 → 포핸드 스매시 → 푸시 211

170 포핸드 로브 → 백핸드 로브 → 라운드 스매시 212

171 라운드 스매시 → 백핸드 헤어핀 → 포핸드 스매시 213

172 리시브에서 헤어핀 214

173 네트 앞 → 스매시 215

174 4점 프리 연습(앞 2점, 사이드 2점) 216

175 4점 프리 연습(앞 2점, 뒤 2점) 217

176 전면 프리 연습 218

177 후위 프리 연습 219

178 포핸드 스매시 → 포핸드 드라이브 → 푸시 220

179 라운드 스매시 → 백핸드 드라이브 → 푸시 221

180 전위와 후위를 고정한 연습 222

181 사이드 바이 사이드에서 스매시를 리시브 223

182 사이드 바이 사이드에서 스매시 & 커트를 리시브 224

183 톱 & 백에서 로테이션으로 연습 225

184 드라이브로 주고받기에서 커트 리시브 → 푸시 226

185 복식 프리 연습 ① 227

186 복식 프리 연습 ② 228

187 라켓을 재빠르게 올려 대응하기 ① 229

188 라켓을 재빠르게 올려 대응하기 ② 230

제11장
트레이닝

189 셔틀콕 사다리 다리 올리기 232

190 셔틀콕 사다리 양발로 점프 232

191 셔틀콕 사다리 사이드 스텝 233

192 차이나 스텝 ① 233

193 차이나 스텝 ② 234

194 차이나 스텝 ③ 234

195 차이나 스텝 ④ 235

196 셔틀콕 놓기 235

197 봉을 이용한 트레이닝 ① 236

198 봉을 이용한 트레이닝 ② 236

199 봉을 이용한 트레이닝 ③ 237

200 봉을 이용한 트레이닝 ④ 237

맺음말 독자 여러분께 238

이 책의 사용법

이 책을 읽기 전에 도서의 사용법을 참고하자.
1장부터 차례대로 실시하여 기술을 바르게 습득하자.

1 각 장의 구성

각 장은 아래와 같은 요소로 구성되어 있다. 기술 해설 · 기본 개념에서 연습 목적을 명확하게 한 다음, 연습에 임하자.

기술 해설

각 장의 첫 페이지이며, 습득해야 할 기술을 연속 사진과 적절한 해설을 함께 다뤘다. 바른 샷을 익히기 위한 POINT와 잘못된 자세를 피하기 위한 예도 소개했다. 먼저 기본을 이해한 후에 연습을 시작하자.

기본 개념

'전술 연습', '연습 동작' 등 각 장 서두에 연습하기 전에 이해해야 할 기본 개념을 해설했다. 연습의 효과를 올리기 위해서 이론을 이해한 후에 연습을 하자.

연습 메뉴

각 장의 기술을 익히기 위한 구체적인 연습 메뉴이다. 소개한 연습이 가능하면 연습 메뉴 2개를 연결해서 응용 동작도 해보자.

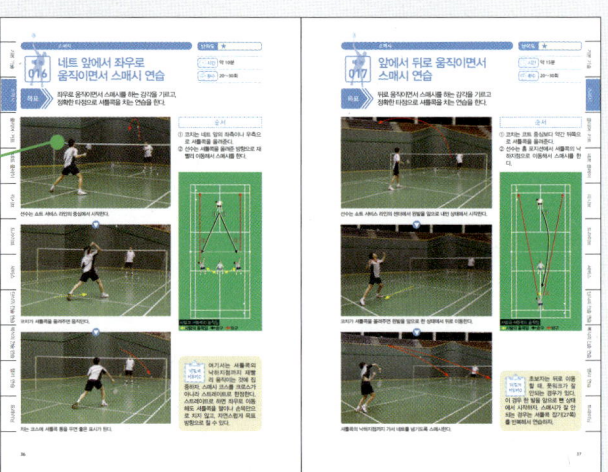

2 연습 메뉴 페이지를 보는 법

각 메뉴를 사진이나 일러스트로 알기 쉽게 해설했다.

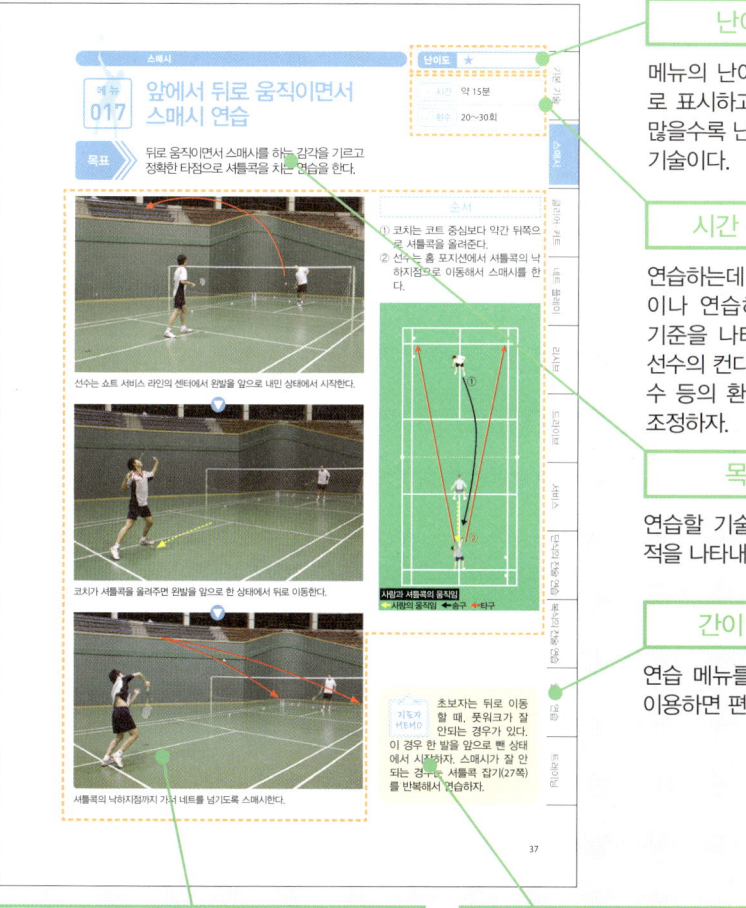

난이도

메뉴의 난이도를 5단계로 표시하고 있다. 별이 많을수록 난이도가 높은 기술이다.

시간 · 횟수

연습하는데 걸리는 시간이나 연습하는 횟수의 기준을 나타낸 것이다. 선수의 컨디션이나 인원수 등의 환경에 따라서 조정하자.

목표

연습할 기술의 주된 목적을 나타내고 있다.

간이 목차

연습 메뉴를 찾아볼 때 이용하면 편리하다.

사진이나 일러스트의 순서

연습 메뉴의 연습 방법을 문장과 사진, 일러스트로 소개하고 있다. 연습의 전체 흐름은 순서, 실제 움직임은 사진이나 일러스트 확인이 가능하다. 일러스트 안에 동그라미 숫자는 순서를 나타냈다. 그리고 사진에서 사람의 움직임은 노란색 화살표로 셔틀콕의 이동경로는 빨간색 화살표로 나타냈다.

지도자 메모 · 원포인트 어드바이스

지도자 메모는 그 기술을 연습할 때 선수나 코치가 주의할 점과 메뉴의 응용 방법을 해설하고 있다. 원포인트 어드바이스는 선수가 습득해서 도움이 되는 보충 설명을 게재하고 있다.

Badminton's Coaching Method

▶▶▶ 배드민턴의 연습 일정 짜는 법

연습 일정을 짜는 것은 코치의 중요한 역할이다. 여기서는 연대별, 시기별, 목적별 등 3가지로 나눠서 연습 일정을 작성하는 방법을 소개한다.
여기서 소개하는 것을 무리하게 적용하지 말고 환경이나 선수의 수준에 맞춰서 조율하자.

1 수준별

초중학생, 초보자 ▶▶▶ **기초를 똑바로 익힌다.**

이 시기에는 기초를 완벽하게 익히는 시간이 필요하다. 기초가 약해도 운 좋게 경기에서 이길 수 있을지도 모르지만 그것은 오래가지 않는다. 또한 실력이 좋아졌다고 해서 바로 연습 강도를 높이면 자세가 나빠지기 쉽고 스텝이 꼬이는 경우가 많다. 따라서 기초연습을 많이 하는 것이 좋다. 초보자는 랠리가 길어지면 셔틀콕을 받을 힘이 없기 때문에 중간에 쉬는 시간을 자주 갖도록 하자.

초중학생, 초보자의 1일 연습 메뉴(예)
체조 · 러닝
① 메뉴 116 올 롱 + 스매시(5분)
② 메뉴 115 올 쇼트(5분)
③ 메뉴 114 번갈아 가면서 스매시(5분)
④ 메뉴 037 2 대 1 전면 클리어(5분)
⑤ 메뉴 080 푸시 리시브(5~10분)
⑥ 메뉴 176 전면 프리 연습(10분)
⑦ 메뉴 123 스매시가 없는 게임(먼저 21점 득점 시 종료)
체조 · 연습 종료

고등학생, 중상급자 ▶▶▶ **연습 강도를 높이면서 기본에 충실해야 한다.**

고등부 이상의 연습은 상급자를 위한 상급자를 위한 연습을 도입하자. (난이도 별 4개 이상) 또한 스트레이트로 하던 연습을 크로스로 치는 등, 기술을 향상시키는 연습을 하자. 중상급자도 기초 연습은 반드시 필요하다. 시합이 없는 시기에는 빡빡하게 기본 연습을 시켜도 좋다. 연습 수준이 올라가면서 몸이 부담을 느끼고, 다칠 요인이 많이 있기 때문에 일주일에 하루는 쉬도록 하자.

고등학생, 중상급자의 1일 연습 메뉴(예)
체조 · 러닝
① 메뉴 126 푸시 & 푸시 리시브(5~10분)
② 메뉴 130 스매시와 드라이브를 주고받기(5~10분)
③ 메뉴 164 3 대 2 리시브①(10~15분)
④ 메뉴 159 2 대 2 노 로브 게임(먼저 15점이나 21점 득점시 종료)
⑤ 메뉴 117 올 쇼트 + 스매시(10분)
⑥ 메뉴 119 2 대 1 리시브(10분)
⑦ 메뉴 122 앞이 없는 게임(먼저 21점 득점 시 종료)
체조 · 연습 종료

▶▶▶ **사용 가능한 코트가 적을 때 연습 일정 짜는 법**

한 코트에 7~8명 이상이 연습할 때가 많다. 그럴 때는 코트 안에서 연습하는 그룹과 코트 밖에서 연습하는 그룹으로 나눠서, 로테이션으로 연습을 하자. 또, 다른 팀과 연습이 겹쳐서 체육관을 사용할 수 없을 때는, '셔틀콕 던지기(28쪽)', '차이나 스텝(233~235쪽)'과 같은 실외에서도 할 수 있는 연습을 하자.

2 시기별

▶▶▶ **시합 전에는 실전적인 연습을 도입한다.**

시합을 앞두고 있는 시기에는 연습 시합을 중심으로 한다. 예를 들면, 일요일이 시합이라고 하면, 월~화요일은 '올 쇼트(166쪽)', '올 롱(167쪽)' 등의 기초 연습을 하고 수~금요일은 게임 연습, 토요일은 가벼운 연습으로 익일의 시합을 준비하는 등, 계획적인 연습 일정을 세우는 것이 중요하다. 반대로 시합이 없을 때는 기초적인 연습이나 트레이닝에 시간을 투자하여 자신의 취약한 부분을 보완하도록 하자.

연습계획의 예(시합 1주일 전의 연습 메뉴) * 기초연습은 편의상 기본이라고 정함.

	초등학생, 중학생	고등학생	실업 팀	대표 팀
월요일	18:30 · 체조, 러닝, 풋워크 19:10 · 기본 19:30 · 스트로크 연습 20:00 · 게임 연습 20:45 · 체조, 정리	16:00 · 체조, 러닝, 풋워크 17:10 · 스트로크 연습 　　　(시합을 위한 실전) 18:15 · 게임 연습 19:00 · 체조, 정리	9:30 · 체조, 몸풀기, 기본 10:10 · 스트로크 연습 (점심) 15:00 · 체조, 몸풀기, 기본 15:30 · 스트로크 연습 16:45 · 웨이트 트레이닝	9:00 · 체조, 러닝, 질주 10:10 · 기본 10:30 · 스트로크 연습(실전적) (점심) 15:00 · 웨이트 트레이닝
화요일	18:30 · 체조, 러닝, 풋워크 19:10 · 기본 19:30 · 스트로크 연습 20:00 · 게임 연습 20:45 · 체조, 정리	16:00 · 체조, 러닝, 풋워크 17:10 · 기본 18:30 · 질주 등 19:00 · 체조, 정리	9:30 · 체조, 몸풀기, 기본 10:10 · 스트로크 연습(실전적) (점심) 15:00 · 체조, 몸풀기, 기본 15:30 · 게임 연습(1~2시합) 17:15 · 웨이트 트레이닝	9:00 · 체조, 러닝, 풋워크 10:10 · 스트로크 연습 (점심) 15:00 · 각자 몸풀기 (기본) 15:30 · 게임 연습, 스트로크 연습 (2 대 1 등)
수요일	18:30 · 각자 몸풀기(19:30부터 경기 시작한다는 것을 알린다.) 19:30 · 게임 연습(대회 때의 정식 포인트로 2~3시합) 20:45 · 체조, 정리	16:00 · 체조, 몸풀기, 기본 16:30 · 게임 연습 19:00 · 체조, 정리	9:30 · 체조, 몸풀기, 기본 10:10 · 게임 연습 오후 연습 없음	9:00 · 체조, 각자 몸풀기 (기본) 9:40 · 스트로크, 부분 연습 (점심) 15:00 · 각자 몸풀기 (기본) 15:30 · 게임 연습 (3세트 게임) 16:30 · 각자 스트로크 연습 17:30 · 웨이트 트레이닝
목요일	18:30 · 각자 몸풀기(19:20부터 경기 시작한다는 것을 알리고 코트에서 치는 것은 19:00~19:15까지로 한다.) 19:20 · 게임 연습(대회 때의 정식 포인트로 2~3시합) 20:45 · 체조, 정리	연습 없음	9:30 · 체조, 몸풀기, 기본 10:10 · 게임 연습 (점심) 15:00 · 체조, 몸풀기, 기본 15:30 · 스트로크 연습 16:45 · 웨이트 트레이닝	9:00 · 체조, 각자 몸풀기(기본) 9:30 · 게임 연습 11:30 · 스트로크 연습, 풋워크 (점심) 오후 연습 없음
금요일	18:30 · 각자 몸풀기(19:15부터 게임 시작한다는 것을 알리고 코트에서 치는 것은 18:45~19:00까지로 한다.) 19:15 · 게임 연습(대회 때의 정규 포인트로 2~3시합) 20:45 · 체조, 정리	16:00 · 체조, 몸풀기, 기본 16:30 · 게임 연습 18:30 · 각자 스트로크 연습 19:00 · 체조, 정리	9:30 · 체조, 몸풀기, 기본 10:10 · 스트로크 연습(실전적) (점심) 15:00 · 체조, 몸풀기, 기본 15:30 · 게임 연습(1~2시합) 16:45 · 웨이트 트레이닝	9:00 · 체조, 몸풀기, 풋워크 10:10 · 기본 10:30 · 게임 연습 (점심) 14:30 · 웨이트 트레이닝 19:00 · 간단한 컨트롤 연습
토요일	18:30 · 각자 몸풀기(19:10부터 게임 시작한다는 것을 알린다. 그렇지만 코트에서 치는 것은 18:50~19:00까지로 한다.) 19:10 · 게임 연습(1시합 정도) 20:10 · 체조, 정리, 내일 연락 사항 알림 등	9:00 · 체조, 몸풀기, 기본 9:50 · 게임 연습(2시합 정도) 11:30 · 체조, 정리, 내일 연락 사항 알림 등	9:30 · 체조, 몸풀기, 기본 10:10 · 게임 연습 (점심) 오후 연습 없음	9:00 · 체조, 각자 몸풀기(기본) 9:40 · 부분 연습 (점심) 15:00 · 각자 몸풀기(기본) 15:30 · 게임 연습, 스트로크 연습
일요일	시합	시합	시합	국제 대회를 위해 출발

3 목적별

▶▶▶ **테마를 정해서 연습한다.**

장점을 늘리거나 단점을 보완하기 위해서 선수와 코치는 명확한 테마를 정해서 연습 일정을 짜는 것이 중요하다. 예를 들어, '방어력 강화'라는 테마를 정하면 좀 더 리시브 중심의 연습이 될 것이다. 그렇지만 계속 리시브만 하면, 선수들은 싫증이 나기 마련이다. 1 대 1로 '한쪽은 공격할 수 없는 게임(174쪽)'과 같이, 한쪽은 공격 또 다른 한쪽은 수비를 하는 게임 연습을 도입하자.

스매시를 강화하는 연습 메뉴(예) *시간은 표준이다.

	연습 메뉴와 목표	시간
1	메뉴 017 앞에서 뒤로 움직이면서 스매시 연습 전후로 움직이면서 스매시를 하는 감각을 기른다.	15분
2	메뉴 018 좌우 뒤쪽으로 움직이면서 스매시 연습 좌우로 움직이면서 스매시를 하는 감각을 기른다.	15분
3	메뉴 131 커트 → 스매시 → 드라이브 주고받기 커트에서 스매시로 바꾸는 전술을 배운다.	10분
4	메뉴 167 푸시 → 스매시 전후로 움직이면서 스피드와 공격력을 높인다.	10분
5	메뉴 020 점프 스매시 보다 강력한 스매시를 하도록 한다.	15분
6	메뉴 027 사이드 원 점프 스매시 사이드 점프의 스매시를 익힌다.	10분
7	메뉴 141 2 대 1 스매시 & 드라이브 항상 주도권을 잡는 공격법을 익힌다.	10분
8	메뉴 178 포핸드 스매시 → 포핸드 드라이브 → 푸시 공격을 전개하고 유지하는 공격법을 익힌다.	10분
9	메뉴 179 라운드 스매시 → 백핸드 드라이브 → 푸시 공격을 전개하고 유지하는 공격법을 익힌다.	10분
10	메뉴 132 뒤 프리 연습 스매시를 정확한 코스로 한다.	10분

리시브를 강화하는 연습 메뉴(예) *시간은 표준이다.

	연습 메뉴와 목표	시간
1	메뉴 075 좌우 번갈아 리시브 연습 포핸드와 백핸드로 리시브를 번갈아서 한다.	10분
2	메뉴 080 푸시 리시브 상대의 푸시를 되받는 리시브의 힘을 기른다.	10분
3	메뉴 093 좌우 번갈아 드라이브 연습 그립을 바꿔서 잡고 드라이브를 번갈아서 한다.	10분
4	메뉴 094 코트 반면을 이용한 1 대 1 드라이브 백핸드의 난이도를 극복한다.	10분
5	메뉴 076 스매시 리시브 스매시를 리시브하는 타점을 익힌다.	10분
6	메뉴 077 공격으로 전환하는 리시브 주도권을 잡기 위한 리시브의 힘을 키운다.	10분
7	메뉴 134 2 대 1 푸시 & 리시브 ① (두 명이서 푸시) 리시브를 제어할 수 있도록 연마한다.	10분
8	메뉴 142 2 대 1 리시브 상대가 치고 들어오는 타이밍을 파악한다.	10분
9	메뉴 136 2 대 1 푸시 & 리시브 ③ (한 명이 푸시) 크로스 푸시를 똑바로 되돌려 보낸다.	10분
10	메뉴 150 3 대 1 리시브 3방향에서 날아오는 공격을 기다렸다가 리시브하는 힘을 기른다.	10분

본서를 읽기 전에 연습 메뉴에서 사용하는 용어의 해설

본서에서 소개하는 연습 메뉴는 배드민턴 선수나 코치가 평소 자주 사용하는 용어를 사용하고 있다. 연습을 시작하기 전에 이 용어를 외워두자.

발을 바꾼다
주로 오버 헤드 스트로크를 할 때, 반신상태(오른손잡이의 경우, 오른발은 뒤로, 왼발은 앞으로 뺀 상태)로 준비하고 타구한 뒤에 발의 위치를 반대로 바꾸는 것으로 재빨리 다음 플레이를 대응하기 위한 것이다.

몸을 움직인다
똑바로 풋워크를 해서 셔틀콕의 낙하지점으로 이동하고 타구할 준비를 하는 것이다.

흰 테이프
네트 상부의 흰 라인이다.

하프 코트 샷
코트 중앙 부근의 사이드 라인 주변에 떨어진 샷이다. 복식 게임에서 상대가 톱 & 백 형태가 되었을 때 자주 사용된다.

백사이드
라켓을 들지 않은 쪽으로 오른손잡이의 경우 왼쪽이 백사이드이다.

포사이드
라켓을 들고 있는 쪽으로 오른손잡이의 경우 오른쪽이 포사이드이다.

홈 포지션
코트에서 기본적으로 서 있는 위치로서 일반적으로 코트 중앙을 말한다.

앞 프리 / 뒤 프리
앞 프리는 선수가 네트 앞에서 샷을 자유롭게 치는 것이며, 뒤 프리는 선수가 코트 뒤쪽에서 샷을 자유롭게 치는 것이다.

라운드
백사이드 쪽으로 날아온 셔틀콕을 포핸드로 치는 것으로, 라운드 더 헤드를 뜻한다.

랠리
셔틀콕을 떨어뜨리지 않고 서로 주고받는 것이다.

로테이션
복식에서 전위와 후위의 자리를 바꾸는 것이다.

▶▶▶ 각 샷의 궤도와 역할

배드민턴은 상황에 따라 사용하는 샷이 다양하다.
연습을 시작하기 전에 기본이 되는 샷의 역할과 궤도를 확인하자.

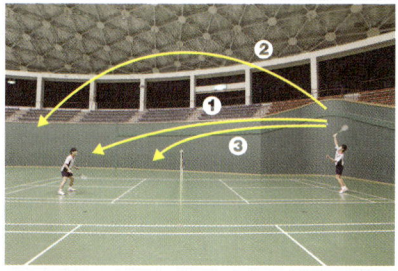 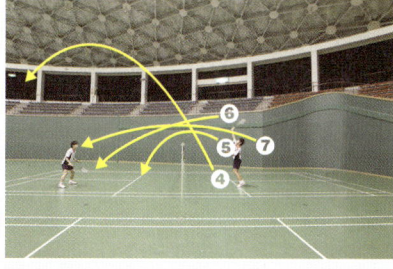

① **스매시** / 높은 타점에서 상대 코트로 셔틀콕을 치는 공격적인 샷(32쪽)
② **클리어** / 스매시와 같은 자세로 상대 코트 뒤쪽으로 보내기 위해 크게 치는 샷(52쪽)
③ **커트** / 스매시와 같은 자세로 상대 네트 앞으로 셔틀콕을 떨어뜨리는 샷(62쪽)
④ **로브** / 비행시간이 길어서 다음 자세를 준비할 때까지 시간을 만드는 샷(70쪽)
⑤ **헤어핀** / 상대 코트의 네트 앞으로 셔틀콕을 떨어뜨려서, 상대를 앞으로 움직이게 하는 샷(84쪽)
⑥ **푸시** / 네트 앞에서 셔틀콕을 쳐서 득점하기 위한 샷(94쪽)
⑦ **드라이브** / 시합의 주도권을 잡기 위한 샷(132쪽)

Column About the Badminton
용어해설

배드민턴의 기초 지식

배드민턴을 칠 때 알아둬야 할 가장 기초적인 전문 용어와 코트의 명칭이다. 본서의 연습 메뉴에서도 이런 말이 자주 등장하므로 사전에 확인해 두자.

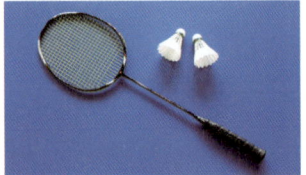

▶▶▶ 용구와 코트

용구

라켓
프레임은 전체 길이가 680mm 이내이며, 폭은 230mm 이내이다. 헤드 부분의 망은 스트링(거트)이라고 한다.

셔틀콕
16장의 깃털을 코르크대에 붙여서 만든 것이다. 무게는 4.74~5.50g이다.

코트

사이드 라인(단식, 복식)
안쪽 라인이 단식용이고, 바깥쪽 라인이 복식용이다. 이 라인 밖으로 셔틀콕이 떨어진 경우는 아웃이 된다.

쇼트 서비스 라인
서비스를 할 때, 이 라인을 밟고 치면 반칙(라인 크로스)이 된다.

롱 서비스 라인(복식)
복식 서비스를 할 때 쇼트 서비스 라인과 롱 서비스 라인 사이에 넣어야 한다.

백 바운더리 라인 겸 롱 서비스 라인(단식)
이 라인 바깥쪽에 셔틀콕이 떨어지면 아웃이다. 단식의 롱 서비스 라인이기도 하다.

코트 사이즈와 명칭

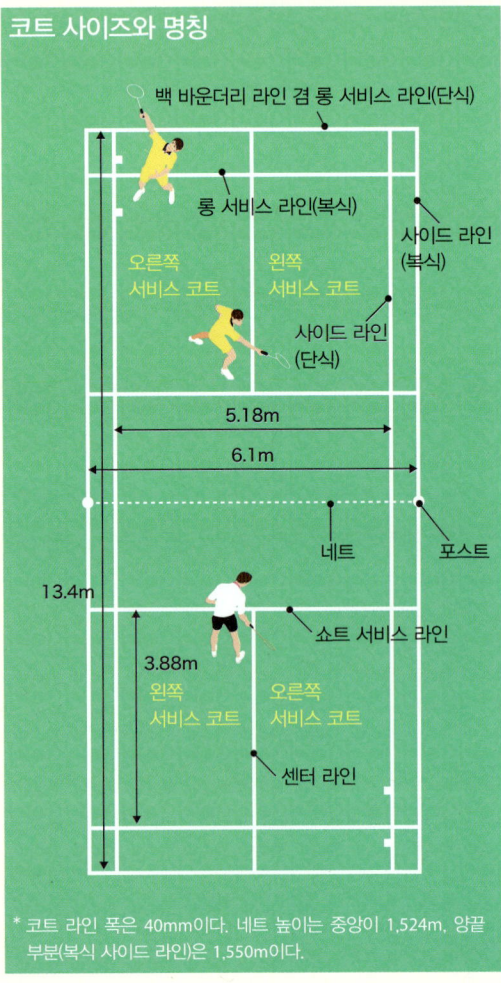

* 코트 라인 폭은 40mm이다. 네트 높이는 중앙이 1,524m, 양끝 부분(복식 사이드 라인)은 1,550m이다.

제1장
기본 기술
Basic Techniques

셔틀콕을 정확하게 치기 위해서는 라켓 사용법 뿐만 아니라
발의 움직임도 중요하다.
스매시나 로브 같은 샷을 바르게 할 수 있도록 기본적인 기술을 익히자.

기본기술

메뉴 001 라켓 잡는 방법을 익힌다

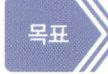 바르게 기술을 습득하기 위해
이스턴 그립으로 잡는 방법을 익힌다.

| 난이도 | ★ |

시간 적당

횟수 적당

순서

① 라켓 프레임 부분이 보이도록 그립을 잡는다.
② 엄지와 검지를 중심으로 잡고 나머지 손가락은 가볍게 붙이는 정도로 잡는다.
③ 엄지와 검지 사이에 V가 그립 위쪽이 아니라 안쪽으로 오게 잡는다.

이스턴 그립 OK

라켓 프레임이 보이면 OK

웨스턴 그립 NG

라켓의 정면이 보이면 NG

지도자 MEMO 일반적으로 초보자가 라켓을 잡으면, 대부분 웨스턴 그립으로 잡는다. 하지만 그렇게 하면 향후에 기술을 습득하기가 어렵고 다치기 쉽다.

기본기술

메뉴 002 라켓으로 스윙 연습하기 ①
오버 헤드 스트로크

 스매시나 클리어를 할 때 주로 하는 오버 헤드 스트로크를 익힌다.

| 난이도 | ★ |

시간 약 10분

횟수 10회 X 5세트

순서

① 오른발을 뒤로 빼고, 왼팔을 얼굴 앞쪽으로 쭉 뻗어 올린다.
② 왼팔을 내리면서 라켓으로 스윙한다.
③ 스윙과 동시에 발을 바꾼다.

왼팔을 얼굴 앞쪽으로 쭉 뻗어 올린다.

셔틀콕이 있다고 생각하고 라켓으로 스윙한다.

라켓을 스윙하여 내리면서 발을 바꾼다.

지도자 MEMO 스윙을 할 때 셔틀콕을 항상 의식하는 게 중요하다. 선수는 셔틀콕의 낙하지점에 있다고 생각하고 손을 올려서 셔틀콕을 의식하도록 한다.

기본기술

메뉴 003
L자형 봉을 사용한 오버 헤드 스트로크

난이도 ★

시간 약 10분

횟수 10회 X 5세트

 **목표** 직접 만든 기구를 이용해서 훈련을 한다.
스매시하는 자세가 올바른지 확인한다.

왼발은 뒤로 빼고 오른팔은 위로 올린 상태로 준비 자세를 취한다.

붙여둔 비닐봉지를 라켓으로 스윙하여 친다.

스윙을 한 다음에는 발을 바꾼다.
(오른손잡이는 반대로 한다.)

순서

① L자형 봉의 높이는 라켓으로 닿을 수 있는 가장 높은 지점에 맞춘다.
② 라켓으로 비닐봉지를 치면서 오버 헤드 스트로크를 한다.

L자형 봉은 직접 만들 수 있다.

이 연습에서 사용하고 있는 도구는 2개의 봉을 L자형으로 맞춘 후 비닐봉지를 붙여서 만든 것이다. 초등학생이 봉을 들 경우, 힘이 부족해서 봉이 점점 아래로 내려올 수 있는데, 라켓이 봉에 닿지 않도록 주의해야 한다. 연습을 하기 전에 타점 위치와 비닐봉지의 높이를 맞춰야 라켓이 봉에 닿는 것을 피할 수 있다.

 지도자 MEMO 바른 스윙이라면 라켓이 비닐봉지에 닿았을 때 '팍' 하고 고음의 소리가 난다. 손목만으로 라켓을 휘두르면 소리가 잘 나지 않으므로 똑바로 소리가 나는지 확인하자.

기본기술

라켓을 바꿔서 잡기

난이도	★
시간	약 10분
횟수	30회 X 3세트

포핸드로 잡은 상태에서 백핸드로 바꿔 잡는 연습을 하면서 그립을 매끄럽게 바꾸는 감각을 기른다.

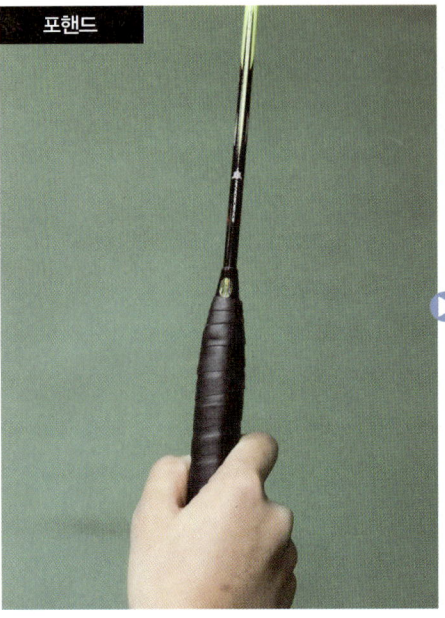

포핸드

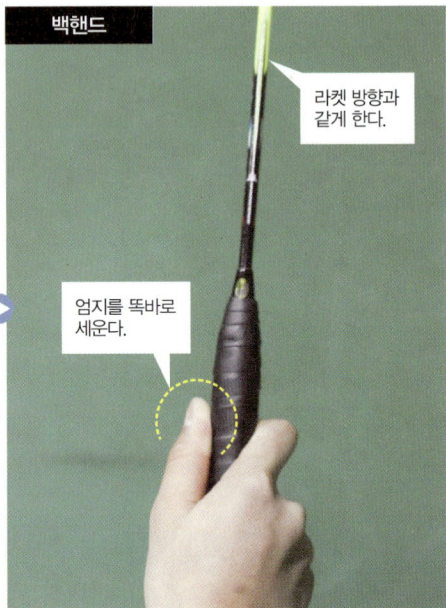

백핸드
라켓 방향과 같게 한다.
엄지를 똑바로 세운다.

포핸드로 잡는 방법이다. 엄지는 그립에 붙인다.

백핸드로 잡는 방법이다. 엄지를 똑바로 세운다.

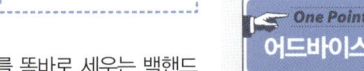

순서

① 포핸드로 라켓을 잡는다.
② 오른쪽 사진과 같이 엄지를 똑바로 세우는 백핸드로 바꾼다.
③ 포핸드와 백핸드를 번갈아 가면서 잡는다.

One Point! 어드바이스

백핸드는 그립 부분을 엄지로 밀어내듯이 친다

포핸드와 달리, 백핸드는 특히 엄지의 사용법이 중요하다. 엄지로 라켓을 의식적으로 밀어내면서 치는 것이 좋다.

처음에 백핸드 연습을 하지 않으면 포핸드로만 치는 습관이 생긴다. 어느 정도 포핸드로 치는 것이 가능해지면 셔틀콕이 오른쪽으로 왔을 때는 포핸드, 왼쪽으로 왔을 때는 백핸드(오른손잡이의 경우)로 치도록 하자.

기본기술

라켓으로 스윙 연습하기 ②
언더 핸드(포핸드)

목표 로브나 롱 서비스를 할 때 주로 하는 언더 핸드 스트로크(포핸드)를 익힌다.

난이도 ★

시간 약 10분

횟수 10회 X 5세트

순서

① 셔틀콕이 날아오는 방향으로 오른발을 앞으로 한 발짝 비스듬히 내민다.
② 라켓을 밑에서 위로 스윙한다.

셔틀콕이 날아오는 방향을 향해서 발을 내민다. 체중을 가하면서 무릎을 굽힌다. 밑에서 위로 크게 올리듯이 스윙한다.

지도자 MEMO 언더 핸드 스윙을 할 때는 밑에서 위로 하는 것이 중요하다. 발을 셔틀콕 방향으로 내밀면, 라켓은 자연스럽게 밑에서 위로 올라오게 된다. 발을 내미는 방법을 주의해서 연습하자.

기본기술

라켓으로 스윙 연습하기 ③
언더 핸드(백핸드)

목표 로브나 백핸드 서비스를 할 때 주로 하는 언더 핸드 스트로크(백핸드)를 익힌다.

난이도 ★

시간 약 10분

횟수 10회 X 5세트

순서

① 셔틀콕이 날아오는 방향으로 오른발을 발을 앞으로 한 발짝 비스듬히 내민다.
② 백핸드로 잡고 라켓을 밑에서 위로 스윙한다.

셔틀콕이 날아오는 방향을 향해서 발을 내민다. 엄지를 똑바로 세워서 그립을 잡는다. 밑에서 위로 밀어내듯이 크게 스윙한다.

지도자 MEMO 언더 핸드 스윙을 손목으로 치는 선수가 많은데 팔과 몸 전체를 사용하여 크게 스윙하도록 유의하자.

기본기술

라켓으로 스윙 연습하기 ④ 사이드 핸드(포핸드)

목표 드라이브나 리시브를 할 때 주로 하는 사이드 핸드 스트로크(포핸드)를 익힌다.

난이도 ★
시간 약 10분
횟수 10회 X 5세트

순서

① 발을 포사이드 방향으로 한 발짝 비스듬히 내민다.
② 몸의 옆이 아니라 조금 앞에서 셔틀콕을 친다.

발을 앞으로 내민다.

셔틀콕이 날아오는 방향을 향해 칠 준비를 한다.

셔틀콕을 몸 앞에서 치도록 한다.

지도자 MEMO 이 스트로크는 드라이브와 같이 강한 샷을 리턴할 때 사용한다. 손힘으로만 치면 셔틀콕의 기세에 눌릴 수 있으니 발을 앞으로 내미는 것이 좋다.

기본기술

라켓으로 스윙 연습하기 ⑤ 사이드 핸드(백핸드)

목표 드라이브나 리시브를 할 때 주로 하는 사이드 핸드 스트로크(백핸드)를 익힌다.

난이도 ★
시간 약 10분
횟수 10회 X 5세트

순서

① 발을 백사이드 방향으로 한 발짝 비스듬히 내민다.
② 몸의 옆이 아니라 조금 앞에서 셔틀콕을 친다.

발을 앞으로 내민다.

셔틀콕이 날아오는 방향을 향해 칠 준비를 한다.

엄지로 라켓을 밀어내듯이 스윙한다.

지도자 MEMO 라켓으로 스윙 연습을 할 때 항상 셔틀콕이 있다고 생각하는 것이 중요하다. 시선이 타점 방향을 향한다면 더 효과적인 연습이 될 수 있다.

기본기술

메뉴 009 셔틀콕 잡기

난이도 ★
시간 약 15분
횟수 20~30회

목표 풋워크의 기본이 되는 전후좌우의 움직임을 익히고 스매시를 할 때 왼손(오른손잡이의 경우)을 올리는 습관을 들인다.

코치가 셔틀콕을 높게 올려주면 선수는 쇼트 서비스 라인에서 시작한다.

재빨리 셔틀콕의 낙하지점까지 이동한다.

왼손을 얼굴 앞으로 쭉 뻗어서 셔틀콕을 잡는다.

순서

① 코치는 코드 중앙에서 셔틀콕을 높게 올려준다.
② 선수는 라켓을 잡는 손의 반대쪽 손을 높이 올리면서 셔틀콕의 낙하지점으로 움직인다.
③ 셔틀콕의 낙하지점으로 이동해서 올리고 있는 손으로 셔틀콕을 잡는다.

손을 좌우로 움직여서 셔틀콕을 받으러 가거나 상체가 젖혀진 상태로 잡는 것은 잘못된 것이다. 발을 똑바로 움직여서 셔틀콕의 낙하지점까지 이동하자.

 지도자 MEMO 코치가 셔틀콕을 같은 스타트 포지션에 있는 선수에게 포사이드 뒤쪽과 백사이드 뒤쪽으로 던지면 좌우 풋워크를 익히는 연습이 된다. 먼저 전후 연습을 하고 수월해지면 좌우 연습을 하도록 하자.

기본기술

셔틀콕 던지기

난이도 ★

시간 약 10분

횟수 5회 X 5세트

목표 풋워크의 기초가 되는 전후 움직임을 배운다.
셔틀콕을 던지면서 오버 헤드 스트로크의 움직임을 익힌다.

홈 포지션에서 앞으로 나와서 셔틀콕을 잡는다.

순서

① 홈 포지션에서 시작해서 쇼트 서비스 라인에 놓인 셔틀콕을 라켓을 잡는 손으로 잡는다.
② 오버헤드 스트로크 준비 자세를 취하면서 몸은 정면을 향한 상태로 뒤로 움직인다.
③ 셔틀콕을 똑바로 던졌으면 다음 셔틀콕을 가지러 간다.

센터라인을 따라 뒤쪽으로 이동한다.

지도자 MEMO 풋워크를 익히는데 중점을 둔 연습이지만 셔틀콕을 던지는 동작에 집중하여 풋워크를 소홀히 할 수 있으니 주의하자.

오버 헤드 스트로크를 하듯이 큰 동작으로 최대한 멀리 던진다.

One Point! 어드바이스

발 바꾸는 것을 잊지 말자

오버 헤드 스트로크를 할 때 발을 바꾸는 것과 마찬가지다.
셔틀콕을 던진 다음 뒤에 있던 오른발을 앞으로 내밀고 자연스럽게 다음 셔틀콕을 가지러 가자.

기본기술

메뉴 011 셔틀콕을 발끝으로 차기

난이도 ★
시간 약 10분
횟수 10회 X 3세트

목표 ▶ 로브, 헤어핀을 할 때 주로 하는 풋워크의 기초를 익힌다.

코치가 셔틀콕을 던지면 선수는 재빨리 풋워크한다.

순서

① 코치는 네트 앞으로 셔틀콕을 던진다.
② 선수는 홈 포지션에서 시작해서 셔틀콕이 날아오는 쪽으로 풋워크 한다.
③ 셔틀콕이 코트에 떨어지기 전에 오른발을 내밀어 셔틀콕을 찬다.
(왼손잡이는 왼발을 내민다.)

셔틀콕의 낙하지점으로 이동한다.

지도자 MEMO 로브, 헤어핀을 할 때는 내디딘 발이 셔틀콕을 향하는 것이 중요하다. 습관을 들이기 위해서는 발끝으로 제대로 셔틀콕을 차도록 하자.

반드시 라켓을 잡는 손과 같은 쪽의 발끝으로 셔틀콕을 찬다.

One Point! 어드바이스

실제로 셔틀콕을 라켓으로 칠 때는 무릎은 굽힌 상태여야 한다. 이 연습을 하면서도 무릎을 구부린 상태로 셔틀콕을 차도록 하자.

기본기술

메뉴 012 셔틀콕을 바로 위로 치기

목표 몸을 이용해서 셔틀콕을 치는 감각을 익힌다.

난이도 ★★

⏱ 시간 약 10분

👆 횟수 50~100회

순서
① 셔틀콕을 몸 정면으로 받고 바로 위로 쳐서 올린다.
② 한 번으로 끝내지 말고 계속 쳐서 올린다.
③ 익숙해지면 포핸드와 백핸드로 번갈아 가며 한다.

몸을 이용해서 셔틀콕을 친다.

떨어지지 않게 연속해서 친다.

 지도자 MEMO 처음부터 셔틀콕을 높게 올리려고 하면 자세가 흐트러진다. 셔틀콕이 낮게 올라가도 좋으니 위로 똑바로 올릴 수 있도록 주의하자.

기본기술

메뉴 013 앉아서 1 대 1 주고받기

목표 똑바로 셔틀콕을 치는 연습이다.
일종의 놀이처럼 셔틀콕을 치는 재미를 느낀다.

난이도 ★★

⏱ 시간 약 10분

👆 횟수 계속할 수 있을 만큼

순서
① 코트 반 정도의 거리를 잡고 1 대 1로 마주 보고 앉는다.
② 앉은 채로 상대의 정면을 향해서 셔틀콕을 쳐서 랠리를 계속한다.

앉아서 마주보고 셔틀콕을 주고받기

 지도자 MEMO 초보자라면 셔틀콕을 멀리 치려고 하기 때문에 거리가 가까우면 도리어 어려울 수 있다. 거리는 신경 쓰지 말고 하기 쉬운 간격에서 치자.

제2장
스매시
Smash

배드민턴에서 가장 중요한 샷이다.
시합할 때 스매시를 잘하면 기세가 좋아진다.
또, 클리어나 커트를 하기 위한 기본 샷이므로 확실히 습득하자.

스매시

POINT 1	POINT 2	POINT 3
왼손을 올리면서 셔틀콕의 낙하지점으로 재빨리 이동한다.	셔틀콕을 잡듯이 왼손을 뻗는다.	왼손을 내리는 동시에 오른손으로 스윙을 시작한다.

기술 해설 — 임팩트 순간에 힘을 주면서 셔틀콕을 밀어내듯이 친다

스매시를 할 때는 셔틀콕을 잡듯이 왼손을 올리면서 셔틀콕의 낙하지점으로 재빨리 이동한다. 이 과정이 몸에 익어야 자신의 앞에서 제대로 셔틀콕을 칠 수 있다. 스윙할 때 처음부터 힘을 주지 않고 임팩트 순간에만 힘을 줘서 셔틀콕을 밀어내듯이 친다. 다음 셔틀콕에 대응하기 위해서 빨리 홈 포지션으로 돌아가는 것이 중요하기 때문에, 스윙을 하면서 발을 바꿔야 한다. 스윙이 끝나면 홈 포지션으로 돌아가는 것을 항상 신경 쓰자.

POINT
다음 플레이에 재빨리 대응하기 위해서 발을 바꾼다.

POINT 4	임팩트를 하는 순간에 힘을 넣는다.
POINT 5	스윙을 하면서 발을 바꾼다.
POINT 6	바꾼 발에 체중을 가해서 앞으로 나간다.

셔틀콕의 낙하지점으로 들어가는 것이 가장 중요하다

셔틀콕의 낙하지점으로 완전히 들어가지 못한 상태에서는 타점이 벗어나서 균형을 잃는다. 이 상태에서는 셔틀콕을 칠 수 있어도 아웃이 되는 경우가 많다.

무릎을 너무 펴면 힘이 안 들어간다

사진과 같이 무릎이 완전히 펴 있으면 무리하게 치더라도 셔틀콕에 힘이 잘 전달되지 않는다.

스매시

메뉴 014 네트 앞에서 스매시 연습

난이도 ★

시간 약 15분

횟수 10회 X 10세트

스매시 감각을 기르기 위한 연습이다.
불필요한 동작을 삼가하고 정확한 자세를 익힌다.

선수는 움직이지 않고 네트 앞에 서서 스매시를 한다.

순서

① 선수는 서비스 라인 바로 앞에서 준비한다.
② 코치는 네트 앞으로 셔틀콕을 던진다.
③ 선수는 그 자리에서 똑바로 스매시를 한다.

셔틀콕이 똑바로 떨어질 수 있도록 신경 쓰면서 스매시를 한다.

One Point! 어드바이스

선수가 초등학생이라면 네트를 낮춰도 좋다

선수가 초등학생인 경우, 네트를 선수의 시선에 맞춰 낮추는 게 좋다. 네트가 높으면 무리하게 네트를 넘겨 치려고 하다가 자세가 엉망이 되기 때문이다.
장래에 선수의 키가 클 것을 감안해서 이런 연습을 하면 효과적이다.

지도자 MEMO

스매시할 때, 라켓을 힘껏 휘두르기 위해서 라켓을 든 손의 반대쪽 손을 올리는 것이 중요하다. 이 연습에서는 라켓으로 셔틀콕을 정확히 맞추는 것보다 힘껏 휘두르는 것을 신경 쓰자.

스매시

메뉴 015 : 뒤에서 앞으로 움직이면서 스매시 연습

난이도 ★
시간 약 15분
횟수 20~30회

목표: 타이밍을 가늠하면서 앞으로 뛰어나가 스매시를 한다. 스매시의 타점을 보다 구체적으로 생각한다.

순서

① 선수는 홈 포지션보다 뒤에서 준비한다.(셔틀콕 통을 기준으로 하면 좋다.)
② 코치는 네트 앞으로 높게 셔틀콕을 올려준다.
③ 선수는 코트 뒤쪽에서 달려나와 곧바로 스매시를 한다.

홈 포지션보다 뒤(셔틀콕 통 사이)에서 준비한다.

코치가 셔틀콕을 올려주면 앞으로 뛰어간다.

타이밍을 확실히 맞춰서 강한 스매시를 한다.

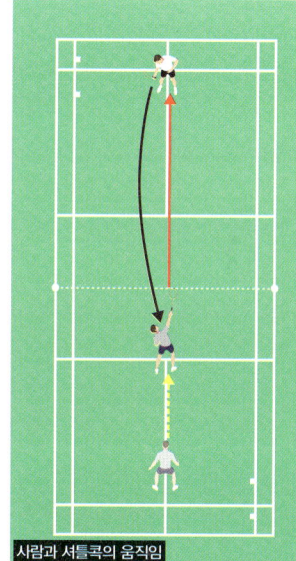

사람과 셔틀콕의 움직임
← 사람의 움직임 ← 송구 ← 타구

지도자 MEMO: 스매시를 할 때의 타점에 주의하자. 코치가 셔틀콕을 올려주면 선수는 임팩트 타이밍과 타점을 생각하면서 뛰어가도록 한다.

스매시

메뉴 016

네트 앞에서 좌우로 움직이면서 스매시 연습

난이도 ★
시간 약 10분
횟수 20~30회

목표 좌우로 움직이면서 스매시를 하는 감각을 기르고, 정확한 타점으로 셔틀콕을 치는 연습을 한다.

선수는 쇼트 서비스 라인의 중심에서 시작한다.

코치가 셔틀콕을 올려주면 움직인다.

치는 코스에 셔틀콕 통을 두면 좋은 표시가 된다.

순서

① 코치는 네트 앞의 좌측이나 우측으로 셔틀콕을 올려준다.
② 선수는 셔틀콕을 올려준 방향으로 재빨리 이동해서 스매시를 한다.

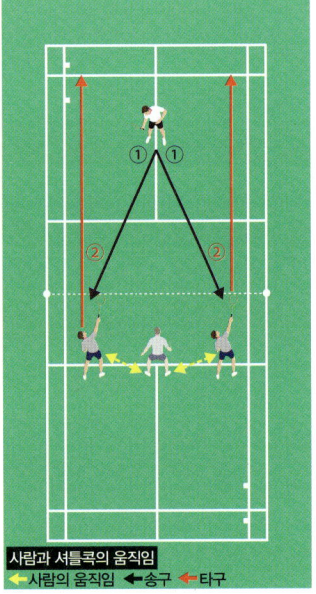

사람과 셔틀콕의 움직임
← 사람의 움직임　← 송구　← 타구

지도자 MEMO

여기서는 셔틀콕의 낙하지점까지 재빨리 움직이는 것에 집중하자. 스매시 코스를 크로스가 아니라 스트레이트로 한정한다. 스트레이트로 하면 좌우로 이동해도 셔틀콕을 팔이나 손목만으로 치지 않고, 자연스럽게 목표 방향으로 칠 수 있다.

스매시

메뉴 017 — 앞에서 뒤로 움직이면서 스매시 연습

난이도 ★
시간 약 15분
횟수 20~30회

목표 뒤로 움직이면서 스매시를 하는 감각을 기르고 정확한 타점으로 셔틀콕을 치는 연습을 한다.

순서

① 코치는 코트 중심보다 약간 뒤쪽으로 셔틀콕을 올려준다.
② 선수는 홈 포지션에서 셔틀콕의 낙하지점으로 이동해서 스매시를 한다.

선수는 쇼트 서비스 라인의 센터에서 왼발을 앞으로 내민 상태에서 시작한다.

코치가 셔틀콕을 올려주면 왼발을 앞으로 한 상태에서 뒤로 이동한다.

셔틀콕의 낙하지점까지 가서 네트를 넘기도록 스매시한다.

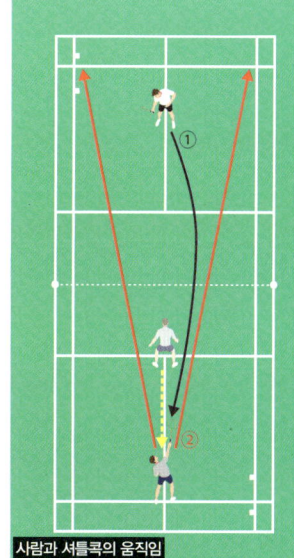

사람과 셔틀콕의 움직임
← 사람의 움직임　← 송구　← 타구

지도자 MEMO 초보자는 뒤로 이동할 때, 풋워크가 잘 안되는 경우가 있다. 이 경우 한 발을 앞으로 뺀 상태에서 시작하자. 스매시가 잘 안 되는 경우는 셔틀콕 잡기(27쪽)를 반복해서 연습하자.

스매시

메뉴 018 좌우 뒤쪽으로 움직이면서 스매시 연습

난이도 ★★
시간 약 15분
횟수 10회 X 5세트

목표 좌우로 움직이면서 셔틀콕을 똑바로 받아치는 방법으로 스매시하는 감각을 기른다.

홈 포지션에서 시작한다.

순서

① 코치는 포사이드 뒤쪽과 백사이드 뒤쪽으로 번갈아서 길게 셔틀콕을 올려준다.
② 선수는 셔틀콕이 올라간 방향으로 재빨리 이동해서 스트레이트로 스매시를 한다.
③ 스매시를 한 다음에는 홈 포지션으로 돌아가고 반대쪽도 반복한다.

셔틀콕을 팔이나 손목만으로 치지 않기 위해서 셔틀콕의 낙하지점으로 움직인다.

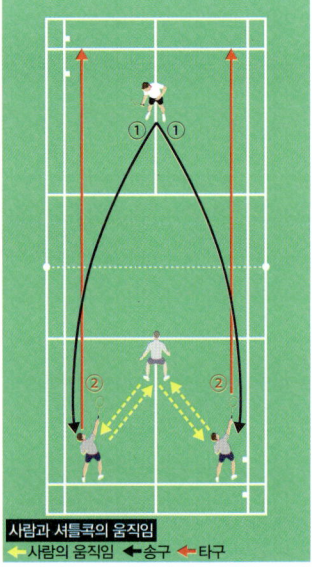

사람과 셔틀콕의 움직임
← 사람의 움직임 ← 송구 ← 타구

셔틀콕을 칠 때는 다음 셔틀콕을 의식하고 발을 바꾼다.

지도자 MEMO 좌우 뒤쪽으로 이동한 다음에 칠 때는 라켓으로 셔틀콕을 쫓아서 팔이나 손목만으로 치기 쉽다. 셔틀콕의 낙하지점을 향해서 준비해야만 칠 수 있는 스트레이트 코스로 한정해서 연습을 하자.

● 선수가 10명 내외인 경우의 연습 방법

홈 포지션에 의자를 두고, B는 라켓으로 의자를 터치한 상태로 준비한다. 코치는 먼저 A쪽으로 길게 셔틀콕을 올려준다.

A는 뒤쪽으로 움직여서 스트레이트로 스매시를 한다.

A는 셔틀콕을 치고 반대편으로 가서 줄을 선다. 코치는 B쪽으로 길게 셔틀콕을 올려준다.

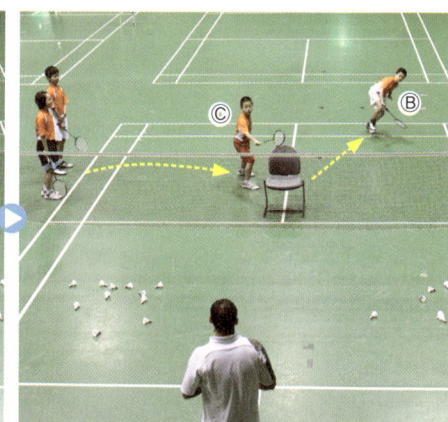

반대쪽 사이드의 B가 치고 있는 사이에 C는 홈 포지션에서 준비한다.

여러 명이서 연습하기 위한 방법을 모색한다

인원수가 많은 팀은 다 같이 코트를 사용하기가 힘들다. 코트 전면을 사용하고 좌우로 번갈아서 셔틀콕을 내주는 방식으로 하면 좀 더 효율적으로 연습을 할 수 있다. 선수는 코트 양 사이드에 줄을 서고 순서가 되면 시작 위치에 둔 의자를 라켓으로 터치한 상태로 대기한다. 그리고 코치가 셔틀콕을 올려주면 움직인다. 이때 스매시는 스트레이트로 쳐야 한다는 것을 잊지 말자.

스매시

스트레이트와 크로스로 나눠서 스매시 연습

메뉴 019

난이도 ★★★

시간 약 15분

횟수 10회 X 5세트

목표 스매시를 스트레이트와 크로스로 번갈아한다.
포핸드 스매시와 라운드 스매시 모두 똑같이 실행한다.

셔틀콕이 날아오면 낙하지점으로 풋워크 한다.   스매시를 스트레이트 → 크로스의 순서로 번갈아한다.

순서

① 코치는 코트 중앙에서 포사이드 뒤쪽으로 셔틀콕을 높게 올려준다.
② 선수는 홈 포지션에서 포사이드 뒤쪽으로 이동한다.
③ 선수는 스트레이트로 스매시를 하고 바로 홈 포지션으로 돌아간다.
④ 코치는 다시 포사이드 뒤쪽으로 셔틀콕을 높게 올려주고 선수는 크로스로 스매시를 한다.
⑤ 라운드도 같은 방법으로 한다.

One Point! 어드바이스

크로스 스매시는 몸의 방향이 중요하다

▲스트레이트 스매시와 마찬가지로 몸의 방향이 중요하다.

▲팔힘만으로는 크로스 스매시를 강하게 할 수 없다.

지도자 MEMO 크로스 스매시는 처음부터 끝까지 몸을 크로스 방향으로 향하는 것이 이상적이다. 정면을 향하고 있으면 라켓만 셔틀콕을 크로스로 이끌기 때문에 치기가 힘들어진다.

스매시

메뉴 020 점프 스매시

난이도 ★★★★
시간 약 15분
횟수 10회 X 3~5세트

목표 점프 스매시를 익히는 연습이다.
좀 더 충분한 준비 자세가 필요한 샷이므로 동작과 중요한 요소를 익힌다.

순서

① 코치는 코트 뒤쪽으로 셔틀콕을 높게 올려준다.
② 선수는 홈 포지션에서 코트 뒤쪽으로 이동해서 점프 스매시를 한다.

재빨리 셔틀콕의 낙하지점으로 이동한다.

셔틀콕의 타점을 생각하며 스매시 준비자세를 취하고 점프한다.

바로 위가 아니라 조금 앞쪽으로 점프한다.

셔틀콕을 보낼 코스도 같이 생각해서 정확한 각도로 친다.

셔틀콕이 돌아올 것을 생각하고 대응할 준비를 한다.

지도자 MEMO 예전에는 남자 선수만 점프 스매시를 한다는 고정관념이 있었지만, 요즘은 국내외를 불문하고 점프 스매시를 하는 여자 선수도 많이 늘고 있다. 점프 스매시를 할 수 있으면 좋은 무기가 될 수 있으므로 어렵다고만 생각하지 말고 도전해 보자.

One Point! 어드바이스 점프 스매시를 하려면 날아오는 셔틀콕을 향해 재빨리 이동해야 한다. 바로 위가 아니라 조금 앞쪽으로 점프해서 치는 것이 가장 이상적이다. 다음 셔틀콕을 대응하는데 늦어지기 쉽기 때문에 복식 서비스 라인보다 뒤에서 치지 않는 게 좋다.

스매시

메뉴 021 백핸드 스매시

난이도 ★★★★
시간 약 15분
횟수 10회 X 5세트

목표 백핸드 스매시를 익혀서, 뒤쪽의 셔틀콕을 예리하게 받아치는 감각을 기른다.

셔틀콕의 낙하지점까지 재빨리 이동한다.

오른발을 앞으로 내밀면서 셔틀콕 방향을 향해서 선다.

타이밍을 맞춰서 힘껏 친다.

순서

① 셔틀콕의 낙하지점까지 재빨리 이동한다.
② 오른발을 내밀면서, 셔틀콕 방향을 향해서 선다.
③ 바로 옆이 아니라 몸 뒤(등쪽)에서 셔틀콕을 친다.

One Point! 어드바이스

주도권을 되찾음으로써 역전이 가능한 샷이다

백핸드 스매시는 시합 중에 불리한 상황이나 자신의 자세가 나쁠 때 사용할 수 있다. 상대의 리턴이 낮을 때 랠리의 주도권을 뺏기지 않게 하는 데도 유용하다. 조금이라도 힘이 약해지면 몸의 균형을 잃고 실수를 하기 쉬우므로 칠 때는 똑바로 셔틀콕 방향을 향해 서서 힘껏 스윙을 하자.

▲난이도가 높지만 성공하면 불리한 상황에서 벗어날 수 있다.

지도자 MEMO 근력이 약한 선수에게 백핸드 스매시를 가르칠 경우, 처음부터 코트 뒤에서 치게 하지 말고 먼저 코트 앞에서 임팩트 타이밍을 익히는 것부터 시작하자.

스매시

메뉴 022 다양한 상황에서 스매시 연습

난이도 ★★★★
시간 약 15분
횟수 10회 X 5세트

목표 임의로 날아오는 셔틀콕을 상황에 맞게 스매시한다.
다양하게 날아오는 셔틀콕을 구별하여 치는 감각을 기른다.

코치는 셔틀콕을 다양하게 변화를 주며 올린다.

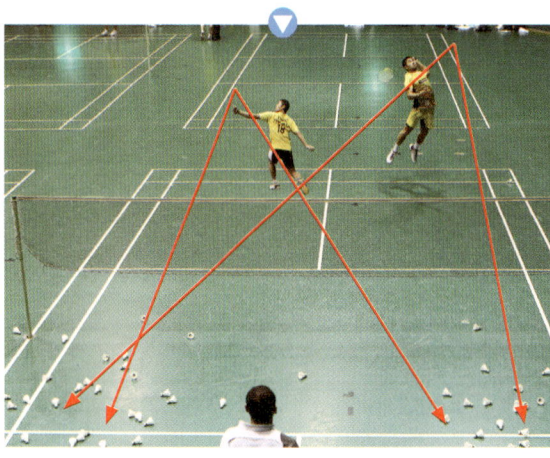

선수는 날아오는 셔틀콕에 맞는 스매시를 판단해서 효과적으로 친다.

순서

① 코치는 선수가 다양한 스매시를 할 수 있게 코스, 높이, 스피드에 변화를 주면서 임의로 셔틀콕을 올려준다.
② 선수는 코치가 올려준 셔틀콕을 스트레이트, 크로스, 점프, 백핸드 등 구별해서 스매시를 한다.

 **One Point! 어드바이스**

선수는 항상 코치가 던지는 셔틀콕을 주시하고, 셔틀콕이 날아오는 지점으로 빠르게 이동하여 치자. 이것이 가능하면 그 외의 샷은 하기 쉬워진다.

지도자 MEMO 스매시를 상황에 맞게 할 수 있다면 시합에서 좀 더 유리하게 될 것이다. 이 연습을 반복해서 셔틀콕 코스, 스피드, 날아오는 지점에 따라 자신이 어떠한 샷으로 대응이 가능한지 파악해 두자.

스매시

메뉴 023
포사이드 앞으로 풋워크 → 포핸드 스매시

난이도 ★★★

시간 약 15분

횟수 8~10회 X 3~5세트

목표
포사이드 앞에서 좋은 코스로 셔틀콕을 쳤다고 가정하고, 전후의 풋워크에서 스매시로 에이스를 노린다.

순서

① 선수는 홈 포지션에서 시작한다. 포사이드 앞으로 이동해서 셔틀콕 없이 언더 핸드를 하고 홈 포지션으로 돌아간다.
② 코치는 포사이드 뒤쪽으로 셔틀콕을 올린다.
③ 선수는 날아온 셔틀콕을 스트레이트로 포핸드 스매시를 한다.

포사이드 앞에서는 언더 핸드를 실전과 같이 한다.

선수가 홈 포지션으로 돌아가면 코치는 셔틀콕을 포사이드 뒤쪽으로 높게 올린다.

스매시는 에이스를 노리는 코스로 한다.

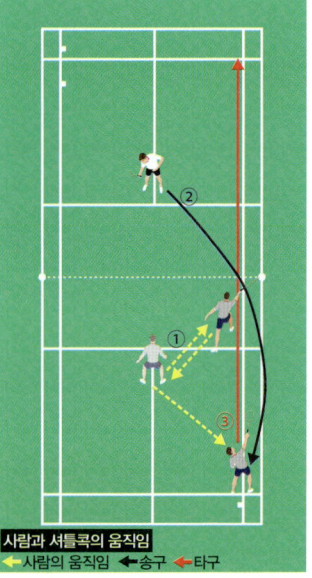

사람과 셔틀콕의 움직임
← 사람의 움직임 ← 송구 ← 타구

지도자 MEMO
포사이드 앞으로 가는 풋워크에서 스매시까지 일련의 동작을 익힌다. 동작의 패턴이 정해져 있기 때문에 홈 포지션으로 돌아오는 것을 잊어버리기 쉬우므로 이 부분에 신경 쓰자.

스매시

백사이드 앞으로 풋워크 → 라운드 스매시

메뉴 024

난이도 ★★★

시간 약 15분

횟수 8~10회 X 3~5세트

목표 백사이드 앞에서 좋은 코스로 셔틀콕을 쳤다고 가정하고, 전후의 풋워크에서 스매시로 에이스를 노린다.

순서

① 선수는 홈 포지션에서 시작한다. 백사이드 앞으로 이동해서 셔틀콕 없이 언더 핸드를 하고 홈 포지션으로 돌아간다.
② 코치는 백사이드 뒤쪽으로 셔틀콕을 올린다.
③ 선수는 날아온 셔틀콕을 스트레이트로 라운드 스매시를 한다.

백사이드 앞에서는 언더 핸드를 실전과 같이 한다.

선수가 홈 포지션으로 돌아가면 코치가 셔틀콕을 백사이드 뒤쪽으로 높게 올린다.

라운드 스매시는 에이스를 노리는 코스로 한다.

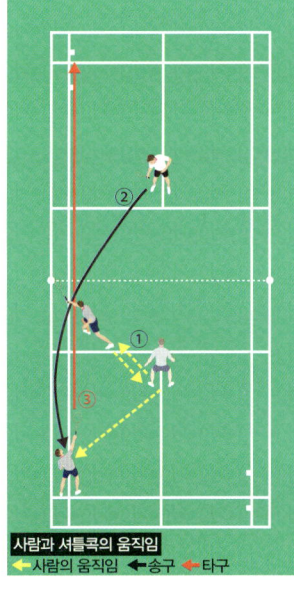

사람과 셔틀콕의 움직임
← 사람의 움직임 ← 송구 ← 타구

지도자 MEMO 코치는 선수가 홈 포지션으로 돌아간 다음에 셔틀콕을 올리는 것을 기본으로 하되, 타이밍을 빠르게 하거나 느리게 조절하자. 그렇게 하면 선수가 홈 포지션으로 돌아가는 것을 의식해서 실전과 같은 연습효과가 난다.

스매시

메뉴 025
포사이드로 풋워크 → 포핸드 스매시

난이도	★★★
시간	10~15분
횟수	8~10회 X 3~5세트

목표 사이드 풋워크를 할 때 오른발이 똑바로 셔틀콕 방향을 향하고, 스트레이트로 스매시하는 감각을 기른다.

선수는 포사이드로 풋워크를 할 때 사이드 핸드를 실전과 같이 한다.

순서
① 선수는 홈 포지션에서 포사이드로 이동해서 셔틀콕 없이 사이드 핸드를 한다. 그리고 다시 홈 포지션으로 돌아간다.
② 코치는 포사이드 뒤쪽으로 셔틀콕을 올려준다.
③ 선수는 날아온 셔틀콕을 스트레이트로 포핸드 스매시를 한다.
④ 백사이드 풋워크 → 라운드 스매시도 같은 방법으로 연습한다.

선수가 홈 포지션에 돌아갔을 때 코치는 셔틀콕을 높게 올려준다.

사람과 셔틀콕의 움직임
← 사람의 움직임 ← 송구 ← 타구

지도자 MEMO 초보자는 코스를 노리는 게 어려우므로 우선은 스트레이트로 치는 것만 신경을 쓰자. 똑바로 스트레이트로 칠 수 있다면, 크로스로 치는 것은 어렵지 않다.

One Point! 어드바이스 아웃되는 것을 두려워하지 말고 치자

처음에는 스매시가 아웃이 되도 상관없다. 먼저 일련 동작의 흐름과 셔틀콕 방향을 신경 쓰면서 힘껏 스매시를 하자.

스매시

메뉴 026

포핸드 스매시 풋워크 → 라운드 스매시

난이도 ★★★

시간 약 15분

횟수 8~10회 X 3~5세트

목표 포사이드 뒤쪽에서 백사이드 뒤쪽으로 이동해도 균형을 잃지 않고 스매시하는 감각을 기른다.

선수는 포사이드 뒤쪽에서 셔틀콕 없이 스매시를 한다.

선수가 홈 포지션에 돌아갔을 때 코치는 셔틀콕을 백사이드 뒤쪽으로 높게 올려준다.

스트레이트로 라운드 스매시를 한다.

순서

① 선수는 홈 포지션에서 포사이드 뒤쪽으로 풋워크하고 셔틀콕 없이 포핸드 스매시를 한다.
② 선수가 홈 포지션으로 돌아오면 코치는 백사이드 뒤쪽으로 셔틀콕을 높게 올려준다.
③ 선수는 날아온 셔틀콕을 스트레이트로 라운드 스매시를 한다.

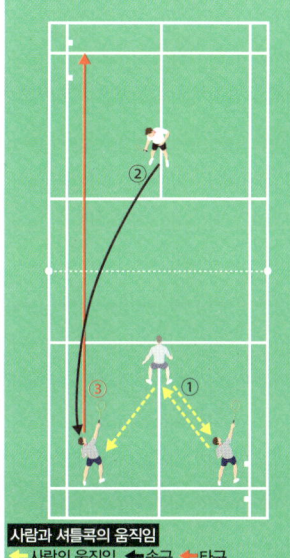

사람과 셔틀콕의 움직임
← 사람의 움직임 ← 송구 ← 타구

지도자 MEMO 선수는 홈 포지션으로 돌아가는 것을 의식하기 위해 포사이드 뒤쪽에서는 셔틀콕을 치지 않는다. 셔틀콕을 치게 되면 홈 포지션으로 돌아가는 것을 소홀히 하기 쉽다. 샷을 한 다음에 반드시 홈 포지션으로 돌아가는 것을 기억하자.

스매시

메뉴 027 사이드 원 점프 스매시

난이도 ★★★★

시간 약 10분

횟수 8~10회 X 3~5세트

목표 사이드 점프로 뛰어올라 셔틀콕을 스매시하는 연습이다. 점프하여 칠 수 있는 범위를 익힌다.

점프 전에 짧은 스텝으로 보폭을 맞춘다.

셔틀콕 궤도에 맞춰서 점프한다.

스매시 코스는 스트레이트로 한다.

라운드 스매시도 같은 방법으로 연습을 한다.

순서

① 코치는 선수가 뛰어올라서 칠 수 있는 높이로 셔틀콕을 올려준다.
② 선수는 홈 포지션에서 보폭을 맞추기 위해서, 셔틀콕 방향으로 한 걸음이나 두 걸음 정도 움직인다.
③ 점프해서 스매시를 한다.

지도자 MEMO 원 점프 스매시는 보통 스매시 같은 방식으로 발을 바꿀 여유가 없을 때 많이 사용한다. 빠른 공격을 할 때 유용하지만 난이도가 높아서 초보자는 자세가 망가질 수 있으므로 무리하지 말자.

스매시

메뉴 028 후위 스매시 (복식용)

난이도 ★★★★
시간 약 10분
횟수 15~20회 X 3~5세트

목표: 복식의 후위라고 가정하고 치는 연습으로, 스매시의 코스나 스피드 등을 생각하며 움직인다.

코치는 높이와 코스 등에 어떻게 변화를 줄지 생각한다.

순서
① 코치는 코트 뒤쪽으로 셔틀콕을 준다.
② 선수는 홈 포지션의 조금 뒤쪽에서 준비하고, 날아오는 셔틀콕에 맞춰서 적절한 스매시를 한다.

선수는 상황에 맞춰서 스매시를 하도록 유념한다.

지도자 MEMO: 스매시 연습이라고 해서 그냥 세게 치기만 해서는 안된다. 특히 복식에서는 후위의 스매시에 의해서 경기의 우세가 결정되는 일이 많기 때문에 코스, 각도, 자세에 따라 스피드를 바꾸는 등의 고민과 연습이 필요하다.

친 다음에 홈 포지션으로 돌아가도록 신경을 쓴다.

One Point! 어드바이스: 실제 시합 상황을 생각하며 연습에 임하자. 단지 올려준 셔틀콕을 친다는 생각만으로는 제대로 효과를 볼 수 없다.

칼럼①

배드민턴은 상대의 약점을 공략하는 스포츠다

배드민턴의 매력은 여러 가지가 있지만, 그 중에서도 '스피드'가 가장 큰 매력이다. 세계 최고의 선수는 스매시 스피드가 시속 400킬로미터를 넘기도 한다. 반면에 스매시와 같은 자세지만 시속 0킬로미터에 가까운 샷도 있다. 이런 극단적인 완급 차이는 다른 스포츠에서는 거의 느낄 수 없다. 배드민턴은 상대가 싫어하는 지점을 노려서 완급을 조절해가며 득점하는 것도 묘미 중에 하나다. 반대로 상대가 공격을 못하도록 랠리를 이끌어 가기도 한다. 이런 얘기만 들으면 "이렇게 짓궂은 스포츠가 있어"라고 생각할지도 모르지만, 사실 배드민턴은 짓궂은 스포츠이다. 상대가 없으면 할 수 없는 스포츠이며, 자기가 자신 있는 플레이를 한다고 해도 경기가 쉽게 풀리는 것도 아니다. 때로는 비뚤어진 생각도 필요하고, 상대의 약점을 공략해야 할 때도 있다. 상대의 자세가 흐트러지면, 더욱 자세를 무너뜨려서 확실하게 찬스를 잡아야 한다. 그렇기 때문에 상대와 전략적으로 밀고 당기는 것이 필요하다. 실제로 랠리가 시작되면 상대방도 셔틀콕을 치고 들어오기 때문에 전략을 세워야 한다. 앞뒤 생각 안 하고 치는 게 아니라, 상대방의 심리나 움직이는 습관을 파악하고, 그것을 이용해서 싸우는 것이 중요하다.

배드민턴은 상대와의 밀고 당기기가 중요하다.

이것은 승부의 세계에서 당연한 사고방식이다. 시합에서 조금만 우유부단하게 굴면, 순식간에 상대방에게 주도권을 뺏기게 된다. 단체경기라면 팀원이 다시 주도권을 가져올 수 있지만, 배드민턴은 팀원이라 해봤자 최대 두 명이고 자신을 제외하면 한 명뿐이다. 결국 자신과 파트너가 함께 다시 돌려놓아야 한다. 이기려면, 상대방의 약점을 노리며 공략할 생각을 해야 한다.

또 다른 배드민턴의 매력을 말하자면, 생활체육으로서 남녀노소 누구나 즐길 수 있다는 것이다. 남녀가 같이 시합을 하거나, 초등학생과 수준 높은 선수가 진정한 랠리를 주고받는 경기는 다른 스포츠에서는 흔한 게 아니다. 배드민턴은 누구나 같은 코트에서 같은 규칙을 적용받아 경기를 한다. 나이와 성별을 넘어 순수하게 힘과 힘의 승부를 할 수 있는 스포츠라고 할 수 있다. 야구나 축구라면 프로 선수와 고등학생이 진지하게 승부한다고 해도 역시 프로가 유리한 게 당연하다. 하지만 배드민턴은 랠리가 계속되므로 성인이라고 단순히 팔 힘만으로 이길 수 없다. 다시 말해, 종합적인 균형이 좋다면 중고생이라도 수준 높은 선수에게 도전할 수 있는 스포츠가 배드민턴이다.

제3장
클리어 · 커트
Clear & Cut

스매시를 익혔으면, 다음은 클리어와 커트를 익히자.
상대 코트의 뒤쪽을 향해서 높은 셔틀콕을 치는 클리어와 네트 앞에서 떨어뜨리는 커트는
시합의 주도권을 잡기 위해서 필요한 샷이다.

클리어의 기술 해설

클리어

POINT 1 스매시와 마찬가지로, 재빨리 셔틀콕의 낙하지점으로 이동한다.

POINT 2 왼손을 올린 상태로, 셔틀콕을 받을 준비를 한다.

POINT 3 왼손을 내리면서 스윙을 시작한다. 여기까지는 스매시와 동일하다.

기술 해설 임팩트 외에는 스매시와 같은 방법이다

셔틀콕의 낙하지점으로 이동하는 것과 스윙 방법은 스매시와 동일하다. 왼손을 올리면서 셔틀콕의 낙하지점으로 재빨리 이동해서 스윙을 한다. 오버 헤드 스트로크까지는 스매시와 같고, 크게 다른 것은 임팩트이다. 스매시는 라켓을 위에서 아래로 휘둘러서 셔틀콕을 치지만, 클리어는 셔틀콕을 위로 밀어내듯이 라켓을 휘두른다. 잘 연습해서 자신이 어떤 샷을 할 것인지 상대가 예측하지 못하게 하자.

POINT
임팩트 순간에는 위로 밀어내듯이 친다.

POINT 4	위로 밀어내듯이 임팩트 한다.
POINT 5	스윙 중에 발을 바꿔서 오른발을 앞으로 내민다.
POINT 6	바꾼 발에 체중을 가해서 앞으로 나간다.

클리어는 머리 바로 위에서 셔틀콕을 친다

왼쪽이 클리어, 오른쪽이 스매시의 타점이다. 같은 오버 헤드 스트로크라도 클리어는 머리 바로 위에서 치는 것을 알 수 있다. 그렇기 때문에 불리한 상황에서 사용하는 샷이지만, 타점이 너무 뒤로 가면 균형을 잃고 힘이 제대로 전달되지 않기 때문에 주의해야 한다.

▲ 클리어의 타점

▲ 스매시의 타점

클리어

메뉴 029 포핸드 클리어 연습

난이도 ★★
시간 약 15분
횟수 8~10회 X 3~5세트

목표 불리한 상황을 가정하고 포사이드 뒤쪽에서 클리어를 한다.

코치가 셔틀콕을 올리면 풋워크를 시작한다.

순서

① 코치는 코트 중앙에서 포사이드 뒤쪽으로 크게 셔틀콕을 올려준다.
② 선수는 홈 포지션에서 포사이드 뒤쪽으로 이동해서, 포핸드 클리어를 스트레이트로 한다.

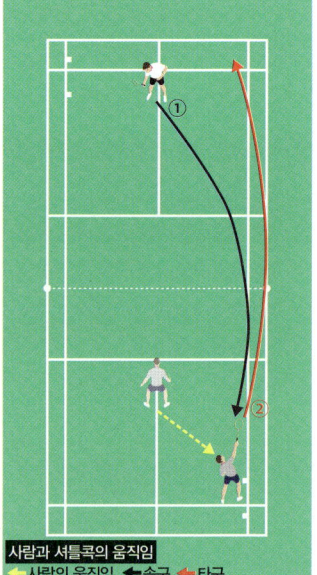

클리어를 할 때는 발을 바꾸고, 곧바로 홈 포지션으로 돌아간다.

지도자 MEMO 셔틀콕의 낙하지점으로 이동하는 것을 우선시하자. 이것이 익숙해지면 날아오는 셔틀콕을 단순히 치기만 하는 것이 아니라, 크로스 클리어를 하거나 타점에 들어가는 타이밍을 다르게 치는 방법 등 다양하게 응용해보는 것도 효과적이다.

One Point! 어드바이스

스매시와 마찬가지로, 클리어를 할 때도 반드시 발 바꾸는 것을 의식하자. 특히 근력이 약한 선수는 이 시기에 발을 바꾸고 다시 홈 포지션으로 돌아가는 습관을 들이는 게 중요하다.

클리어

메뉴 030 라운드 클리어 연습

난이도 ★★
시간 약 15분
횟수 8~10회 X 3~5세트

목표 라운드로 샷을 똑바로 할 수 있도록 한다.

셔틀콕의 낙하지점으로 재빨리 이동하는 것이 제일 중요하다.

낙하지점에서 셔틀콕을 향해서 팔을 뻗는다.

클리어를 한 다음에는 발을 바꾼다.

순서

① 코치는 코트 중앙에서 백사이드 뒤쪽으로 셔틀콕을 크게 올려준다.
② 선수는 홈 포지션에서 백사이드 뒤쪽으로 이동해서, 라운드 클리어를 스트레이트로 한다.

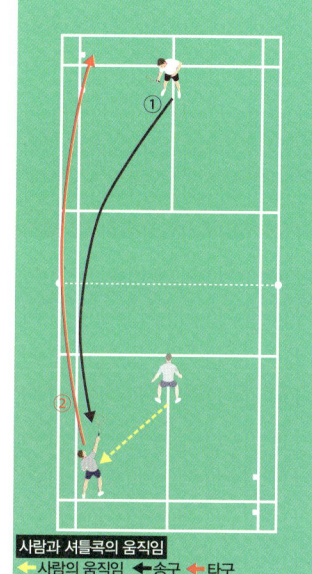

사람과 셔틀콕의 움직임
← 사람의 움직임　← 송구　← 타구

지도자 MEMO 라운드 샷을 잘하는 선수들은 라운드 쪽으로 셔틀콕이 날아오는 시점에 이미 몸보다 빨리 왼손을 낙하지점으로 뻗고 있다. 초보자는 그런 식으로 왼손의 위치를 먼저 바꾸지 말고, 똑바로 낙하지점으로 이동해서 치도록 하자.

클리어

메뉴 031 좌우 번갈아 클리어 연습

난이도 ★★

시간 약 15분

횟수 8~10회 X 3~5세트

목표 포핸드 클리어와 라운드 클리어를 번갈아하고 몸이 셔틀콕 방향을 향하도록 감각을 키우자.

클리어를 한 다음, 곧바로 홈 포지션으로 돌아간다.

순서

① 코치는 코트 중앙에서, 포사이드 뒤쪽, 백사이드 뒤쪽으로 번갈아서 셔틀콕을 높게 올려준다.
② 선수는 홈 포지션에서 이동해서, 포핸드와 라운드로 번갈아서 클리어를 스트레이트로 한다.

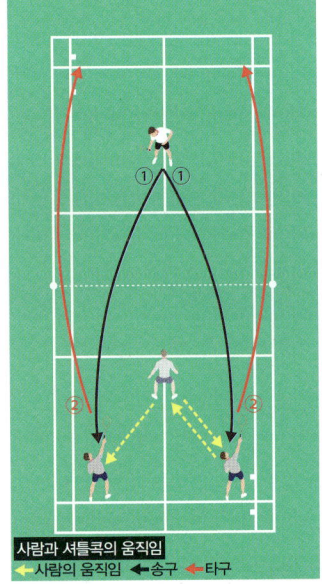

사람과 셔틀콕의 움직임
← 사람의 움직임 ← 송구 ← 타구

셔틀콕이 좌우 번갈아서 날아오는 것을 알고 있어도 셔틀콕을 보고 움직인다.

One Point! 어드바이스

초보자는 홈 포지션에 의자를 놓고 1구를 칠 때마다 라켓으로 의자를 터치하게 한다. 이렇게 연습을 하면 홈 포지션에 돌아가는 것에 익숙해진다.

지도자 MEMO

이 연습이 익숙해진다면 다른 방법으로 응용할 수 있다. 첫 번째 셔틀콕은 '쫓기고 있다'는 느낌으로 치고, 다음 셔틀콕은 '자세를 바꾼다'에 집중해서 드리븐 클리어(59쪽)를 하면 보다 실전적인 연습을 할 수 있다.

클리어

메뉴 032
클리어 후 쇼트 서비스 라인 터치

난이도 ★★★
시간 약 5분
횟수 —

목표 클리어를 한 다음에 쇼트 서비스 라인을 라켓으로 터치하고 다시 클리어를 한다. 높게 올리는 클리어 감각을 익히는 연습이다.

순서
① A는 코트 뒤쪽에서 클리어를 한 후, 앞으로 나와서 쇼트 서비스 라인을 라켓으로 터치하고 재빨리 돌아간다.
② B도 A에게 클리어로 되돌려주고 쇼트 서비스 라인을 터치한다.
③ ①과 ②를 반복한다.

클리어를 높게 올려서 쇼트 서비스 라인을 터치하는 시간을 번다.

재빨리 풋워크를 해서 쇼트 서비스 라인을 터치한다.

클리어를 할 때는 발을 꼭 바꾸고 홈 포지션으로 재빨리 돌아간다.

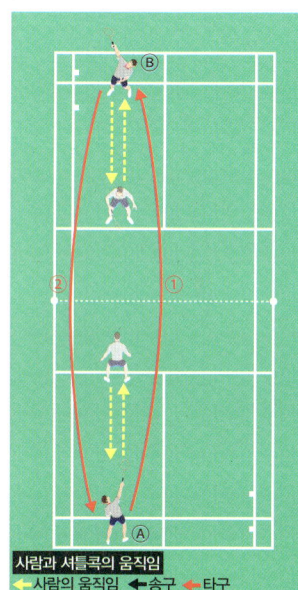

사람과 셔틀콕의 움직임
← 사람의 움직임　← 송구　← 타구

 지도자 MEMO
이 연습은 클리어를 배운 지 얼마 안 된 선수가 하는 연습이다. 쇼트 서비스 라인을 터치하는 게 어렵다면 쇼트 서비스 라인에 의자를 놓고 터치하는 방법으로 가볍게 하자.

메뉴 033	클리어	난이도 ★★★
	# 하이 클리어	시간 약 10분
		횟수 10회 X 3~5세트

목표 보통 클리어보다 셔틀콕을 높게 올려서, 비행시간 사이에 자세를 고칠 수 있는 하이 클리어를 익힌다.

코치가 던져준 셔틀콕을 향해 서고 준비 자세를 취한다.

셔틀콕의 낙하지점으로 이동한다.

투구 코스가 높은 클리어를 한다.

코스는 스트레이트를 노린다.

발을 바꿔서 다음 플레이를 준비한다.

순서

① 코치는 코트 뒤쪽에서 센터 뒤쪽으로 셔틀콕을 올려준다.
② 선수는 홈 포지션에서 코트 뒤쪽으로 이동해서 하이 클리어를 한다.

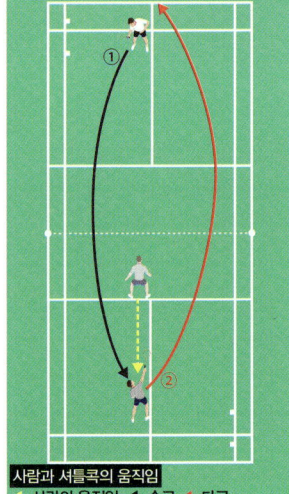

사람과 셔틀콕의 움직임
← 사람의 움직임 ← 송구 ← 타구

지도자 MEMO 하이 클리어는 불리한 상황이나 자신의 자세를 고치는 시간을 벌기 위해서 보통 클리어 보다 높게 치는 샷이다. 연습 단계에서 그 상황을 똑바로 의식하기 위해서 코치는 궤도가 너무 높지 않은 셔틀콕을 빠르게 주는 게 좋다. 선수가 많이 움직이도록 불리한 상황 설정을 추가하면 좀 더 실전적인 감각을 키울 수 있다.

클리어

메뉴 034 드리븐 클리어

난이도 ★★★
시간 약 10분
횟수 10회 X 3~5세트

목표 상대의 자세를 무너뜨리기 위해서 보통보다 낮고 빠른 클리어를 한다.

코치가 셔틀콕을 높이 올려주면 왼발을 앞으로 빼고 코트 뒤쪽으로 이동한다.

셔틀콕의 낙하지점으로 이동한다.

타점을 앞으로 해서 투구 코스가 낮은 클리어를 한다.

코스는 스트레이트를 노린다.

다음 플레이의 준비를 빨리한다.

순서

① 코치는 코트 중앙에서 포사이드 뒤쪽으로 셔틀콕을 높게 올려준다.
② 선수는 홈 포지션에서 포사이드 뒤쪽으로 이동해서 보통 클리어보다 타점을 앞으로 해서 드리븐 클리어를 한다.

지도자 MEMO 드리븐 클리어는 상대가 리시브를 하려고 자세를 미리 잡고 있거나 자신이 스매시를 해도 실패할 가능성이 높은 상황에서 유용하다. 드리븐 클리어를 사용하면 상대의 자세를 쉽게 무너뜨릴 수 있고 스매시와 클리어의 중간 샷으로서 상대를 뒤로 몰아넣을 수 있다.

하이 클리어와 드리븐 클리어의 차이점

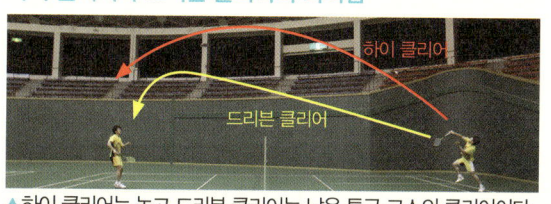
▲하이 클리어는 높고 드리븐 클리어는 낮은 투구 코스의 클리어이다.

클리어

메뉴 035 스트레이트와 크로스로 나눠서 클리어 연습

난이도 ★★★★
시간 약 15분
횟수 8~10회 X 3~5세트

클리어를 스트레이트와 크로스로 나눠서 하고 곧바로 홈 포지션으로 돌아간다.

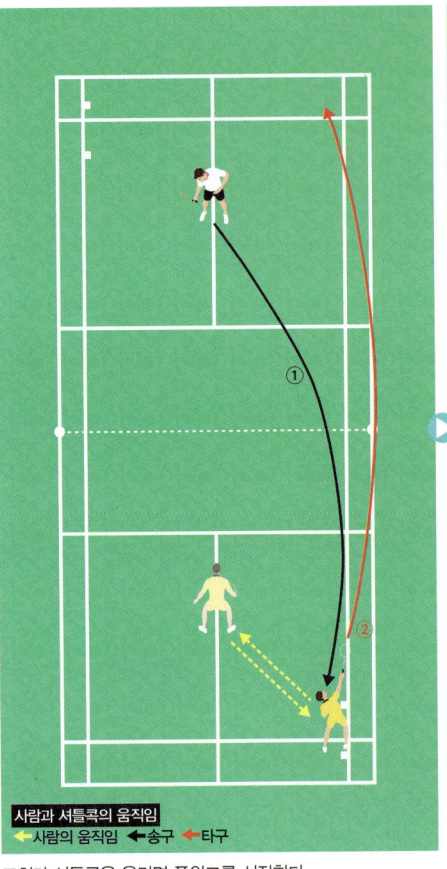

사람과 셔틀콕의 움직임
← 사람의 움직임 ← 송구 ← 타구

코치가 셔틀콕을 올리면 풋워크를 시작한다.

셔틀콕을 친 다음에는 홈 포지션으로 돌아간다.

순서

① 코치는 코트 중앙에서 포사이드 뒤쪽 또는 백사이드 뒤쪽으로 셔틀콕을 높게 올려준다.
② 선수는 홈 포지션에서 셔틀콕이 날아오는 방향으로 이동해서 스트레이트로 클리어를 한다. 그런 다음 홈 포지션으로 돌아간다.
③ 코치는 다시 같은 방향으로 셔틀콕을 올려준다.
④ 선수는 크로스로 클리어를 한다.

지도자 MEMO
크로스로 클리어를 할 때, 스매시를 할 때보다 팔을 크게 휘두르는 선수가 많다. 그렇게 되면 상대가 코스를 예측하기 쉬우므로 임팩트 직전까지는 스트레이트로 칠 때와 똑같이 하고 몸이 셔틀콕으로 향하는 것이 중요하다.

클리어

메뉴 036 다양한 상황에서 클리어 연습

난이도	★★★★
시간	약 15분
횟수	8~10회 X 3~5세트

목표 다양한 투구 코스에 따라서 상황에 맞는 클리어를 한다.

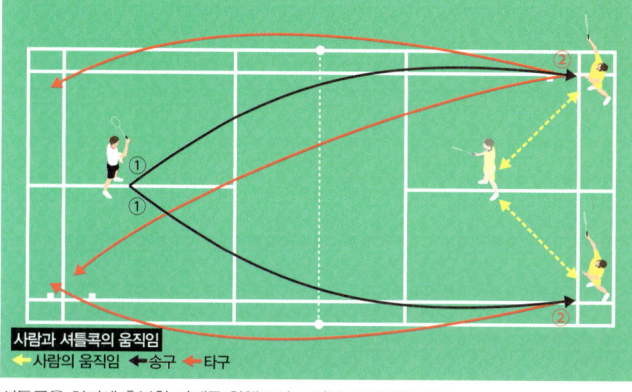

사람과 셔틀콕의 움직임
← 사람의 움직임 ← 송구 ← 타구

셔틀콕을 치기에 충분한 자세를 취했으면 드리븐 클리어를 하고 그렇지 않다면 하이 클리어를 한다.

순서

① 코치는 코트 중앙에서, 투구 코스를 바꾸면서 코트 뒤쪽으로 셔틀콕을 올린다.
② 선수는 날아오는 투구 코스를 파악하여 스트레이트, 크로스 클리어를 한다. 친 다음에는 반드시 홈 포지션으로 돌아간다.
③ 선수는 양 사이드 뒤쪽에서 연습한다.

지도자 MEMO 코치는 셔틀콕의 속도, 높이, 코스 등에 변화를 주어야 한다. 선수가 다양한 클리어를 할 수 있도록 하자.

클리어

메뉴 037 2 대 1 전면 클리어

난이도	★★★★★
시간	5~10분
횟수	–

목표 실전 형식으로 랠리를 계속하면서 상황에 맞게 클리어하는 방법을 익힌다.

보통 때보다 랠리를 길게 하지만, 1구를 칠 때마다 홈 포지션으로 돌아가는 것을 잊지 말자.

순서

① A는 코트 전면을 사용해서, B와 C에게 클리어를 한다.
② B와 C는 자신의 포지션에서, A를 향해 계속해서 클리어를 한다.
③ 시간을 정해서 역할을 교대한다.

지도자 MEMO 긴 랠리로 지친 상태라도 반드시 홈 포지션으로 돌아가도록 하자. 좌우로만 움직이면 상대방이 셔틀콕을 네트 앞으로 떨어뜨려서 득점할 수 있기 때문이다.

커트의 기술 해설

커트

POINT 1 스매시와 마찬가지로 왼손을 올리면서 셔틀콕의 낙하지점으로 이동한다.

POINT 2 스매시보다 더 타구하기에 충분한 자세를 만든다.

POINT 3 스윔을 시작한다. 여기까지는 스매시와 동작이 같다.

 기술 해설 커트는 속도보다 길이와 코스가 중요하다!

커트는 빠르게 치는 것보다 길이와 코스가 중요한 샷이다. 빠르고 긴 커트는 멋있게 보일지 모르지만, 상대방이 기피하는 커트는 속도가 느리면서 서비스 라인 앞에 떨어지는 것이다. 커트는 샷의 특성상, 네트에 걸려 실수를 하기 쉽기 때문에 타구하는데 충분한 자세를 만들도록 유의해야 한다. 그리고 상대방의 리턴에 빠르게 대응하기 위해서, 라켓을 끝까지 휘두르지 말고 빨리 다음 동작을 취하고 홈 포지션으로 돌아가자.

POINT
라켓을 끝까지
휘두르지 않는다.

| POINT 4 | 임팩트 할 때 라켓의 면을 안쪽으로 향하게 한다. | POINT 5 | 다음 동작으로 빠르게 전환하기 위해 라켓을 끝까지 휘두르지 않는다. | POINT 6 | 발을 바꿔서 착지하면서 반동을 이용해서 앞으로 나간다. |

드롭은 산 모양과 같이 떨어지는 쇼트이다

드롭은 타점이 커트와 같지만, 라켓 측면이 정면을 향하는 방향으로 임팩트 순간에 멈추듯이 친다. 커트는 각도와 속도가 있어서 셔틀콕이 네트를 넘으면 그 주변에서 급속히 떨어지는데, 드롭은 산 같은 모양으로 느리게 떨어진다.

▲ 커트의 임팩트

▲ 드롭의 임팩트

| 커트 | 난이도 ★★★ |

메뉴 038 포핸드 커트 연습

| 시간 | 약 10분 |
| 횟수 | 10회 X 3~5세트 |

목표 스매시나 클리어와 마찬가지로 재빨리 셔틀콕의 낙하지점으로 이동해서 커트를 한다.

순서

① 코치는 코트 중앙에서 포사이드 뒤쪽으로 셔틀콕을 높게 올려준다.
② 선수는 홈 포지션에서 포사이드 뒤쪽으로 이동해서 스트레이트로 커트를 한다.

몸은 셔틀콕 방향을 향하고 스트레이트로 커트를 한다.

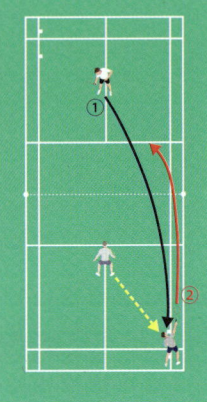

지도자 MEMO 배드민턴 기술 중에서 커트를 제일 먼저 배우는 선수가 많다. 그렇게 되면 상대 선수가 커트를 쉽게 알아채는 타법이 된다. 지금까지 소개한 순서대로, 스매시에서 클리어로 발전하고 그다음에 커트 연습을 시작하자.

| 커트 | 난이도 ★★★ |

메뉴 039 라운드 커트 연습

| 시간 | 약 10분 |
| 횟수 | 10회 X 3~5세트 |

목표 몸은 셔틀콕의 낙하지점을 향하고 백사이드 뒤쪽에서 커트를 하는 타이밍을 익힌다.

순서

① 코치는 코트 중앙에서 포사이드 뒤쪽으로 셔틀콕을 높게 올려준다.
② 선수는 홈 포지션에서 백사이드 뒤쪽으로 이동해서 라운드로 스트레이트 커트를 한다.

커트를 하기 위해서는 스매시와 클리어보다 충분한 타구 자세가 필요하다.

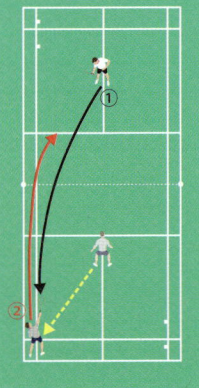

지도자 MEMO 커트는 코스나 거리를 잘못 맞추면 상대방이 유리해진다. 빠르지 않아도 좋으니 쇼트 서비스 라인보다 앞으로 떨어뜨리는 연습을 하자. 앞으로 떨어뜨릴 수 있으면 커트를 길게 하는 것은 어렵지 않다.

커트

메뉴 040 좌우 번갈아 커트 연습

난이도 ★★★
시간 약 10~15분
횟수 10회 X 3~5세트

목표 ▶ 좌우로 휘둘러도 자세가 흔들리지 않고 똑바로 커트하는 감각을 키운다.

셔틀콕을 칠 때는 발을 바꾸고 친 다음에는 홈 포지션으로 돌아간다.

왼쪽과 오른쪽 어느 쪽을 치더라도 코스는 스트레이트를 노린다.

순서

① 코치는 포사이드 뒤쪽, 백사이드 뒤쪽으로 번갈아 가면서 셔틀콕을 높게 올려준다.
② 선수는 홈 포지션에서 셔틀콕이 날아오는 방향으로 이동해서 커트를 한다.
③ 선수는 홈 포지션으로 돌아가서 다시 셔틀콕이 날아오는 것을 본 후에 반대쪽 사이드로 이동해서 커트를 한다.

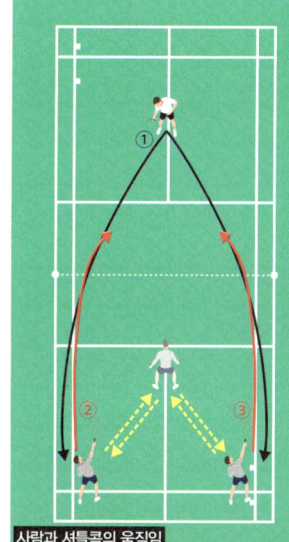

사람과 셔틀콕의 움직임
← 사람의 움직임 ← 송구 ← 타구

One Point! 어드바이스
연습하는 선수가 많다면 의자를 이용하는 방법도 있다. 홈 포지션에 의자를 놓고, 두 명의 선수가 좌우에서 라켓으로 의자를 터치하고 대기한다. 코치는 좌우 번갈아 셔틀콕을 올려주고 선수는 포핸드 또는 라운드 커트를 한다. 치고 나면 반대 사이드에서 줄을 서고 순서를 기다린다. 이렇게 하면 선수가 많더라도 효율적으로 연습을 할 수 있다.(39쪽)

지도자 MEMO
커트는 셔틀콕에 위력이 없기 때문에 전후좌우 어디에서든 다시 돌아올 가능성이 크다. 이 연습에서는 셔틀콕이 뒤쪽으로 올라왔을 경우만 연습했지만, 선수는 셔틀콕이 네트 앞으로 오는 경우도 생각해야 한다.

커트

메뉴 041 크로스 커트

난이도 ★★★★
시간 약 15분
횟수 10회 X 3~5세트

목표 크로스 커트를 익혀서 불리한 상황을 벗어난다.

날아오는 셔틀콕 밑으로 재빨리 들어가서 타구하기에 용이한 자세를 만든다.

순서

① 코치는 코트 중앙에서 포사이드 뒤쪽과 백사이드 뒤쪽으로 번갈아서 셔틀콕을 높게 올려준다.
② 선수는 홈 포지션에서 포사이드 뒤쪽으로 이동해서 크로스로 커트를 한다.
③ 선수는 다시 홈 포지션으로 돌아가서 백사이드 뒤쪽으로 이동해서 크로스로 라운드 커트를 한다.

치는 순간부터 치고 난 다음까지 계속해서 몸 전체가 크로스로 향하도록 한다.

지도자 MEMO 크로스 커트는 불리한 상황을 벗어나기 위해 많이 사용하는데, 무리한 자세로 치지 않도록 주의해야 한다. 스트레이트로 칠 때보다 자세를 더 충분히 잡아야 한다. 자세가 흐트러지면 실수할 확률이 굉장히 높기 때문에 셔틀콕이 코트 안으로 들어가는 것을 우선시하자.

라운드에서도 크로스 커트를 한다.

One Point! 어드바이스

크로스 커트는 치기 전의 자세가 중요한 샷이다. 100% 자세가 갖춰지지 않았으면 무리하게 크로스로 치지 말고, 긴 크로스나 스트레이트로 쳐서 코트 안으로 들어가는 것을 우선시 하자.

커트

리버스 커트

메뉴 042

난이도 ★★★★
시간 약 10분
횟수 10회 X 3~5세트

목표 일반적인 커트보다 셔틀콕이 떨어지는 속도가 빨라서 좋은 무기가 될 수 있는 리버스 커트를 습득한다.

셔틀콕의 낙하지점으로 재빨리 이동한다.

몸이 셔틀콕을 향하는 것은 스매시를 할 때와 같다.

임팩트 순간에 라켓 측면을 바깥쪽으로 향하게 한다.

그대로 밀어내듯이 스윙한다.

스매시처럼 휘두르지 말고 스윙을 멈춘다.

순서

① 코치는 코트 중앙에서 포사이드 뒤쪽으로 셔틀콕을 높게 올려준다.
② 선수는 홈 포지션에서 포사이드 뒤쪽으로 이동하고 리버스 커트를 한다.

지도자 MEMO
리버스 커트를 무리하게 치려다가 스스로 리듬을 깨는 선수가 많이 있다. 어려운 샷이므로 크로스 커트를 완벽히 한 후에 리버스 커트를 익히자.

One Point! 어드바이스
리버스 커트는 보통 커트보다 셔틀콕이 떨어지는 스피드가 빨라서 익숙해지면 좋은 무기가 되는 샷이다. 그렇지만 높이와 거리 조정을 동시에 하기 어렵고 실수할 확률이 아주 높다. 크로스 커트와 마찬가지로 우선은 준비 자세를 확실히 하고 셔틀콕의 낙하지점으로 이동하는 것을 연습하자.

커트

메뉴 043 페인트 커트

난이도 ★★★★
시간 5~10분
횟수 —

목표 스매시와 같은 움직임으로 커트를 해서 상대를 헷갈리게 하는 페인트 커트를 익힌다.

선수는 첫 번째와 두 번째 셔틀콕은 스매시를 한다.

순서

① 코치는 코트 중앙에서 셔틀콕을 높이 올려준다.
② 선수는 첫 번째와 두 번째 셔틀콕은 스매시하고 세 번째 셔틀콕은 페인트 커트를 한다.

세 번째는 페인트 커트를 한다.

최대한 스매시처럼 움직인다.

지도자 MEMO 페인트 커트를 아무리 연습해도 정말 페인트로 보이는지 선수 본인은 알 수 없다. 스매시의 움직임을 확인하면서 연습하는 것이 효과가 있다. 이 연습에서 스매시는 한 번만 해도 괜찮다.

커트로 바꾼다.

늦더라도 셔틀콕의 거리를 짧게 한다.

One Point! 어드바이스

셔틀콕을 치는 자세를 스매시와 같은 동작으로 시작해야 한다. 그렇지 않으면 선수 본인은 스매시인 것처럼 페인트 커트를 하려고 해도, 상대가 알아채서 실패하게 된다. 첫 번째와 두 번째 셔틀콕에서 스매시의 동작을 똑바로 확인하고, 페인트 커트를 익히자.

제4장
네트 플레이
Net Play

네트 근처에서 사용하는 샷이 '로브', '헤어핀', '푸시'이다.
우선은 기본이 되는 '로브'를 바르게 타구하는 법을 익히고 나서
'헤어핀', '푸시' 순으로 익히자.

로브의 기술 해설

포핸드 로브

POINT 1 오른발을 셔틀콕의 낙하지점을 향해서 내민다.

POINT 2 무릎을 약간 앞으로 굽히면서 발을 내민다.

POINT 3 라켓을 밑에서 위로 크게 스윙한다.

기술 해설 오른발이 셔틀콕 방향으로 향하는 것이 가장 중요하다

로브에서 가장 중요한 것은 오른발을 내미는 방향이다. 셔틀콕의 낙하지점을 향해서 오른발을 내밀어서 치면 셔틀콕 방향으로 몸이 향하게 돼서 자연스럽게 밑에서 위로 스윙을 할 수 있다. 처음에는 큰 스윙을 하면서 타점과 임팩트 타이밍을 잘 익히도록 하자. 숙달되면 로브의 스윙은 자연스럽게 될 것이다. 이것은 리시브(108쪽)나 드라이브(132쪽)도 마찬가지다.

POINT
발을 내미는 방향과
시선은 둘 다
셔틀콕을 향한다.

| POINT 4 | 시선은 셔틀콕을 향한다. | POINT 5 | 왼손을 셔틀콕과 반대 방향으로 뻗어서 균형을 잡는다. | POINT 6 | 자세를 잡고 원래 위치로 돌아간다. |

발을 바르게 내미는 방법

A 셔틀콕을 칠 때는 사진과 같이 발끝이 셔틀콕 방향으로 향하지 않으면, 스윙을 옆으로 하게되어 스트레이트로 쳐도 사이드 아웃이 되거나 크로스로 치게 된다. B 셔틀콕을 치는 경우도 발끝이 B 셔틀콕의 방향으로 똑바로 향하도록 하자.

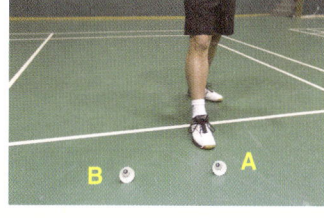

71

로브의 기술 해설

백핸드 로브

POINT 1	POINT 2	POINT 3
그립을 백핸드로 바꿔서 잡는다.	오른발을 셔틀콕의 낙하지점을 향해서 내민다.	왼손으로 균형을 잡으면서 무릎을 굽힌다.

POINT 셔틀콕 방향으로 발을 내민다.

기술 해설 백핸드 그립으로 바꿔 잡는 것에 주의한다

백핸드 로브에 관한 중요한 포인트는 기본적으로 포핸드 로브와 마찬가지다. 내미는 발이 똑바로 셔틀콕 방향으로 향하지 않으면, 셔틀콕은 코트 밖으로 날아가 버린다. 그러나 백핸드 로브를 할 때는 포핸드 로브에 비해서 내미는 발이 자연스럽게 셔틀콕 방향으로 향하기 때문에 발을 내미는 것보다 백핸드 그립으로 바꿔 잡는 라켓워크를 주의하자. 스윙은 아래에서 위로 크게 하도록 하자.

POINT
백핸드는 엄지로 밀어내듯이 한다.

| POINT 4 | 라켓을 밑에서 위로 크게 스윙한다. | POINT 5 | 엄지로 밀어내듯이 임팩트한다. | POINT 6 | 상반신을 올려서 자세를 잡는다. |

엄지를 세워서 라켓을 바꿔 잡는다

백핸드 로브는 라켓 바꿔 잡기(24쪽)에서도 설명한 것처럼, 엄지를 똑바로 세워서 그립을 잡도록 하자. 친 다음에는 다시 포핸드로 바꾼다.

라켓의 방향과 같다.

▲ 포핸드 잡는 법　▲ 백핸드 잡는 법

로브

포핸드 로브 연습

메뉴 044

난이도 ★★

시간 약 10분

횟수 10회 X 5세트

목표 풋워크를 주의하면서 포핸드 로브의 바른 자세를 익힌다.

코치는 네트 앞에서 셔틀콕을 던진다.

순서

① 코치는 포사이드 앞으로 셔틀콕을 던져준다.
② 선수는 홈 포지션보다 조금 앞에서 준비하고, 셔틀콕이 날아오는 낙하지점으로 오른발을 내민다.
③ 포핸드 로브를 스트레이트로 크게 한다.

선수는 발을 셔틀콕의 낙하지점으로 똑바로 향한다.

지도자 MEMO 스트레이트로 친 로브가 사이드 아웃이 되는 경우가 있다. 이는 오른발이 셔틀콕의 낙하지점을 향하지 않았기 때문이다. 셔틀콕의 낙하지점으로 발끝이 똑바로 향하도록 발의 움직임을 복습하자.(29쪽)

밑에서 위로 스윙하고 스트레이트로 크게 올린다.

셔틀콕의 낙하지점이 아니라 네트 방향으로 발을 내밀면 셔틀콕을 옆으로 치게 되어 사이드 아웃이 된다. 또한 이 자세로는 밑에서 위로 똑바로 스윙하기 어렵다.

로브

메뉴 045 백핸드 로브 연습

난이도 ★★
시간 약 10분
횟수 10회 X 5세트

목표 백핸드 그립을 주의하면서 바른 자세로 백핸드 로브를 스트레이트로 한다.

코치는 네트 앞에서 셔틀콕을 던진다.

순서

① 코치는 백사이드 앞으로 셔틀콕을 던져준다.
② 선수는 홈 포지션보다 조금 앞에서 준비하고, 셔틀콕이 날아오는 낙하지점으로 오른발을 내민다.
③ 백핸드로 로브를 스트레이트로 크게 한다.

선수는 발을 셔틀콕의 낙하지점으로 향한다.

지도자 MEMO 여기서 백핸드를 어렵게 생각하면, 드라이브, 리시브를 하면서 백핸드를 기피하게 된다. 바른 방법으로 칠 수 있을 때까지, 시간을 투자해서 연습하는 게 좋다.

백핸드 그립을 확실히 잡도록 주의하고 로브 코스는 스트레이트를 노린다.

 **One Point! 어드바이스**

백핸드 로브의 경우, 포핸드보다 셔틀콕의 낙하지점으로 발이 매끄럽게 들어간다. 여기서는 발의 방향보다는 엄지를 세워서 치는 백핸드 그립(24쪽)을 주의하자.

로브

좌우 번갈아 로브 연습

난이도 ★★

시간 약 10분

횟수 10회 X 5세트

 풋워크를 주의하면서 포핸드 로브와 백핸드 로브를 연습한다.
몸 전체를 사용해서 리듬감 있게 치는 감각을 키운다.

좌우로 번갈아서 하기 때문에 그립을 바꿔서 잡도록 주의한다.

순서

① 코치는 코트 중앙에서 포사이드와 백사이드 쪽 네트 앞으로 번갈아서 셔틀콕을 던져준다.
② 선수는 홈 포지션보다 앞에서 준비하고, 포핸드 로브를 한다.
③ 로브를 하면 스타트 위치로 돌아갔다가, 백핸드 로브도 똑같이 한다.

발끝은 똑바로 셔틀콕으로 향한다.

 초보자는 좌우의 움직임에서 라켓만으로 셔틀콕을 잡으려고 한다. 코치는 천천히 셔틀콕을 던져 주도록 하고 발이 똑바로 셔틀콕을 향하도록 지도하자.

양쪽 다 스트레이트로 크게 친다.

 One Point! 어드바이스

초보자를 위해서 앞으로 이동하는 풋워크를 동시에 가르치는 방법도 있다. 스매시를 한다고 가정하고 선수는 코트 뒤쪽에서 시작한다. 코치가 던진 셔틀콕을 포핸드 로브나 백핸드 로브로 1회 치고, 다음 선수와 교체한다.

로브

다수의 인원이 할 수 있는 스매시에서 로브 연습

난이도 ★★★
시간 약 15분
횟수 10회

목표 좌우로 몸을 움직인 상태에서도 똑바로 앞으로 가서 로브를 한다.
다수의 인원이라도 효율적인 연습을 할 수 있다.

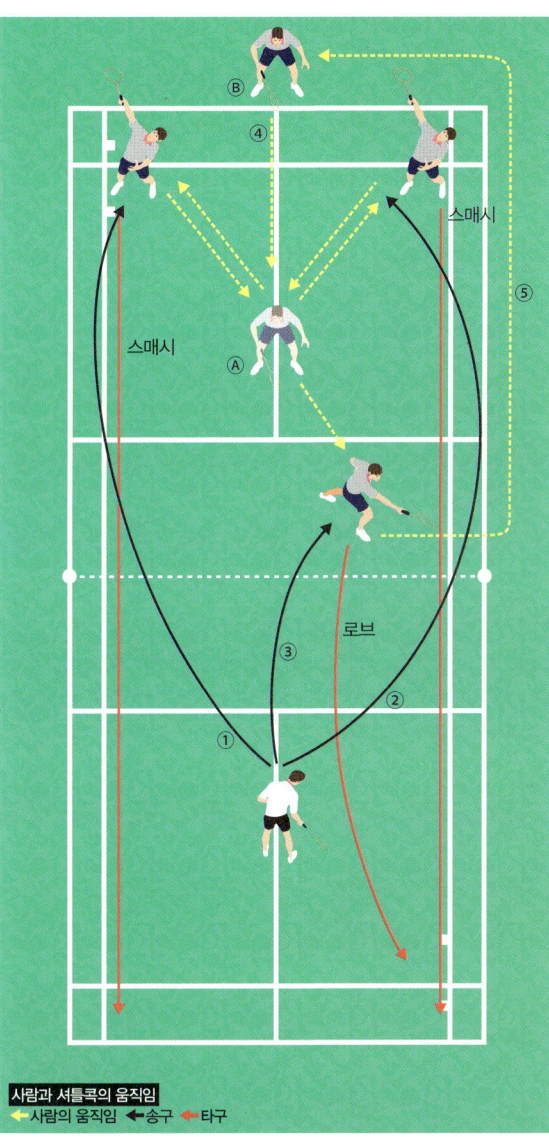

순서

① 코치는 코트 중앙에서 포사이드 뒤쪽으로 셔틀콕을 높게 올려준다. A는 홈 포지션에서 이동해서 포핸드 스매시를 한다.
② A가 홈 포지션으로 돌아가면, 코치는 백사이드 뒤쪽으로 셔틀콕을 높게 올려준다. A는 라운드 스매시를 한다.
③ A가 홈 포지션으로 돌아가면, 코치는 백사이드 쪽 네트 앞으로 셔틀콕을 준다. A는 백핸드 로브를 한다.
④ A가 백핸드 로브를 할 때 B는 홈 포지션에서 대기한다.
⑤ 백핸드 로브를 한 A는 코트 밖으로 돌아가 다음 순서를 기다린다.

백핸드 로브를 하고 있는 사이에 다음 선수가 준비를 한다.

 지도자 MEMO
이 연습뿐만 아니라 처음과 마지막 샷을 크로스로 치면, 다음 선수가 매끄럽게 준비를 할 수 있다. 인원수가 많은 팀에서는 이런 방법을 통해 전원이 효율적으로 연습할 수 있다.

포핸드 스매시, 라운드 스매시를 할 때는 똑바로 발을 바꿔서 다음 플레이로 이어질 수 있게 한다.

메뉴 048 — 로브

셔틀콕에 재빨리 반응해서 로브 연습

난이도 ★★★
시간 약 10분
횟수 10회 X 5세트

목표
셔틀콕에 빨리 반응하는 힘을 기른다.
스트레이트로 로브를 한다.

코치는 네트 앞에서 임의로 셔틀콕을 던진다.

순서

① 홈 포지션 조금 앞에 셔틀콕 통을 놓고 선수는 그 뒤에서 준비를 한다.
② 코치는 네트 앞에서 임의로 셔틀콕을 던진다. 선수는 셔틀콕이 날아오는 방향으로 풋워크를 한다.
③ 로브를 스트레이트로 치고 스타트 위치로 돌아간다.

선수는 셔틀콕에 재빨리 반응하여 발을 내민다.

지도자 MEMO
스타트 위치를 통 뒤로 하면 큰 움직임이 필요하기 때문에 좀 더 실전 같은 연습을 할 수 있다. 로브가 곧장 날아가지 않는 선수는 발이 셔틀콕 쪽으로 향하지 않았기 때문이다. '셔틀콕을 발끝으로 차기(29쪽)'를 복습하자.

스트레이트로 크게 로브를 한다.

One Point! 어드바이스
선수는 코치가 셔틀콕을 던진 후에 움직이므로 반응이 늦어지기 쉽다. 그렇게 되면 팔과 손목만으로 쳐서 셔틀콕이 크로스로 날아간다. 몸을 재빨리 움직여서 셔틀콕 쪽으로 향하고, 스트레이트로 치는 것을 유념하자.

로브

메뉴 049 크로스 로브 연습

난이도 ★★★
시간 약 10분
횟수 10회 X 5세트

목표
크로스 로브를 할 때 중요한 셔틀콕 방향으로 몸을 움직이는 연습이다. 팔과 손목만으로 치지 않도록 주의한다.

코치가 셔틀콕을 던지면 풋워크를 시작한다.

순서

① 코치는 포사이드 앞으로 셔틀콕을 던진다.
② 선수는 홈 포지션에서 이동해서 크로스로 로브를 한다.
③ 코치는 포사이드 앞과 백사이드 앞으로 번갈아서 셔틀콕을 던진다.

오른발은 셔틀콕 쪽으로 향하고, 반대쪽 코트 사이드 구석을 노리고 크게 친다.

지도자 MEMO
이 연습은 스트레이트 로브를 정확하게 할 수 있을 때 하자.
특히 초보자가 오른발이 셔틀콕 쪽으로 향하는 방법을 익히기 전에 이 연습을 하면, 팔과 손목만으로 크로스를 치는 습관이 생겨서 실력이 늘기 어렵다. 지금뿐만 아니라 이후에도 많은 영향을 주므로 처음부터 올바른 자세를 익히도록 하자.

백핸드 쪽도 오른발이 셔틀콕 방향을 향하는 것이 중요하다.

One Point! 어드바이스

크로스로 낮고 빠른 로브만 치는 선수는 발이 셔틀콕 쪽으로 향하지 않고 팔과 손목만으로 치기 때문이다. 먼저 발을 셔틀콕 쪽으로 내밀고, 크게 치는 것을 유의하자.

로브		난이도 ★★★
메뉴 **050**	**포핸드 스매시 풋워크 → 포핸드 로브**	시간 10~15분 횟수 8~10회 X 3~5세트

목표 홈 포지션으로 돌아가는 것을 의식하면서 포핸드 로브를 스트레이트로 크게 하는 연습이다.

홈 포지션에서 포사이드 뒤쪽으로 이동하고, 스매시를 실전과 같이 한다.

순서

① 선수는 홈 포지션에서 포사이드 뒤쪽으로 이동해서 셔틀콕 없이 스매시를 한다. 그리고 다시 홈 포지션으로 돌아간다.
② 코치는 선수가 홈 포지션으로 돌아가면 포사이드 앞으로 셔틀콕을 던져준다.
③ 선수는 포핸드 로브를 스트레이트로 한다.

스매시를 하면서 발을 바꾸고, 홈 포지션으로 이동한다.

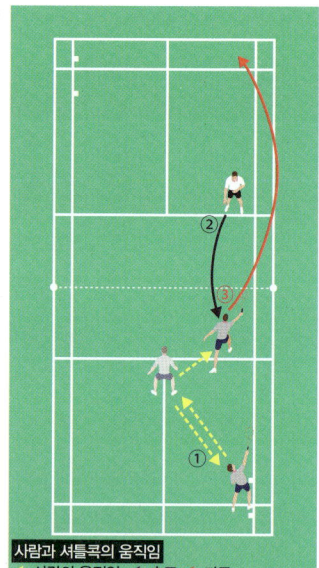

로브는 스트레이트로 크게 한다.

지도자 MEMO 스매시를 한 다음 홈 포지션으로 돌아가는 것이 중요하다. 포사이드 뒤쪽에서 곧바로 앞으로 이동하지 않도록 주의하자. 로브는 크로스로 해도 되지만, 우선은 스트레이트로 똑바로 하도록 하자.

로브

메뉴 051: 라운드 스매시 풋워크 → 백핸드 로브

난이도 ★★★
시간 10~15분
횟수 8~10회 X 3~5세트

목표: 홈 포지션으로 돌아가는 것을 의식하면서 백핸드 로브를 스트레이트로 크게 하는 연습이다.

순서

① 선수는 홈 포지션에서 백사이드 뒤쪽으로 이동해서 셔틀콕 없이 스매시를 한다. 그리고 다시 홈 포지션으로 돌아간다.
② 코치는 선수가 홈 포지션으로 돌아가면 백사이드 앞으로 셔틀콕을 던진다.
③ 선수는 백핸드 로브를 스트레이트로 한다.

백사이드 뒤쪽에서 발 바꾸는 것을 주의하면서 스매시를 실전과 같이 한다.

스매시를 하고 나서 반드시 홈 포지션으로 돌아간다.

백핸드 그립법을 주의하고 로브는 스트레이트로 한다.

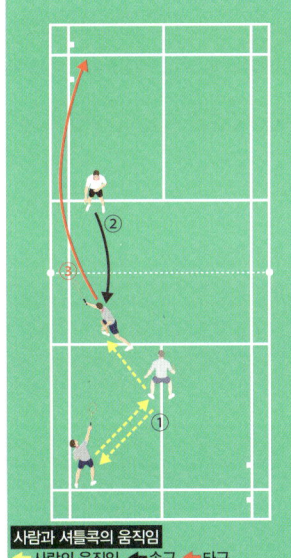

사람과 셔틀콕의 움직임
← 사람의 움직임　← 송구　← 타구

지도자 MEMO: 메뉴 050과 마찬가지로, 홈 포지션으로 돌아가는 것이 포인트이다. 백사이드 뒤쪽에서 앞으로 곧장 이동하지 않도록 주의하자. 그리고 초보자의 경우는 백핸드로 바꿔서 잡는 그립도 유의하자.

로브

메뉴 052 포핸드 스매시 → 포핸드 로브

난이도 ★★★
시간 10~15분
횟수 8~10회 X 3~5세트

목표
시합이라는 상황을 가정하고 포사이드 쪽에서만 전후 움직임을 익힌다. 선수는 랠리가 계속되고 있다고 생각하고 셔틀콕을 보면서 움직이는 습관을 기른다.

순서
① 코치는 코트 중앙에서 포사이드 뒤쪽으로 셔틀콕을 높게 올려준다.
② 선수는 홈 포지션에서 포사이드 뒤쪽으로 이동해서 스트레이트로 포핸드 스매시를 한다.
③ 코치는 선수가 홈 포지션으로 돌아가면 포사이드 네트 앞으로 셔틀콕을 올려준다.
④ 선수는 포사이드 앞으로 이동해서 스트레이트로 포핸드 로브를 한다.

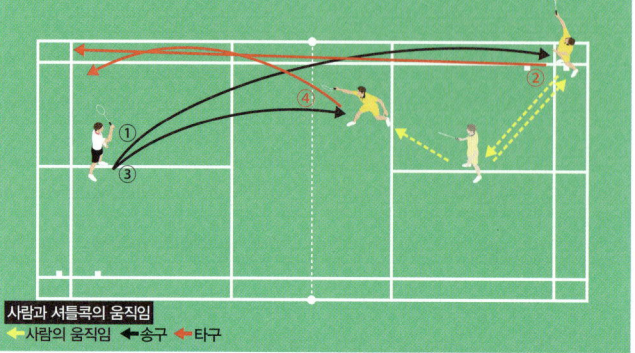

사람과 셔틀콕의 움직임
← 사람의 움직임   ← 송구   ← 타구

스매시는 스트레이트로 한다.
랠리가 계속된다고 생각하고 코치의 셔틀콕을 보고 움직인다.

지도자 MEMO
포핸드 스매시를 스트레이트로 잘 돌리면 셔틀콕이 크로스로 되돌아오는 일은 거의 없으므로 이 움직임을 잘 익히도록 하자.

로브

메뉴 053 라운드 스매시 → 백핸드 로브

난이도 ★★★
시간 10~15분
횟수 8~10회 X 3~5세트

목표
시합이라는 상황을 가정하고 백 사이드 쪽에서만 전후 움직임을 익힌다. 선수는 랠리가 계속되고 있다고 생각하고, 셔틀콕을 보면서 움직이는 습관을 기른다.

순서
① 코치는 코트 중앙에서 백사이드 뒤쪽으로 셔틀콕을 크게 올린다.
② 선수는 홈 포지션에서 백사이드 뒤쪽으로 이동해서 스트레이트로 라운드 스매시를 한다.
③ 코치는 선수가 홈 포지션으로 돌아가면 백사이드 네트 앞으로 셔틀콕을 던진다.
④ 선수는 백사이드 앞으로 이동해서 스트레이트로 백핸드 로브를 한다.

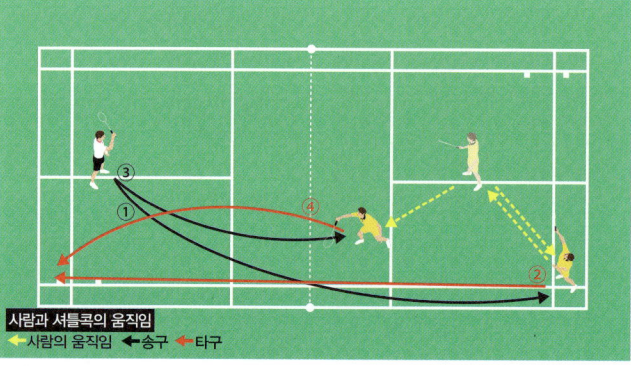

사람과 셔틀콕의 움직임
← 사람의 움직임   ← 송구   ← 타구

스매시를 한 다음은 홈 포지션으로 돌아간다.
시합이라고 가정하고 코치의 셔틀콕을 보고 움직인다.

지도자 MEMO
선수가 스매시를 한 다음에 코치가 바로 셔틀콕을 올려주면 선수는 홈 포지션으로 돌아가기가 어렵다. 코치는 선수가 홈 포지션으로 돌아간 다음에 셔틀콕을 올려주자.

로브

메뉴 054 — 네 군데 코너로 움직이는 풋워크 연습

난이도 ★★★
시간 10~15분
횟수 8~10회 X 3~5세트

목표
코트의 네 군데 코너로 움직이는 풋워크 연습이다.
한 개씩 샷을 정확하게 하고, 다음 셔틀콕을 준비하는 자세를 익힌다.

사람과 셔틀콕의 움직임
← 사람의 움직임　← 송구　← 타구

포핸드 로브를 하고 스매시를 하기 위해 백사이드 뒤쪽으로 풋워크를 한다.
백핸드 로브를 하고 스매시를 하기 위해 포사이드 뒤쪽으로 풋워크를 한다.

순서

① 코치 A는 포사이드, 코치 B는 백사이드 쪽 네트 앞에 선다. 코치 A는 네트 앞으로 셔틀콕을 던져준다.
② 선수는 홈 포지션에서 포사이드 앞으로 이동해서 포핸드 로브를 스트레이트로 하고, 홈 포지션으로 돌아간다.
③ 선수는 백사이드 뒤쪽으로 이동해서 셔틀콕 없이 라운드 스매시를 하고 홈 포지션으로 돌아간다.
④ 코치 B는 백사이드 앞으로 셔틀콕을 던져 준다.
⑤ 선수는 백핸드 로브를 스트레이트로 하고, 홈 포지션으로 돌아간다.
⑥ 선수는 포사이드 뒤쪽으로 이동해서 셔틀콕 없이 포핸드 스매시를 한다.

지도자 MEMO
코너로 움직일때 오른발이 셔틀콕 쪽으로 향하는 것을 소홀히 하거나 팔과 손목만으로 치는 경우가 많다. 네 코너로 똑바로 풋워크를 하자. 코치가 선수의 스피드에 맞춰 셔틀콕을 주는 것이 중요하다.

헤어핀의 기술 해설

헤어핀

POINT 1 로브와 마찬가지로 셔틀콕을 향해 오른발을 내민다.

POINT 2 라켓을 쭉 뻗어서 정면으로 내민다.

POINT 3 라켓의 높이는 네트의 흰 테이프를 기준으로 한다.

기술 해설 헤어핀은 항상 같은 자세로 하는 것이 기본이다

헤어핀은 어느 위치에서 해도 자세가 같다. 오른발은 셔틀콕 쪽으로 향하고, 라켓은 정면으로 쭉 뻗어서 내민다. 그리고 네트의 흰 테이프까지 라켓을 올린다. 헤어핀 코스를 다르게 할 경우, 오른발 내미는 위치를 바꿔서 몸의 방향을 바꾸도록 하자. 팔이나 라켓만 셔틀콕 쪽으로 향해서 치면 불안정한 샷이 되므로 우선은 반복연습을 통해서 자신의 자세를 바르게 익히자.

POINT
라켓을 쭉 뻗어서 정면에서 친다.

POINT 4	셔틀콕을 스윙하여 치는 게 아니라 라켓에 올리듯이 친다.
POINT 5	라켓을 손목으로 고정시켜 밑에서 위로 움직이지 않도록 한다.
POINT 6	자세를 잡고 다음 리턴을 준비한다.

몸 정면에서 셔틀콕을 친다

왼쪽 사진은 발이 셔틀콕 방향으로 향하고 몸 정면으로 라켓을 내밀어 치고 있다. 오른쪽 사진은 발이 셔틀콕 쪽으로 향하지 않고 라켓도 몸의 오른쪽으로 나와 있다. 또한, 손목이 굽혀져 있고 타점도 낮다. 이렇게 되면 셔틀콕이 떠서 상대에게 기회를 주는 꼴이 된다.

OK

NG

헤어핀

메뉴 055 포핸드 헤어핀 연습

난이도 ★★

시간 약 10분

횟수 8~10회 X 5세트

목표 오른발을 내미는 방법과 타점의 높이를 신경 쓰고 포핸드 헤어핀의 바른 자세를 익힌다.

순서

① 코치는 네트 앞으로 셔틀콕을 던져 준다.
② 선수는 홈 포지션보다 조금 앞에서 시작한다.
③ 셔틀콕 낙하지점으로 발을 내밀고, 포핸드 헤어핀을 한다.

코치는 네트 앞에서 셔틀콕을 던진다.

선수는 셔틀콕의 낙하지점을 향해서 발을 내민다.

지도자 MEMO 헤어핀은 네트의 흰 테이프보다 위에서 셔틀콕을 치는 게 아니라 라켓에 살짝 올리듯이 쳐서 상대 코트로 넘기면 좋다. 손목의 움직임으로 라켓을 움직이고, 네트를 많이 넘어가게 셔틀콕을 치면 상대방에게 좋은 기회를 주게 된다.

셔틀콕이 네트 위로 닿을 듯 말 듯 통과하는 게 이상적이다.

One Point! 어드바이스

라켓은 몸 정면에 위치 시키자. 어떤 코스의 셔틀콕이 와도 이 준비는 변함이 없다. 발은 셔틀콕 쪽으로 똑바로 향하면서 다양한 코스로 오는 셔틀콕에 대응한다.

헤어핀

메뉴 056 백핸드 헤어핀 연습

난이도 ★★
시간 약 10분
횟수 8~10회 X 5세트

목표: 오른발을 내미는 방법과 타점의 높이에 신경 쓰고, 백핸드 헤어핀의 올바른 자세를 익힌다.

코치는 셔틀콕을 네트 앞으로 던진다.

순서

① 코치는 네트 앞으로 셔틀콕을 던져 준다.
② 선수는 홈 포지션보다 조금 앞에서 시작한다.
③ 발을 셔틀콕 쪽으로 내밀고, 백핸드 헤어핀을 한다.

선수는 셔틀콕의 낙하지점을 향해서 발을 내민다.

지도자 MEMO: 백핸드 동작은 포핸드에 비해, 오른발을 셔틀콕 쪽으로 자연스럽게 내밀 수 있다. 그러나 손을 너무 앞으로 뻗어서 균형이 무너지는 경우가 많으니 바른 자세로 하도록 주의하자.

스트레이트로 백핸드 헤어핀을 해서 똑바로 떨어뜨린다.

One Point! 어드바이스: 백핸드 헤어핀은 포핸드 헤어핀보다 타점이 낮은 경향이 있는데, 임팩트 직전에 가볍게 점프해서 타점을 높이는 것이 좋다.

헤어핀

메뉴 057 좌우 번갈아 헤어핀 연습

난이도 ★★
시간 약 10분
횟수 8~10회 X 5세트

목표 좌우로 오는 셔틀콕을 헤어핀으로 대응하는 감각을 기른다.

코치는 포사이드로 셔틀콕을 짧게 던져준다.

순서

① 코치는 쇼트 서비스 라인의 중앙에서, 좌우로 번갈아가며 네트 앞으로 셔틀콕을 던져준다.
② 선수는 홈 포지션보다 조금 앞에 셔틀콕 통을 두고, 그 뒤에서 좌우 번갈아 헤어핀을 한다.

셔틀콕 통을 기준으로 한다.

선수는 오른발을 셔틀콕 쪽으로 향하게 한 뒤, 높은 위치에서 셔틀콕을 친다.

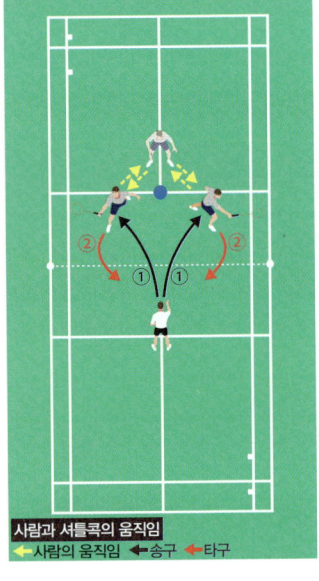

사람과 셔틀콕의 움직임
← 사람의 움직임　← 송구　← 타구

셔틀콕 통 뒤를 돌아서, 백사이드 앞에서 헤어핀을 한다.

지도자 MEMO 셔틀콕을 칠 때마다 통 뒤로 돌아가도록 하면, 홈 포지션으로 돌아가는 습관을 들이는데 효과적이다. 중상급자가 할 경우, 코치는 셔틀콕을 위로 빠르게 던지거나, 던지는 위치를 네트에 더 가깝게 하여 난이도를 높이자.

헤어핀

메뉴 058
포핸드 스매시 풋워크 → 포핸드 헤어핀

난이도 ★★
시간 약 15분
횟수 6~10회 X 3세트

목표 코트 뒤쪽에서 앞으로 나올 때 헤어핀을 하는 감각을 기른다.
몸의 균형을 잃지 않도록 한다.

포사이드 뒤쪽에서 스매시를 하기 위한 풋워크를 한다.

순서
① 선수는 홈 포지션에서 포사이드 뒤쪽으로 이동해서, 셔틀콕 없이 스매시를 한다. 그리고 다시 홈 포지션으로 돌아간다.
② 코치는 선수가 홈 포지션으로 돌아가면, 포사이드 앞으로 셔틀콕을 던져준다.
③ 선수는 포핸드로 헤어핀을 한다.

셔틀콕의 높이와 거리를 파악해서 낙하지점으로 풋워크를 한다.

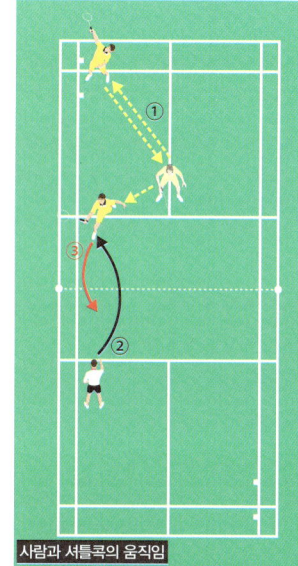

사람과 셔틀콕의 움직임
← 사람의 움직임 ← 송구 ← 타구

포핸드 헤어핀으로 코치의 네트 앞에 셔틀콕을 떨어뜨린다.

지도자 MEMO 선수의 수준에 따라 던지는 셔틀콕의 속도나 높이를 조정하자. 라운드 스매시에서 백핸드 헤어핀으로 응용할 수도 있다.

헤어핀

메뉴 059 포핸드 클리어 → 포핸드 헤어핀

난이도 ★★★
시간 약 15분
횟수 6~10회 X 3~5세트

목표 클리어를 한 다음에 상대가 자신의 네트 앞으로 커트한다고 가정하고 연습한다.

포사이드 뒤쪽에서 스트레이트로 클리어를 하고 홈 포지션으로 돌아간다.

순서
① 코치는 포사이드 뒤쪽으로 높게 셔틀콕을 올려준다.
② 선수는 홈 포지션에서 포사이드 뒤쪽으로 이동해서 스트레이트로 포핸드 클리어를 한다.
③ 코치는 네트 앞으로 셔틀콕을 올려준다.
④ 선수는 포사이드 앞으로 이동해서 포핸드 헤어핀을 한다.

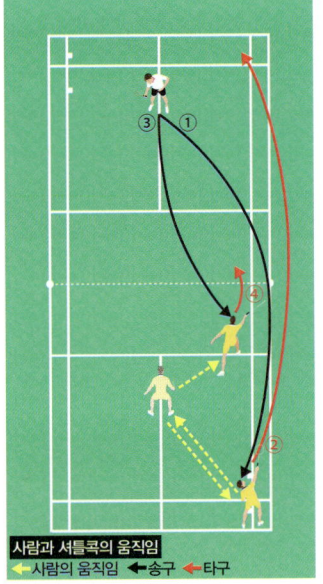

사람과 셔틀콕의 움직임
←사람의 움직임 ←송구 ←타구

홈 포지션에서 풋워크를 한다.

코치가 포사이드 앞으로 올려준 셔틀콕을 네트 앞으로 헤어핀을 한다.

지도자 MEMO 포핸드 스매시에서 백핸드 헤어핀, 라운드 스매시에서 포핸드 헤어핀으로 응용해서 연습할 수도 있다.

메뉴 060 — 헤어핀

커트 & 헤어핀을 번갈아 하고 백 바운더리 라인 터치

난이도 ★★★
시간 5~8분
횟수 –

목표: 코트 반만 사용해서 1 대 1로 커트를 정확하게 하고 로브를 똑바로 높이 올리는 연습이다. 힘들더라도 샷을 똑바로 한다.

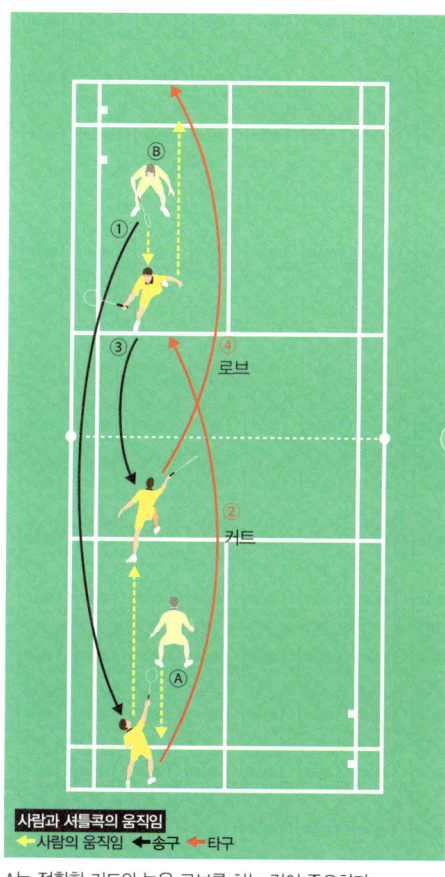

A는 정확한 커트와 높은 로브를 하는 것이 중요하다.

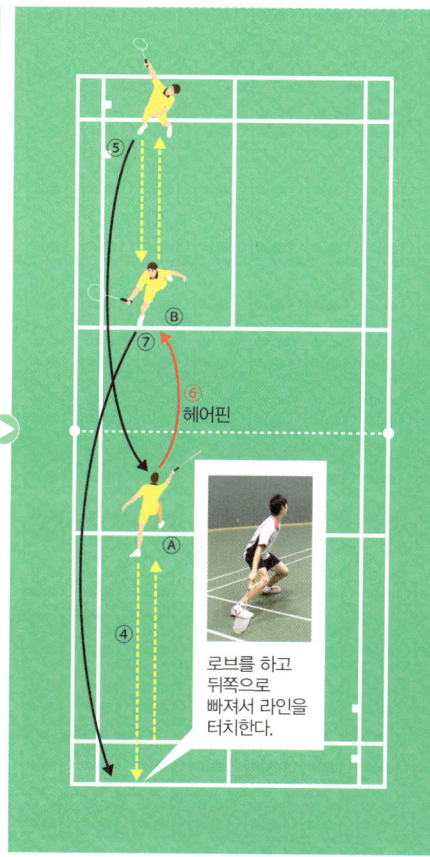

로브를 하고 뒤쪽으로 빠져서 라인을 터치한다.

로브를 하고 백 바운더리 라인을 터치한다.

사람과 셔틀콕의 움직임
← 사람의 움직임 ← 송구 ← 타구

순서

① B는 셔틀콕을 높게 올려준다.
② A는 커트를 한다.
③ B는 헤어핀으로 A에게 되돌려준다.
④ A는 로브를 하고 코트 뒤쪽으로 가서, 백 바운더리 라인을 터치한다.
⑤ A가 친 로브를 B는 커트를 한다.
⑥ B가 친 커트를 A는 헤어핀으로 되돌려준다.
⑦ A가 친 헤어핀을 B는 로브를 하고 나서 백 바운더리 라인을 터치한다.
⑧ 다시 ②를 반복한다.

지도자 MEMO: 초보자가 연습을 할 경우에 백 바운더리 라인을 터치하려면 너무 어려울 수 있으므로 복식의 롱 서비스 라인을 터치하게 해서 부담을 줄여주자.

헤어핀

메뉴 061 스핀 헤어핀

난이도 ★★★★

시간 약 15분

횟수 30~50회 X 3세트

목표 헤어핀의 고급 테크닉인 스핀 헤어핀을 하는 연습이다. 라켓을 비스듬히 기울여서 셔틀콕에 스핀을 거는 감각을 익힌다.

코치는 포사이드 네트 앞으로 천천히 셔틀콕을 던져준다.

순서

① 코치는 포사이드 네트 앞으로 셔틀콕을 던져준다.
② 선수는 홈 포지션에서 셔틀콕 방향으로 이동한다.
③ 치는 순간에 재빠르게 라켓을 비스듬히 기울여서 스핀 헤어핀을 한다.
④ 백사이드도 같은 방법으로 연습한다.

셔틀콕의 타점은 가능한 높은 위치로 한다.

지도자 MEMO 스핀 헤어핀은 헤어핀의 고급 테크닉이다. 지금까지 배운 헤어핀을 마스터 한 다음에 연습하자.

포핸드는 오른쪽에서, 백핸드는 왼쪽에서 라켓으로 셔틀콕을 비스듬히 친다.

One Point! 어드바이스

스핀을 거는 동작은 작을수록 효과적이다. 동작이 너무 크면 셔틀콕이 떠서 상대방에게 유리해지기 때문이다.

헤어핀

메뉴 062 다양한 상황에서 로브와 헤어핀 연습

난이도 ★★★
시간 10~15분
횟수 30~50회 X 3세트

목표
헤어핀과 로브를 나눠서 하는 포인트를 익힌다.
높은 위치에서는 헤어핀, 낮은 위치는 로브로 자신의 타이밍과 위치를 확실히 한다.

코치는 네트 앞으로 여러 가지 코스로 셔틀콕을 던진다.

선수는 자신의 상황에 맞게 로브나 헤어핀을 한다.

코치는 선수의 타이밍을 생각하면서 셔틀콕을 던져준다.

스트레이트뿐만 아니라, 크로스로 칠 수 있을 때는 크로스로 친다.

순서

① 코치는 네트 앞으로 여러 가지 코스로 셔틀콕을 던진다.
② 셔틀콕을 던지면 선수는 이동을 시작한다.
③ 선수는 상황에 따라서 로브나 헤어핀을 한다.

지도자 MEMO
코치는 선수가 홈 포지션으로 돌아가고 있을 때 다음 셔틀콕을 던지는 등, 선수가 여러 가지 타이밍으로 셔틀콕을 칠 수 있게 하는 것이 좋다.

푸시

푸시의 기술 해설

POINT
라켓을 올린 자세로 네트 앞으로 간다.

POINT
임팩트 순간에 내딛은 발을 가볍게 점프해서 타점을 높인다.

POINT 1
라켓을 올리고 네트 앞으로 다가간다.

POINT 2
로브와 동일하게 오른발의 방향은 셔틀콕 쪽으로 향한다.

POINT 3
임팩트 직전에 가볍게 점프하며 라켓을 올린다.

기술 해설 — 점프해서 라켓(타점)을 높이는 것이 중요하다

푸시를 할 때, 라켓이 네트보다 낮으면 셔틀콕은 네트에 걸리게 된다. 라켓을 올린 상태로 재빨리 네트 앞으로 가서 임팩트 직전에 내딛은 발로 가볍게 점프하여 라켓의 타점을 높이자. 좀 더 높은 타점으로 셔틀콕을 잡을 수 있다면 이후에 헤어핀이나 로브로 다양하게 응용할 수 있어 선택의 폭이 넓어진다. 푸시에서는 임팩트 전의 단계가 매우 중요하다는 것을 잊지 말자.

POINT 4	손목 스냅만으로 라켓을 스윙한다.
POINT 5	임팩트 다음에 몸을 앞으로 너무 내밀지 말고 착지한다.
POINT 6	재빨리 자세를 잡고 다음 리턴을 준비한다.

라켓을 올리면서 네트 앞으로 간다

오른쪽 사진과 같이 임팩트 전에 라켓을 올리지 않으면 타구하기에 충분한 자세가 나오지 않아서 푸시를 제대로 할 수 없다. 왼쪽과 같이, 임팩트 전에 라켓을 올리면서 네트 앞으로 달려가도록 하자.

OK

NG

푸시

메뉴 063 포핸드 푸시 연습

난이도 ★★★
시간 약 10분
횟수 10~15회 X 3~5세트

목표 포핸드 푸시의 바른 자세와 풋워크 방법을 익힌다.

코치는 선수의 포사이드 앞으로 셔틀콕을 던진다.

선수는 셔틀콕 쪽으로 내민 발로 점프해서 타점을 높인다.

스트레이트로 셔틀콕을 친다.

순서

① 코치는 쇼트 서비스 라인 중앙에서 셔틀콕을 던진다.
② 선수는 홈 포지션보다 조금 앞에서 준비를 한다.
③ 선수는 셔틀콕 낙하지점으로 이동해서 포핸드 푸시를 한다.

지도자 MEMO

로브나 헤어핀과 마찬가지로 푸시를 할 때 오른발의 방향에 주의하자. 발끝이 셔틀콕의 낙하지점을 향하면 푸시에서 실수를 줄일 수 있다.

One Point! 어드바이스

푸시를 할 때는 임팩트 직전에 반드시 셔틀콕 쪽으로 내민 발로 살짝 점프를 하고, 라켓을 네트보다 높이 올리도록 하자. 점프를 하지 않고 뛰어가서 푸시를 하면 셔틀콕이 네트에 걸릴 확률이 높다.

푸시

메뉴 064 백핸드 푸시 연습

난이도 ★★★
시간 약 10분
횟수 10~15회 X 3~5세트

목표 백핸드 푸시의 바른 자세와 풋워크를 익힌다.

코치가 던진 셔틀콕을 향해서 발을 내민다.

순서

① 코치는 쇼트 서비스 라인 중앙에서 셔틀콕을 던진다.
② 선수는 홈 포지션보다 조금 앞에서 준비를 한다.
③ 선수는 셔틀콕 낙하지점으로 이동해서 백핸드 푸시를 한다.

선수는 셔틀콕 쪽으로 내민 발로 점프를 해서 타점을 높인다.

지도자 MEMO 메뉴 063과 메뉴 064의 연습에서는 선수가 기술을 습득하는 단계이므로 코치가 선수의 타이밍에 맞춰서 셔틀콕을 주는 것이 좋다.

포핸드보다 손목 스냅을 더 많이 이용해서 셔틀콕을 친다.

One Point! 어드바이스

백핸드 푸시도 로브나 헤어핀과 마찬가지로 발이 포핸드보다 자연스럽게 들어간다. 여기서는 풋워크보다 라켓워크에 주의하자.

푸시

메뉴 065 좌우 번갈아 푸시 연습

난이도 ★★★★
시간 약 10분
횟수 10~20회 X 3~5세트

목표 복식에서 푸시를 하면 상대의 리시브가 네트 앞으로 되돌아오는 경우가 많은데 이때 다시 한 번 푸시를 하는 감각을 익힌다.

순서

① 코치는 쇼트 서비스 라인 중앙에서 네트 앞으로 좌우로 번갈아서 셔틀콕을 던져준다.
② 선수는 홈 포지션보다 조금 앞에 서서 좌우로 번갈아서 푸시를 한다.

셔틀콕을 향해서 발을 크게 밟고 들어간다.

임팩트 다음에는 재빨리 스타트 위치로 돌아간다.

백사이드에서는 백핸드로 푸시를 한다.

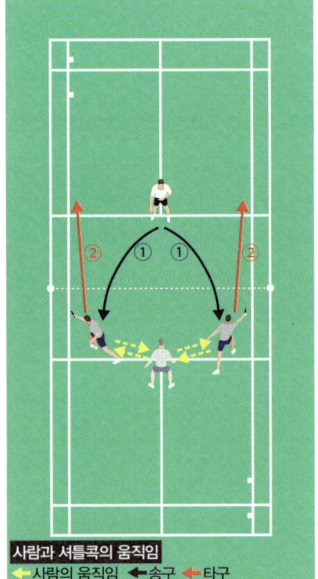

사람과 셔틀콕의 움직임
← 사람의 움직임　← 송구　← 타구

지도자 MEMO 이 연습은 푸시 연습 중에서 가장 힘든 연습이라고 할 수 있다. 푸시의 기본 자세가 흐트러지지 않도록 주의하자.

푸시

스매시 & 푸시 연결

난이도	★ ★ ★
시간	약 10분
횟수	8~10회 X 3~5세트

 단식에서 스매시 등의 강타를 친 다음, 가볍게 돌아온 리시브를 재빨리 가서 푸시한다고 가정하고 연습한다.

순서

① 코치는 포사이드 뒤쪽으로 셔틀콕을 높게 올려준다.
② A는 홈 포지션에서 포사이드 뒤쪽으로 이동해서, 스트레이트로 포핸드 스매시를 하고 홈 포지션으로 돌아간다.
③ 코치는 네트 앞으로 셔틀콕을 올려준다.
④ A는 포사이드 앞으로 이동해서 포핸드 푸시를 한다.
＊B도 A와 같이 라운드 스매시를 하고 백핸드 푸시를 한다.

코치는 포사이드 뒤쪽으로 셔틀콕을 던지고, A는 스트레이트로 스매시를 한다.

A는 홈 포지션으로 돌아갔다가 포사이드 앞으로 간다.

A는 점프로 타점을 높여서 포핸드 푸시를 한다.

코치는 백사이드 뒤쪽으로 셔틀콕을 올려주고 B는 라운드 스매시를 한다.

B는 홈 포지션으로 돌아갔다가 백핸드 푸시를 한다.

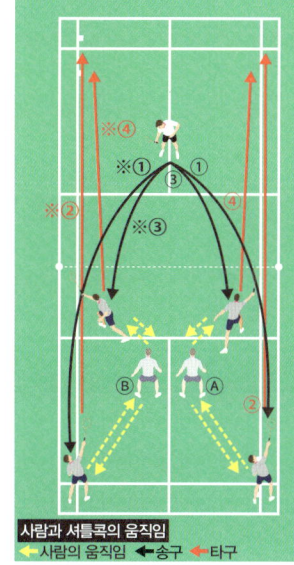

사람과 셔틀콕의 움직임
← 사람의 움직임   ← 송구   ← 타구

지도자 MEMO 앞으로 밀고 들어갈 때는 라켓을 올려서 상대에게 시각적으로 압박을 가하는 것도 좋은 방법이다.

푸시

메뉴 067 크로스 리시브의 대응

난이도 ★★★★
시간 약 10분
횟수 6~10회 X 3세트

목표 스트레이트 스매시를 상대가 크로스로 리시브했을 때를 가정해서 반대쪽 사이드의 네트 앞으로 밀고 들어가는 대응력을 익힌다.

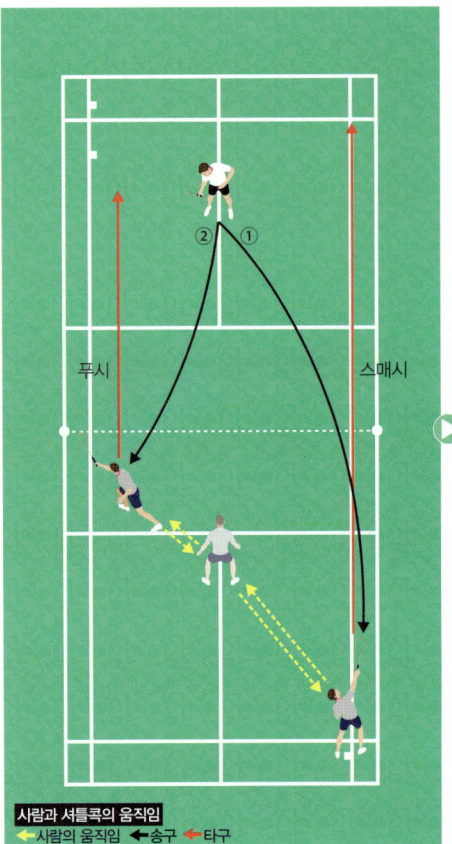

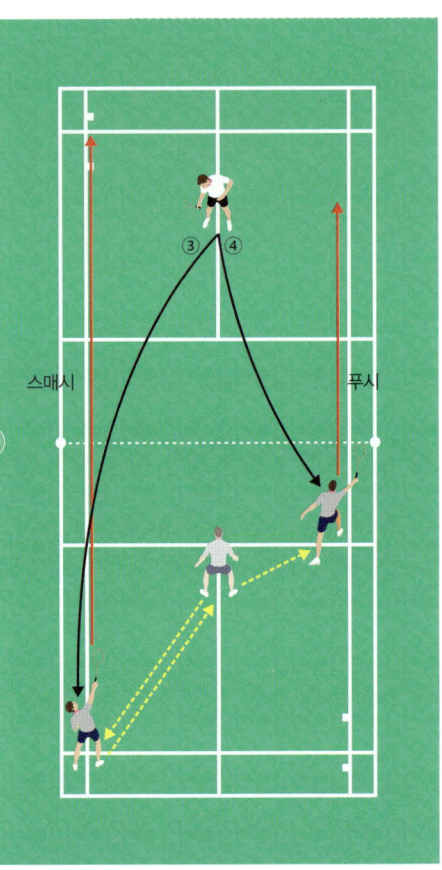

크로스 이동은 거리가 있으므로 코치는 코트 뒤쪽으로 셔틀콕을 크게 올린다.

푸시는 똑바로 점프해서 타점을 올리고 나서 임팩트 한다.

순서

① 코치가 코트 중앙에서 포사이드 뒤쪽으로 높게 셔틀콕을 올려주면 선수는 홈 포지션에서 포사이드 뒤쪽으로 이동해서, 스트레이트로 포핸드 스매시를 한다.

② 코치가 백사이드 앞으로 셔틀콕을 올려주면 선수는 백사이드 앞으로 들어가서 스트레이트로 백핸드 푸시를 하

고 홈 포지션으로 돌아간다.

③ 코치가 백사이드 뒤쪽으로 셔틀콕을 올려주면 선수는 스트레이트로 라운드 스매시를 한다.

④ 코치가 포사이드 앞으로 셔틀콕을 올려주면 선수는 스트레이트로 포핸드 푸시를 한다.

지도자 MEMO 푸시 할 때 타이밍을 판단하는 게 상당히 중요하다. 만약 푸시의 타이밍이 맞지 않는다면 헤어핀으로 바꾸도록 하자.

푸시

네트에 꽂힌 셔틀콕을 푸시

난이도 ★★★
시간 약 10분
횟수 10~20회

목표 ▷ 스매시하고 네트 앞으로 이동해서 푸시를 하는 일련의 풋워크를 익힌다.

순서

① 백사이드 쪽 흰 테이프 부분에 셔틀콕을 둔다.
② 선수는 포사이드 뒤쪽에서 스매시를 실제로 하듯이 휘두른다.
③ 백사이드 앞으로 이동한다.
④ 꽂혀 있는 셔틀콕을 백핸드 푸시 한다.
＊라운드 스매시를 하고 포사이드 앞으로 이동해서 푸시하는 연습도 한다.

네트에 셔틀콕을 꽂아 둔다. 선수는 셔틀콕 없이 스매시를 실전과 같이 한다.

발을 바꿔서 체중을 가하고, 네트 앞으로 뛰어 들어간다.

지도자 MEMO 초보자를 대상으로 하는 연습이다. 1인 1구의 로테이션으로 진행하여 최대 10명 정도의 인원이 동시에 연습을 할 수 있다. 네트에 셔틀콕을 꽂아 두고 시작하므로 셔틀콕을 던져 줄 필요가 없어서 경험이 없는 코치도 할 수 있다.

셔틀콕을 치기 직전에 지면을 밟은 발로 점프해서 타점을 올린다.

네트에 있는 셔틀콕을 푸시한다.

스매시에서 푸시로 풋워크를 익히기 위한 연습이므로 푸시 할 때 오버 네트나 네트 터치를 해도 상관없다. 임팩트 직전에 셔틀콕을 향해 점프하는 것을 주의하자.

▲푸시를 할 때는 셔틀콕을 향해 내딛은 발로 점프한다.

푸시

메뉴 069 전위 푸시 연습 ①

난이도 ★★★

시간 약 10분

횟수 15~30회 X 5세트

목표 복식 게임에서 파트너가 공격한 다음,
다시 푸시로 리턴을 해서 에이스를 노리는 감각을 키운다.

코치는 코스를 바꾸거나 스피드에 완급을 조절해서 셔틀콕을 올려준다.

선수는 셔틀콕에 재빨리 반응하고 푸시를 한다.

상황에 맞게 하프로 치는 등 올바르게 판단하도록 한다.

순서

① 코치는 코트 중앙에서, 네트 앞으로 셔틀콕을 올려준다. 일정한 리듬이 반복되지 않게 코스나 스피드에 변화를 준다.
② 선수는 날아오는 셔틀콕에 재빨리 반응해서 푸시를 한다.

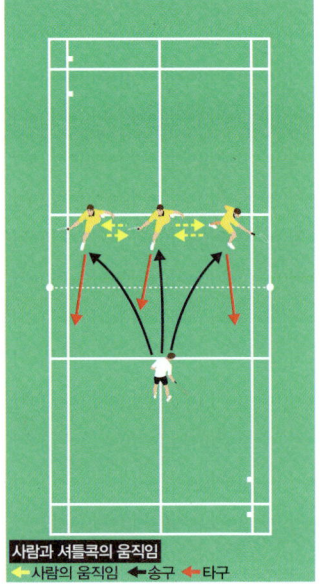

사람과 셔틀콕의 움직임
← 사람의 움직임　← 송구　← 타구

지도자 MEMO
푸시를 한 다음은 상대의 리턴이 돌아온다고 가정하고, 재빨리 라켓을 올려서 다음 푸시를 하기 위한 준비를 하자.

푸시

전위 푸시 연습 ②

난이도 ★★★★
시간 약 10분
횟수 10회 X 5세트

목표 포사이드로 짧게 친 셔틀콕을 상대가 크로스로 쳐서 리턴할 것을 예측하고, 푸시로 처리하는 연습을 한다.

선수는 포사이드 앞으로 날아온 셔틀콕을 코치의 네트 앞으로 떨어뜨린다.

코치는 백사이드 쪽으로 셔틀콕을 올려준다.

크로스로 넘어온 셔틀콕을 푸시로 공격한다.

순서

① 코치는 코트 중앙에서, 포사이드 쪽으로 하프 코트 샷을 올려준다. 선수는 스트레이트 하프 코트 샷으로 다시 셔틀콕을 친다.
② 코치는 백사이드 쪽으로 셔틀콕을 올려준다. 선수는 라운드 푸시를 한다.

사람과 셔틀콕의 움직임
← 사람의 움직임　← 송구　← 타구

지도자 MEMO 셔틀콕을 상대방이 리턴할 때 크로스로 유인하여 푸시로 공격해 에이스를 노리는 등 복식의 공격 패턴을 가정해서 연습한다. (스트레이트로 리턴이 빨리 돌아왔을 경우는 후위 파트너가 처리한다.)

푸시

메뉴 071 전위 푸시 연습 ③

난이도 ★★★★
시간 약 10분
횟수 7회 X 5세트

목표 셔틀콕이 상대방의 푸시로 돌아오는 것을 가정한 실전 연습이다. 빠른 셔틀콕이 돌아오기 때문에 무리하지 말고 상대의 네트 앞으로 한 번 헤어핀을 하고 다음에 돌아오는 셔틀콕을 똑바로 푸시한다.

사람과 셔틀콕의 움직임
← 사람의 움직임   ← 송구   ← 타구

순서

① 코치가 포사이드로 하프 코트 샷을 올려주면 선수는 홈 포지션에서 이동해서 포핸드 푸시를 한다.
② 코치가 포사이드 네트 앞으로 셔틀콕을 올려주면 선수는 포핸드 헤어핀을 한다.
③ 코치가 백사이드 네트 앞으로 셔틀콕을 올려주면 선수는 백사이드로 이동해서 백핸드 푸시를 한다.
④ 선수가 홈 포지션으로 돌아가면, 코치는 백사이드로 하프 코트 샷을 올려준다. 선수는 백핸드 푸시를 한다.
⑤ 코치가 백사이드 네트 앞으로 셔틀콕을 올려주면 선수는 백사이드로 이동해서 백핸드 헤어핀을 한다.
⑥ 코치가 포사이드 네트 앞으로 셔틀콕을 올려주면 선수는 포사이드로 이동해서 포핸드 푸시를 한다.

지도자 MEMO 처음에는 푸시를 3구씩 나눠서 쳐도 상관없지만, 익숙해지면 연속해서 치도록 하자. (포핸드 푸시 → 포핸드 헤어핀 → 백핸드 푸시 → 백핸드 헤어핀 → 포핸드 푸시)

푸시

메뉴 072 전위 푸시 연습 ④

난이도 ★★★★★
시간 약 10분
횟수 10회 X 5세트

목표 상대방이 네트 앞에 셔틀콕을 떨어뜨렸다고 가정한 푸시 연습이다.
첫 번째와 세 번째 셔틀콕은 상대 코트의 코너를 노린다.

사람과 셔틀콕의 움직임
← 사람의 움직임   ← 송구   ← 타구

순서

① 코치가 포사이드로 하프 코트 샷을 올려주면 선수는 홈 포지션에서 이동해서 포핸드 헤어핀을 한다.
② 코치가 포사이드 네트 앞으로 다시 한 번 셔틀콕을 올려주면 선수는 포핸드 푸시를 한다.
③ 선수가 홈 포지션으로 돌아가면, 코치는 백사이드로 하프 코트 샷을 올려준다. 선수는 백핸드 헤어핀을 한다.
④ 코치가 백사이드로 다시 한 번 셔틀콕을 올려주면 선수는 백핸드 푸시를 한다.

지도자 MEMO 전위 푸시의 연습은 복식 상황을 가정한 연습이다. 연습에 따른 상황을 고려하고, 복식 전위에 필요한 네트 앞에서 좌우로 움직이는 것을 의식하자.

Column About the Badminton
칼럼②

코치는 선수에게 가장 든든한 '힘'이 된다

나는 2009년에 현역을 은퇴한 뒤, 바로 일본 대표 코치가 되었다. 선수 시절에 여러 감독과 코치를 만나서 다양한 방식으로 배드민턴을 배웠지만 실제로 코치의 입장이 되어 가르치는 것은 역시 어렵게 느껴진다. 지금도 선수와 나 자신과의 전쟁 같은 하루하루가 계속되고 있다. 선수 시절에는 "나는 이긴다"라는 생각으로 연습에 임했지만, 지금은 "이기게 한다"라는 생각으로 지도한다. 선수의 특징과 개성을 파악하고, 지도를 엄하게 하거나 재미있게 하는 등 단조롭지 않게 하려고 고민한다. 배드민턴 시합에서는 감독이나 코치가 시합 사이에 전략적인 지시를 할 수 있어서 코치의 중요성이 크다. 전략 지시 하나로 시합이 대번에 다르게 전개될 수도 있기 때문에 코치도 보람을 느낀다. 그러나 지도 경험이 별로 없는 코치는 어떻게 지도해야 할지 고민하게 되는데, 그럴 경우에 어떤 시선으로 시합을 보면 좋을지 내 나름의 견해를 소개하고자 한다.

우선 시합이 시작되면, 선수의 기가 빠졌는지, 컨디션이 좋은지 등을 확인한다. 긴장하고 있으면, 선수의 상태를 중심으로 전략을 생각한다. 풋워크가 매끄러운지, 셔틀콕의 궤도는 바른지 등을 체크하고 평소 연습에 비해 움직임이 나쁘면, 우선은 풋워크를 똑바로 하는 게 중요하다. 셔틀콕 궤도가 곧장 날지 않고 대각선으로 향하고 있으면, 그것을 스트레이트로 바로 날아가도록 지시한다.

시합 전반에서 자신의 선수가 어느 정도 잘하고 있다고 느끼면, 이번에는 상대 선수의 특징을 본다. 예를 들면, 움직임이나 습관적으로 치는 코스, 리시브나 네트 플레이 등을 보면 전략을 지시하는 데 도움이 된다. 상대 선수를 파악했으면 점수 차나 상황에 따라서 적절한 지시를 내리면 된다.

선수의 정신적인 면을 지지하는 것도 코치의 역할이다.

이때 이기기 위한 기술적인 지시를 해야 하지만, 선수를 응원하는 것을 그 이상으로 중요하게 생각하길 바란다. 시합은 선수가 수많은 연습을 하며 기다리던 무대이기 때문이다. 선수가 기분 좋게 시합을 할 수 있도록 하는 것이 제일 중요하다. 특히 중학교, 고등학교에는 배드민턴을 경험하지 않은 선생님이 있을 수 있다. 기술적인 것은 말할 수 없어도 "1점 따자", "여기서 해내는 거야"와 같이 정신적인 면을 지지해주는 것만으로 선수에게 큰 영향을 준다. 같이 싸우고 있다는 믿음을 주고 조금씩이라도 전략 지시를 할 수 있으면, 코치의 시합을 보는 눈도 높아진다. 더불어 선수와의 신뢰 관계도 깊어질 것이다.

제5장

리시브

Receiving

상대의 공격을 막으면서 주도권을 뺏거나,
상대가 실수하도록 만드는 것도 중요한 플레이 중에 하나이다.
바른 리시브를 익히고 수비력을 키우자.

리시브의 기술 해설

포핸드 리시브

POINT
라켓의 면을 셔틀콕 궤도에 맞춘다.

POINT 1	양발을 보폭 하나만큼 벌리고 준비한다.
POINT 2	무릎을 약간 굽히고, 중심을 엄지발가락에 둔다. 발뒤꿈치는 올리지 않는다.
POINT 3	오른발을 셔틀콕 방향으로 내민다.

기술 해설 리시브는 무리하게 힘을 가하지 말고, 셔틀콕의 스피드를 이용한다

리시브는 스매시와 같이 강한 셔틀콕을 되돌려 줄 때 자주 사용한다. 셔틀콕의 파워가 강하기 때문에 라켓에 닿기만 해도 셔틀콕은 상대 코트로 날아가므로 무리하게 힘을 가하지 않도록 한다. 먼저 무릎을 굽혀서 중심을 낮게 하고, 상대방의 셔틀콕에 대응할 수 있는 자세를 확실히 준비하자. 그리고 상대방 셔틀콕의 스피드를 이용해서, 셔틀콕 방향에 라켓 면을 맞추고 가볍게 친다.

POINT 4	라켓의 면이 네트와 평행이 되는 위치에서 임팩트 한다.
POINT 5	무리하게 힘을 넣지 말고 셔틀콕의 스피드를 이용한다.
POINT 6	팔로우스루는 가볍게 한다.

리시브의 기본은 몸 정면에서 치는 것이다

상황에 따라서 사이드에서 치는 경우도 있지만 리시브의 기본은 몸 정면에서 치는 것이다. 정면에서 칠 수 없는 경우라도 사진과 같이 손만 뻗어서 치려고 하면 안된다. 사이드에서 치는 경우도 발을 움직여서, 되도록 몸 정면에서 셔틀콕을 치도록 하자.

NG

리시브의 기술 해설

백핸드 리시브

POINT
무릎을 굽히고
중심을 낮춰서
준비한다.

POINT 1 양발을 보폭 한 발짝 정도 벌리고 준비한다.

POINT 2 무릎을 약간 굽히고 중심을 낮춘다.

POINT 3 테이크백을 하고 스윙을 시작한다.

기술 해설 백핸드는 몸에서 라켓 1개 정도의 범위를 정하는 것이 좋다

리시브는 셔틀콕이 날아오는 코스에 따라서, 포핸드와 백핸드 둘 중에 어느 것으로 칠 것인지 순간적으로 판단해야 한다. 물론 오른손잡이의 경우는 자신의 자리에서 왼쪽으로 날아오면 백핸드, 오른쪽으로 날아오면 포핸드로 치는 것이 기본이다. 그러나 몸쪽으로 날아오면 판단하기가 어렵다. 그래서 오른쪽 사이드로 온 셔틀콕은 몸에서 라켓 1개 정도의 범위는 백핸드로 친다고 정해두는 것도 하나의 기준이 된다.

왼발을 뒤로 빼고, 양팔을 앞으로 빼서 라켓을 자유롭게 움직일 수 있는 공간을 확보하면 좋다.

| POINT 4 | 라켓 면이 네트와 평행이 되는 위치에서 임팩트를 한다. | POINT 5 | 왼발을 한 발짝 뒤로 빼고 양팔은 앞으로 뺀다. 그러면 셔틀콕을 칠 수 있는 범위가 넓어진다. | POINT 6 | 팔로우스루는 가볍게 한다. |

무릎을 굽힌 상태에서 준비한다

오른쪽 사진과 같이 무릎을 편 상태에서는 정면으로 온 셔틀콕은 칠 수 있어도, 사이드로 온 셔틀콕은 칠 수 없다. 정면뿐만 아니라 사이드 셔틀콕도 대응하기 위해서는, 왼쪽 사진과 같이 무릎을 반드시 굽힌 상태에서 중심을 조금 앞으로 해서 준비하는 것이 이상적이다.

OK

NG

리시브

메뉴 073 포핸드 리시브 연습

난이도 ★★

시간 약 10분

횟수 10회 X 5세트

목표 포핸드 리시브를 할 때, 무릎을 사용한 스윙으로 크게 뒤쪽으로 되돌려 치는 감각을 기른다.

순서

① 코치는 쇼트 서비스 라인 중앙에서, 선수가 포핸드 리시브를 받을 수 있는 범위에 셔틀콕을 던져준다.
② 선수는 홈 포지션에서 준비하고, 무릎을 사용하여 스트레이트로 크게 친다.

코치가 던진 셔틀콕을 포핸드 리시브를 한다.

 지도자 MEMO 선수가 무릎 사용법을 중점적으로 의식할 수 있도록 해야 한다. 코치는 선수가 홈 포지션에서 움직이지 않고도 받을 수 있는 범위에 셔틀콕을 던져주자.

리시브

메뉴 074 백핸드 리시브 연습

난이도 ★★

시간 약 10분

횟수 10회 X 5세트

목표 백핸드 리시브를 할 때, 무릎을 사용한 스윙으로 크게 뒤쪽으로 되돌려 치는 감각을 기른다.

순서

① 코치는 쇼트 서비스 라인 중앙에서 선수가 백핸드 리시브를 받을 수 있는 범위에 셔틀콕을 던져준다.
② 선수는 홈 포지션에서 준비하고 무릎을 사용하여 스트레이트로 크게 친다.

코치가 던진 셔틀콕을 크게 스윙해서 백핸드 리시브를 한다.

 지도자 MEMO 큰 스윙으로 멀리 되돌려 치도록 유의하자. 처음부터 약하게 치면 나중에 멀리 치는 게 어려워진다.

리시브

메뉴 075 좌우 번갈아 리시브 연습

난이도 ★★
시간 약 10분
횟수 10회 X 5세트

목표 포핸드와 백핸드 중에서 어느 것으로 대처할 것인지 판단력을 기르고, 포핸드 리시브와 백핸드 리시브를 연습한다.

코치는 셔틀콕을 치는 선수의 리듬에 맞춰서 던져준다.

무릎을 사용해서 크게 포핸드 리시브를 한다.

코치는 백사이드 쪽으로도 셔틀콕을 던져준다.

무릎을 사용해서 크게 백핸드 리시브를 한다.

순서

① 코치는 쇼트 서비스 라인 중앙에서 포사이드와 백사이드로 번갈아가면서 셔틀콕을 던져준다.
② 선수는 홈 포지션에서 준비하고 포핸드 리시브와 백핸드 리시브를 번갈아서 스트레이트로 한다.

지도자 MEMO 큰 스윙으로 되돌려 치는 감각을 익히고 나서 푸시나 드라이브 등의 리시브를 할 때 사용하는 간단한 스윙으로 발전해 나간다. 먼저 기초가 되는 큰 스윙을 똑바로 익히는 것이 중요하다.

리시브

스매시 리시브

난이도 ★★★

시간 5～10분

횟수 ―

목표 스매시를 리시브하는 연습이다.
크게 스윙을 하면서, 자기 나름대로 타점을 찾는다.

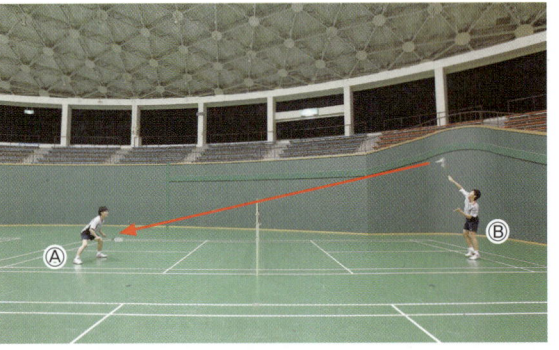

B는 A의 몸 주변을 중심으로 스매시를 한다.

순서

① 코트를 반만 사용해서 1 대 1로 연습한다. B는 코트 뒤쪽에 서서 리시브로 날아오는 셔틀콕을 A에게 스매시한다.
② A는 코트 중앙에서 준비하고 B의 스매시를 스트레이트로 리시브한다.
③ ①～②를 반복한다.

A는 실수를 해도 좋으니 처음에는 큰 스윙을 의식해서 리시브를 한다.

지도자 MEMO 이 연습의 가장 큰 목적은, 리시브를 크게 코트 뒤쪽으로 되돌려 칠 수 있도록 하는 것이다. A가 익숙해질 때까지, B는 어느 정도 스피드를 낮춰서 스매시를 하도록 하자. 또한 포핸드와 백핸드 양쪽 모두를 사용하도록 의식하고 셔틀콕을 치도록 하자.

A가 되돌려 친 셔틀콕을 B는 다시 스매시한다.

One Point! 어드바이스

처음에는 무릎을 사용하여 크게 스윙을 하자.

큰 스윙을 하면서 자신의 힘이 가장 많이 들어가는 타점이 파악되면, 그 타점을 중심으로 스윙을 작게 할 수도 있고 크게 해서 멀리 보낼 수도 있다.

리시브

공격으로 전환하는 리시브

난이도 ★★★★
시간 약 10분
횟수 8~10회

목표 복식시합이라고 가정하고, 수비에서 공격으로 전환하는 감각을 익힌다.

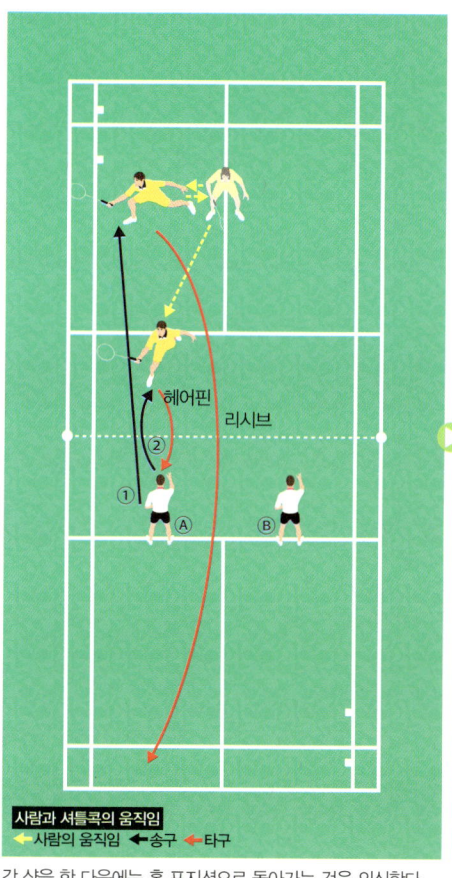
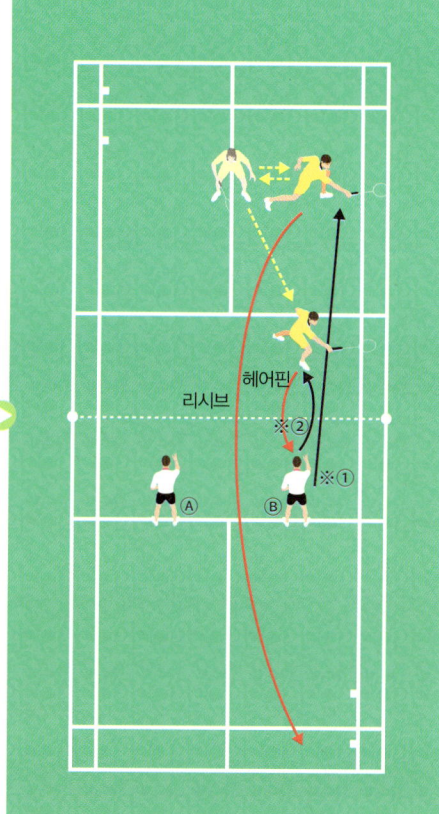

사람과 셔틀콕의 움직임
← 사람의 움직임 ← 송구 ← 타구

각 샷을 한 다음에는 홈 포지션으로 돌아가는 것을 의식한다.

상대의 리턴이 네트 앞이라는 것을 알면 재빨리 앞으로 나간다.

순서

① 코치 A가 포사이드로 빠르게 셔틀콕을 던져주면, 선수는 포핸드 리시브를 한다.
② 선수가 홈 포지션에 돌아가면, 코치 A는 셔틀콕을 천천히 네트 앞으로 던져준다. 선수는 네트 앞으로 가서 포핸드 헤어핀을 한다.
＊코치B도 백사이드로 같은 방법으로 연습한다.

 지도자 MEMO 스매시 같은 강타를 리시브로 막아낸 다음, 상대방이 푸시를 못하고 바로 헤어핀으로 대응했을 경우를 가정한다. 이런 경우는 헤어핀으로 되돌려 주고, 상대로부터 찬스가 만들어지는 것을 노리자.

리시브

포핸드 리시브
→ 라운드 스매시

난이도	★★★★
시간	약 10분
횟수	6~10회

 상대방의 강타를 리시브로 잘 막아서 찬스를 만들면 스매시로 공격하는 흐름을 만든다.

순서

① 코치 A가 포사이드로 빠르게 셔틀콕을 던진다.
② 선수는 홈 포지션에서 이동해서 포핸드 리시브를 한다.
③ 선수가 홈 포지션으로 돌아가면 코치 B는 백사이드 뒤쪽으로 높이 셔틀콕을 던져준다.
④ 선수는 백사이드 뒤쪽으로 이동해서 스트레이트로 라운드 스매시한다.

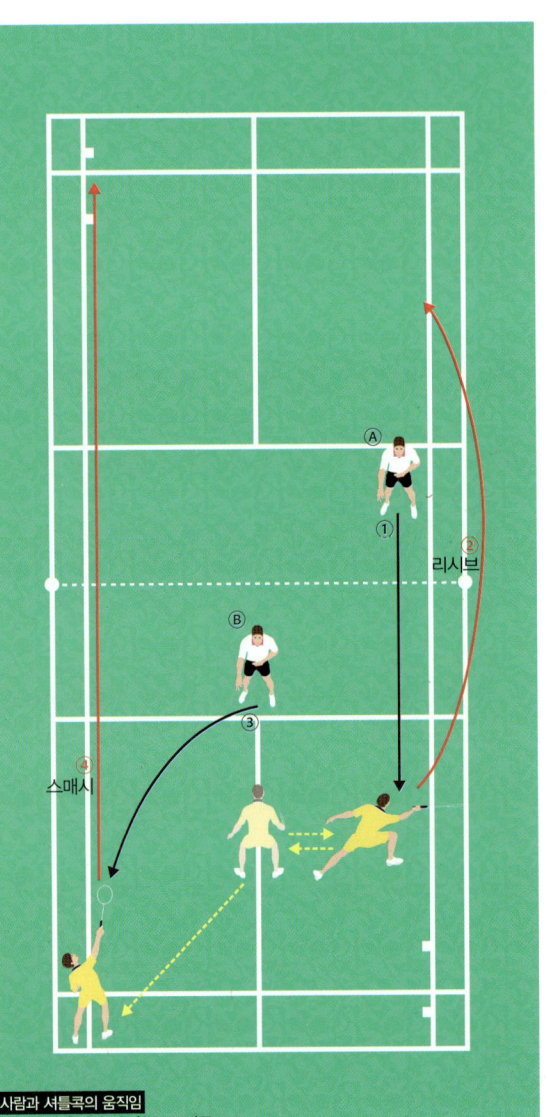

사람과 셔틀콕의 움직임
← 사람의 움직임 ← 송구 ← 타구

선수는 리시브, 스매시 둘 다 스트레이트로 한다.
백핸드 리시브 → 포핸드 스매시도 연습한다.

지도자 MEMO

셔틀콕을 높이 던져 산 모양으로 떨어지는 투구는 치기 어려운 코스이지만 선수가 이 투구를 치지 못한다면 라켓을 제대로 휘두르지 못하고 있다는 증거이므로 다시 셔틀콕 던지기(28쪽)를 연습하자.

리시브	난이도 ★★★★

커트 리시브

시간	5~10분
횟수	–

목표 커트의 궤도를 예측하고 리시브 감각을 키운다.

B가 친 커트를 A는 재빨리 반응한다.

순서

① 코트의 반을 사용해서 1 대 1로 연습한다. 커트 역할을 하는 B는 코트 뒤쪽에 서서, A의 리시브를 커트로 받는다.
② 리시브 역할을 하는 A는 홈 포지션에서 준비하고, 커트를 스트레이트로 리시브한다.

A는 커트의 궤도를 예측하고 셔틀콕의 낙하지점으로 이동한다.

지도자 MEMO 단조로운 연습이 되지 않도록 커트를 하는 B는 셔틀콕의 길이나 스피드에 변화를 주자. 시합에서 같은 종류의 커트만 날아오는 일은 없으므로, 변화를 줘서 보다 실질적인 연습을 한다.

A는 리시브를 한 다음 1구를 쳤을 때마다 홈 포지션으로 돌아간다.

재빨리 셔틀콕 낙하지점으로 풋워크 한다

커트의 종류에 맞춰서 한걸음에서 세걸음의 풋워크를 적절히 사용하자. 셔틀콕을 발끝으로 차기(29쪽), 로브(70쪽)와 마찬가지로 이 연습도 오른발이 셔틀콕의 낙하지점으로 향하는 것이 중요하다.

리시브

푸시 리시브

| 난이도 ★★★ |
| 시간 약 10분 |
| 횟수 10~20회 |

목표 다음 타구를 의식하고, 푸시 리시브를 강화한다.

푸시 리시브의 기본적인 타구 방법은 드라이브(132쪽)와 마찬가지이다.

순서

① 코치는 네트 앞 중앙에서 좌우로 번갈아 셔틀콕을 빠르게 던져준다.
② 선수는 홈 포지션에서 오른발을 셔틀콕 방향으로 한 발짝 내밀고 푸시 리시브를 한다.

셔틀콕 방향으로 오른발을 한 발짝 앞으로 내밀고, 몸 앞에서 셔틀콕을 받는다.

지도자 MEMO 시합에서 푸시 리시브를 하면 그걸로 끝나는 게 아니다. 상대방도 푸시를 한 상태라서 네트 앞에서 다시 리턴 준비를 하고 있다. 상대의 빠른 타구가 되돌아올 것을 주시하고 바로 다음을 준비하자.

코치는 돌아오는 셔틀콕을 맞지 않도록 머리를 낮춘다.

One Point! 어드바이스

라켓을 몸 뒤에서 휘두르면 셔틀콕에 힘이 전달되지 않는다. 준비 단계부터 라켓은 항상 자신의 몸 앞에서 움직이도록 유의하자.

리시브

메뉴 081 푸시와 푸시 리시브

난이도 ★★★
시간 5~10분
횟수 —

목표 ▶ 푸시와 푸시 리시브로 랠리를 하면서 실전 감각을 기른다.

순서

① 코트 전면에서 1 대 1로 진행한다.
② A, B 둘 다 코트 중앙에 서서, A가 푸시 리시브를, B가 푸시로 랠리를 계속한다.

B가 푸시를 하고, A는 그것을 리시브한다.

A는 상황에 따라서 포핸드나 백핸드를 한다.

지도자 MEMO 초보자를 위한 연습이지만, 초보자끼리 연습하는 것보다 푸시를 하는 B는 실력 있는 선수가 하는 것이 효율적인 연습이 된다. 기술이 좋은 선수라도 가르치면서 새롭게 알게 되는 것이 있고 서로의 실력을 높일 수 있다.

랠리가 오래 지속되지 않는 경우 스피드를 낮춰서 진행한다.

One Point! 어드바이스

빠른 속도로 셔틀콕을 주고받으면, 상대방이 제대로 준비가 되지 않은 상태에서, 셔틀콕이 날아갈 수 있다. 그러므로 속도는 60% 정도 낮춰서 치고 셔틀콕을 칠 준비를 똑바로 하자.

리시브

스매시 & 커트의 리시브
프리에서 스매시

난이도 ★★★★
시간 약 10분
횟수 15~20회 X 5세트

목표 상대방의 강타를 막아내고,
다시 날아온 셔틀콕을 스매시해서 공격의 주도권을 뺏는다.

코치는 스매시와 커트를 섞어서 셔틀콕을 치고, 선수는 리시브한다.

코치는 강타를 계속 치다가 갑자기 커트를 하는 등 다양한 패턴으로 셔틀콕을 친다.

선수는 막연히 리시브하는 게 아니라 시합이라고 생각하고 임한다.

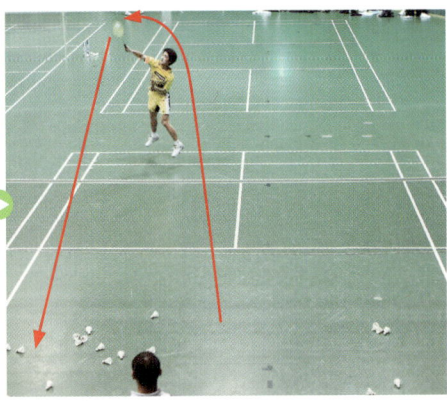

로브가 날아오면 재빨리 반응해서 스매시를 한다.

순서

① 코치는 코트 중앙에서 스매시와 커트를 적당히 섞어서 치는데, 로브는 임의로 한다.
② 선수는 코치가 주는 셔틀콕을 리시브로 막으면서, 로브가 날아오면 스매시를 한다.

지도자 MEMO 코치의 역할을 할 사람이 없거나, 있어도 숙달된 배구를 할 수 없을 경우도 있다. 이럴 때는 코치가 네트 쪽으로 조금 가까이 서서 셔틀콕을 던지면 좋다. 연습 진행은 순서대로 스매시와 커트를 의식해서 하자.

메뉴 083

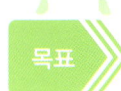

사이드 커트를 네트 앞에서 리시브 하기

난이도 ★★★★
시간 약 10분
횟수 16~20회 X 5세트

목표 상대방의 커트를 네트 앞에서 정확하게 리시브하는 타이밍을 익힌다.

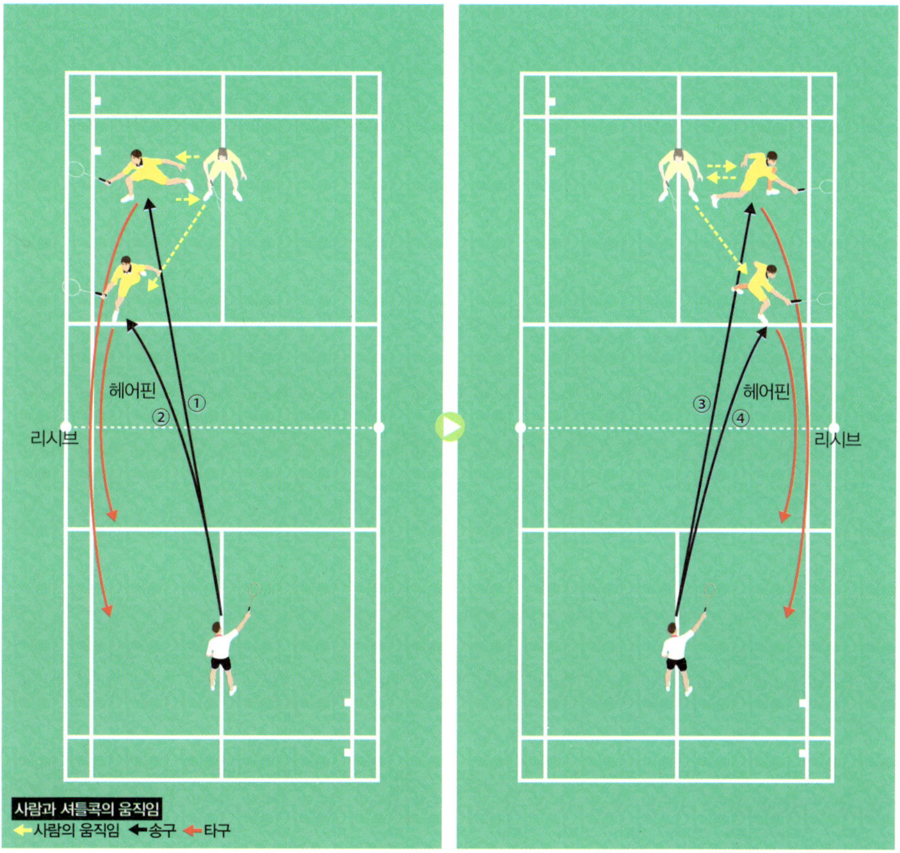
헤어핀
①
②
리시브
헤어핀
③
④
리시브
사람과 셔틀콕의 움직임
사람의 움직임
송구
타구

순서

① 코치가 코트 중앙에서 포사이드로 스매시를 하면 선수는 스트레이트로 포핸드 리시브하고 홈 포지션으로 돌아간다.
② 코치가 포사이드 네트 앞으로 커트를 하면 선수는 스트레이트로 포핸드 헤어핀을 하고 홈 포지션으로 돌아간다.
③ 코치가 백사이드로 스매시를 하면 선수는 스트레이트로 백핸드 리시브를 하고 홈 포지션으로 돌아간다.
④ 코치가 백사이드 네트 앞으로 커트를 하면 선수는 스트레이트로 백핸드 헤어핀을 한다.

지도자 MEMO

코치가 네트 가까이 서서 손으로 던지면 누구나 코치의 역할을 할 수 있다. 그러나 셔틀콕을 위에서 아래로 던지면 각도 조절이 쉽지 않으므로 투구 코스를 생각하면서 던지는 게 좋다.

리시브

로브 뒤의 리시브 대응 ①

난이도 ★★★★
시간 약 10분
횟수 16~20회 X 5세트

목표: 상대가 자신의 네트 앞으로 친 셔틀콕을 리시브하는 경우를 생각하여 수비를 익힌다.

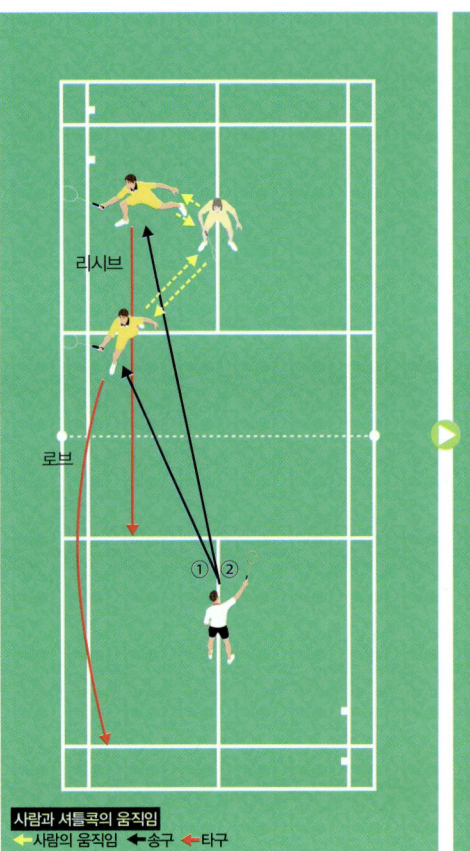
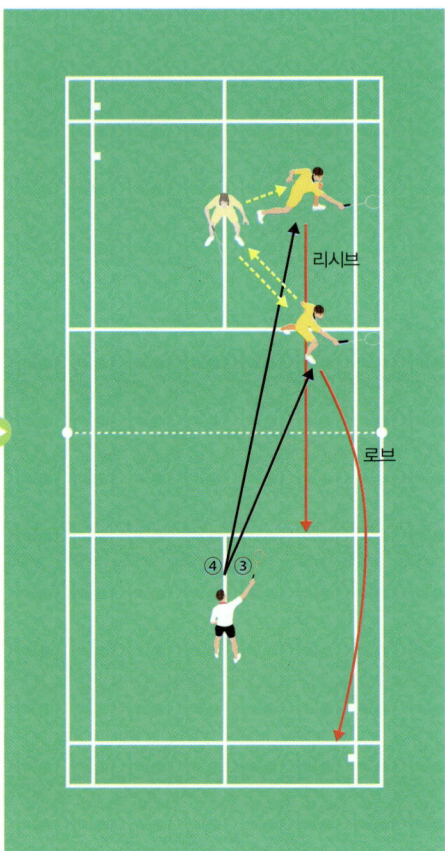

리시브 / 로브

사람과 셔틀콕의 움직임
← 사람의 움직임 ← 송구 ← 타구

순서

① 코치가 코트 중앙에서 포사이드 네트 앞으로 셔틀콕을 치면 선수는 스트레이트로 포핸드 로브를 한다.
② 코치가 포사이드로 스매시를 하면 선수는 스트레이트로 포핸드 리시브한다.
③ 코치가 백사이드 네트 앞으로 셔틀콕을 치면 선수는 스트레이트로 백핸드 로브를 한다.
④ 코치가 백사이드로 스매시를 하면 선수는 스트레이트로 백핸드 리시브한다.

지도자 MEMO: 선수는 로브를 한 다음, 똑바로 홈 포지션으로 돌아가는 것을 신경 쓰자. 코치도 선수가 홈 포지션에 돌아간 후에 셔틀콕을 치도록 하자. 선수가 홈 포지션으로 돌아가기 전에 코치가 다음 셔틀콕을 치면 선수는 준비가 부족한 상태에서 리시브를 하게 된다. 이렇게 되면 손으로만 치는 리시브가 몸에 배기 쉬우니 주의하자.

리시브

메뉴 085 로브 뒤의 리시브 대응 ②

난이도 ★★★★
시간 약 10분
횟수 16~20회 X 5세트

목표 메뉴 084의 포핸드와 백핸드를 좌우로 번갈아 가면서 수비 연습을 한다.

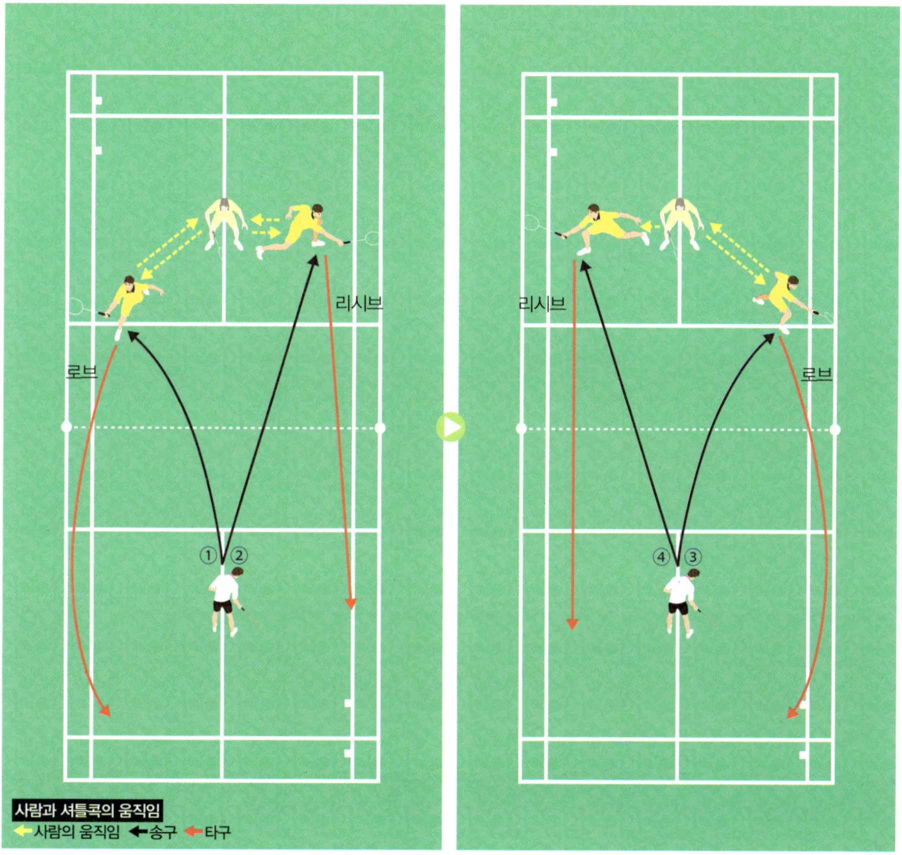

사람과 셔틀콕의 움직임
← 사람의 움직임 ← 송구 ← 타구

순서

① 코치가 코트 중앙에서 포사이드 네트 앞으로 셔틀콕을 치면 선수는 스트레이트로 포핸드 로브를 한다.
② 코치가 백사이드로 스매시를 하면 선수는 스트레이트로 백핸드 리시브한다.
③ 코치가 백사이드 네트 앞으로 스매시를 하면 선수는 스트레이트로 백핸드 로브를 한다.
④ 코치가 포사이드로 스매시를 하면 선수는 스트레이트로 포핸드 리시브한다.

지도자 MEMO 이 연습은 셔틀콕을 손으로 던져도 할 수 있다. 손으로 던질 경우에는 선수가 몸의 옆이 아니라 앞에서 리시브를 할 수 있도록, 코치는 스매시의 속도를 조정하자. 선수가 셔틀콕을 몸 뒤에서 치는 경우는, 로브를 한 다음 홈 포지션으로 돌아가지 못했다는 증거이므로 선수는 확실하게 홈 포지션으로 돌아가도록 한다.

리시브

리시브에서 공격 ①

난이도 ★★★★
시간 약 10분
횟수 16~20회 X 3~5세트

목표 상대방의 공격을 리시브로 막아내고, 수비에서 공격으로 전환하여 경기 흐름을 유리하게 만든다.

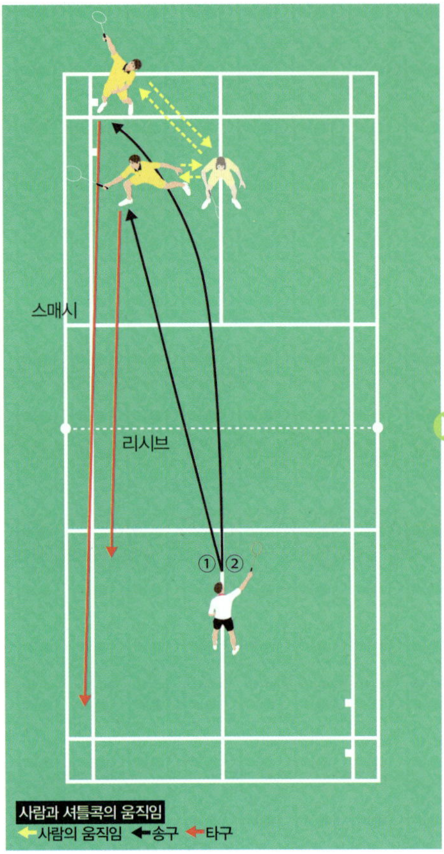

스매시 / 리시브 / 스매시 / 리시브

사람과 셔틀콕의 움직임
← 사람의 움직임　← 송구　← 타구

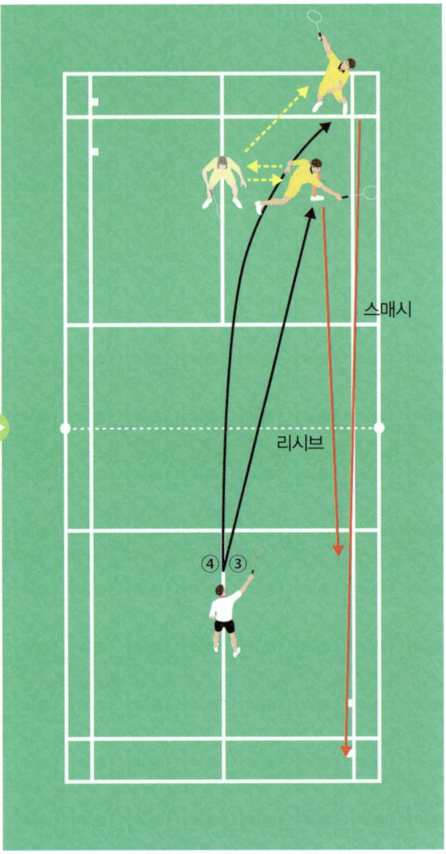

순서

① 코치가 코트 중앙에서 포사이드로 스매시를 하면 선수는 스트레이트로 포핸드 리시브한다.
② 코치가 포사이드 뒤쪽으로 로브를 하면 선수는 스트레이트로 포핸드 스매시를 한다.
③ 코치가 백사이드로 스매시를 하면 선수는 스트레이트로 백핸드 리시브한다.
④ 코치가 백사이드 뒤쪽으로 로브를 하면 선수는 스트레이트로 라운드 스매시를 한다.

지도자 MEMO
이 연습에서는 로브 다음에 스매시를 하는데, 스매시를 클리어나 커트로 바꾸면 여자 선수를 위한 연습이 된다. 여자 선수의 경우는 상대의 셔틀콕이 돌아올 수밖에 없는 상황에서 어떻게 대처해야 할지 스스로 생각해보는 기회가 될 것이다.

리시브

메뉴 087 리시브에서 공격 ②

난이도 ★★★★
시간 약 10분
횟수 16~20회 X 3~5세트

목표 상대의 강타를 리시브 한 다음
셔틀콕이 크로스 로브로 되돌아왔을 경우를 가정한 연습이다.

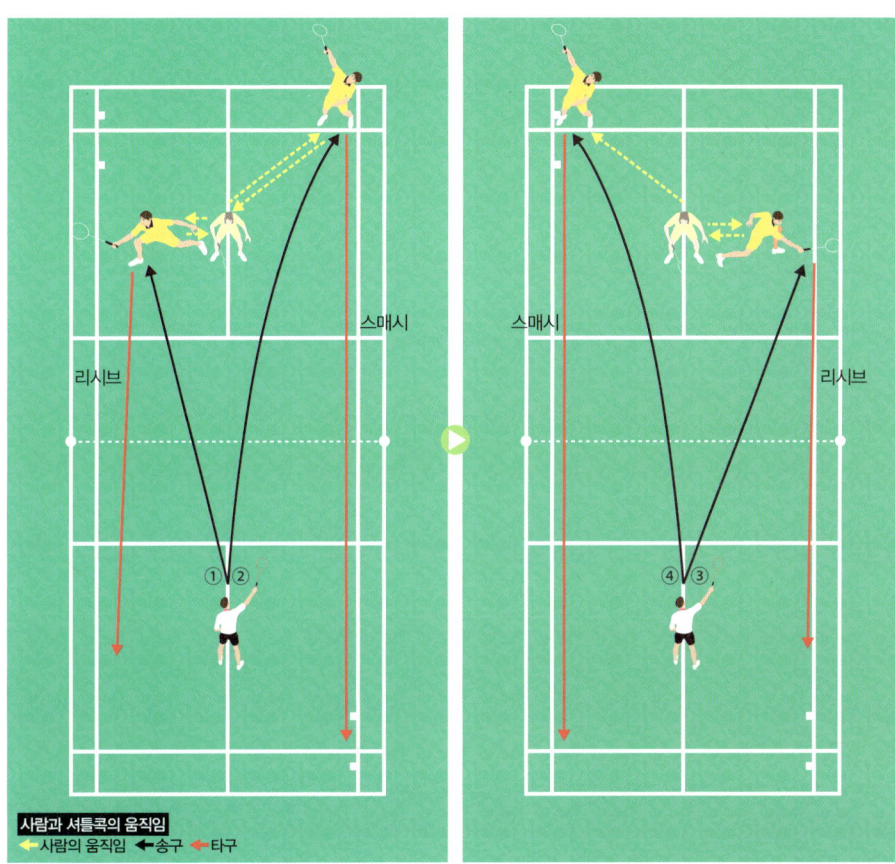

순서

① 코치가 코트 중앙에서 포사이드로 스매시를 하면 선수는 스트레이트로 포핸드 리시브한다.
② 코치가 백사이드 뒤쪽으로 로브를 하면 선수는 스트레이트로 라운드 스매시를 한다.
③ 코치가 백사이드로 스매시를 하면 선수는 스트레이트로 백핸드 리시브한다.
④ 코치가 포사이드 뒤쪽으로 로브를 하면 선수는 스트레이트로 포핸드 스매시를 한다.

지도자 MEMO 대각선으로 풋워크해서 스매시를 하는 경우가 있다. 이때 점프 스매시를 할 수 있는 선수는 어떤 코스로 셔틀콕이 날아와도 코트 중앙 부근에서 점프해서 치려는 경향이 있는데 이것은 좋지 않다. 코스에 따라 풋워크를 조절하여 셔틀콕이 가까이 위치했을 때 점프해서 치자.

메뉴 088 리시브

상대방의 강타를 막아내고, 공격의 실마리를 잡는다

난이도 ★★★★
시간 약 10분
횟수 18~24회 X 3세트

목표 상대방의 강타를 막고, 헤어핀으로 리턴해서 상대가 로브를 하도록 유도한다. 이때 스매시로 공격의 주도권을 잡는다.

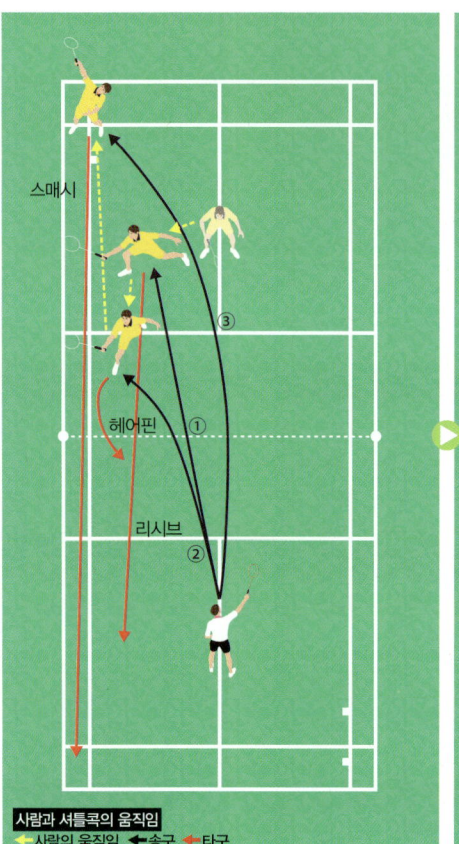
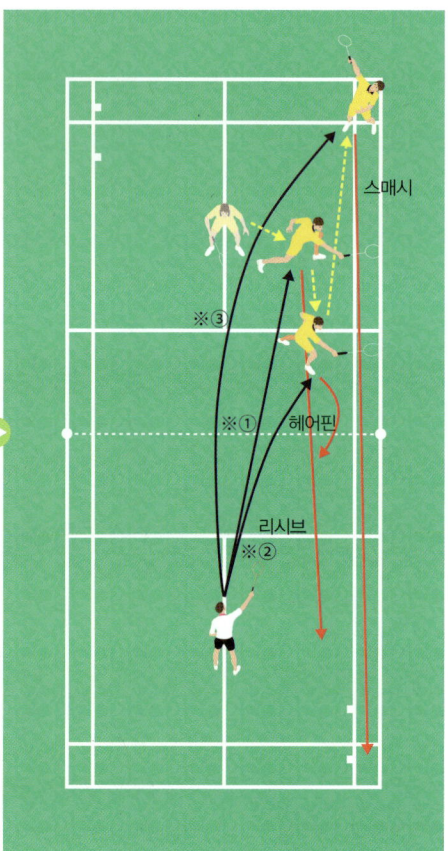

사람과 셔틀콕의 움직임
← 사람의 움직임   ← 송구   ← 타구

순서

① 코치가 코트 중앙에서 포사이드로 스매시를 하면 선수는 스트레이트로 포핸드 리시브를 한다.
② 코치가 포사이드 네트 앞으로 셔틀콕을 떨어뜨리면 선수는 스트레이트로 포핸드 헤어핀을 한다.
③ 코치가 포사이드 뒤쪽으로 로브를 하면 선수는 스트레이트로 포핸드 스매시를 한다.
＊백핸드 리시브 → 백핸드 헤어핀 → 라운드 스매시도 연습한다.

지도자 MEMO 연습한 3개의 샷 중에서 가장 중요한 것은 헤어핀이다. 헤어핀 할 것을 미리 읽히면 상대는 분명히 공격할 것이다. 따라서 헤어핀을 할 때는 라켓을 높이 올리고 앞으로 나가서 상대방이 헤어핀이라는 것을 알아채지 못하게 하자.

리시브

메뉴 089 상대의 강타를 막아내고 크로스 로브에 대응한다

난이도 ★★★★
시간 약 10분
횟수 18~24회 X 3세트

목표 메뉴 088에서 헤어핀을 한 다음, 상대가 크로스 로브로 리턴한 경우를 가정한 연습이다. 이때 공격을 할 것인지 수비로 막아낼 것인지 판단하는 능력을 기른다.

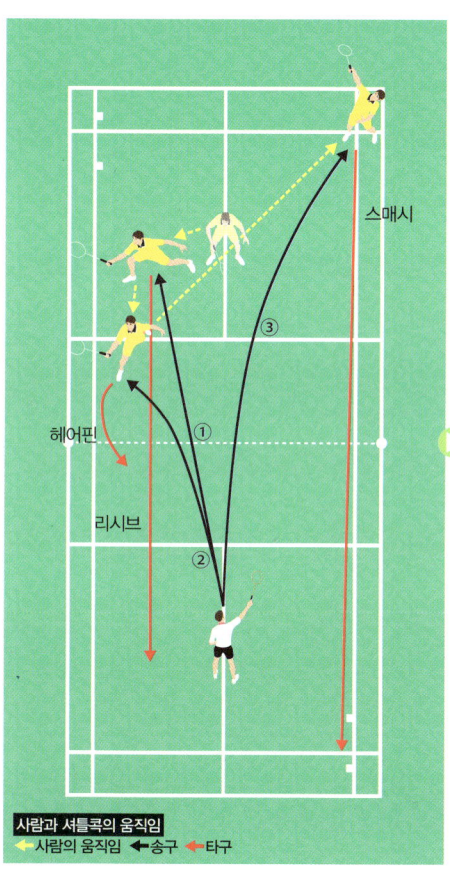

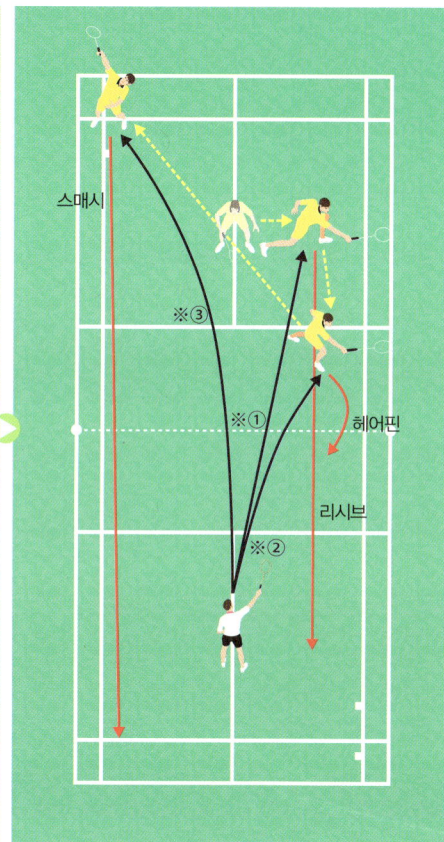

사람과 셔틀콕의 움직임
← 사람의 움직임　← 송구　← 타구

순서

① 코치가 코트 중앙에서 포사이드로 스매시를 하면 선수는 스트레이트로 포핸드 리시브를 한다.
② 코치가 포사이드 네트 앞으로 셔틀콕을 떨어뜨리면 선수는 스트레이트로 포핸드 헤어핀을 한다.
③ 코치가 백사이드 뒤쪽으로 로브를 하면 선수는 스트레이트로 라운드 스매시를 한다.
＊백핸드 리시브 → 백핸드 헤어핀 → 포핸드 스매시도 연습한다.

지도자 MEMO 라운드 스매시는 특히 자세가 중요하다. 코치는 어려운 코스를 줘서 선수가 무리한 자세로 치게 하는 것보다, 쉬운 코스를 주고 바른 자세로 치게 하는 것이 좋다.

리시브

리시브에서 자세 바로 잡기

난이도 ★★★★★
시간 약 10분
횟수 12~18회 X 3세트

목표 전반의 3구와 후반 3구는 다른 것이라고 인식하고, 코트의 전 방향을 확실히 움직이는 연습이다. 샷 다음의 풋워크 속도를 기른다.

자세가 흐트러지면 다시 바르게 잡은 상태에서 스매시를 하자.

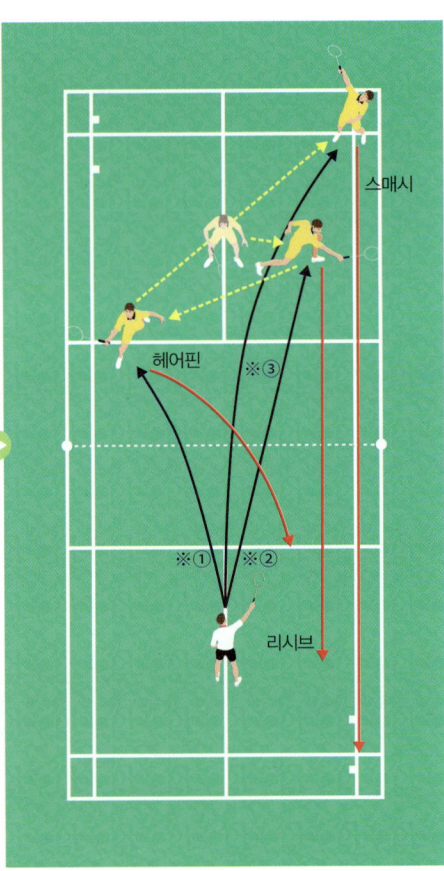

처음 3구를 친 후에 조금 휴식을 취하면서 간격을 둔다.

순서

① 코치가 코트 중앙에서 포사이드로 스매시를 하면 선수는 스트레이트로 포핸드 리시브를 한다.
② 코치가 백사이드 네트 앞으로 셔틀콕을 떨어뜨리면 선수는 크로스로 백핸드 헤어핀을 한다.
③ 코치가 포사이드 뒤쪽으로 로브를 하면 선수는 스트레이트로 포핸드 스매시를 한다.
＊계속해서 반대 방향으로도 연습한다.

지도자 MEMO 샷을 하고 나서 풋워크를 빨리하는 것을 의식하자. 특히 샷 다음의 첫걸음을 코트 지면을 차고 돌아오듯이 하면 풋워크를 빨리할 수 있다.

리시브

크로스 스매시 리시브

메뉴 091

난이도 ★★★★
시간 약 10분
횟수 15~20회

목표 크로스 스매시를 리시브할 때, 타이밍과 풋워크를 익힌다.

준비 단계에서 스트레이트로 치겠다는 마음가짐을 갖는다.

크로스라고 판단되면 재빨리 풋워크를 한다.

목표로 삼을 셔틀콕 통을 놓고 리시브 코스를 명확하게 한다.

순서

① 코치는 코트 중앙의 왼쪽이나 오른쪽 사이드에서 크로스로 스매시를 한다.
② 선수는 홈 포지션에서 준비하고, 크로스 스매시를 스트레이트로 리시브한다.

지도자 MEMO 상대방이 크로스로 스매시를 했을 경우, 셔틀콕은 대부분 몸에서 조금 앞으로 날아온다. 이번 연습에서 크로스 스매시와 스트레이트 스매시 코스의 차이, 리시브 방법, 풋워크를 익히자.

One Point! 어드바이스

스트레이트 스매시는 몸 바로 옆에서도 리시브가 가능하지만, 크로스 스매시는 그렇지 않다. 상대방이 크로스 스매시를 했다면 몸보다 앞에서 리시브를 하도록 유의하자.

리시브

메뉴 092 복식용 리시브 연습

난이도 ★★★★
시간 약 10분
횟수 10~20회

목표 복식용 리시브 연습이다. 선수는 상대편 후위가 친 스매시를 리시브하는 법을 익힌다. 상대편 전위가 네트 앞으로 떨어뜨린 셔틀콕의 대처법을 익힌다.

순서

① 코치는 코트 중앙에서 스매시와 네트 앞에 떨어뜨리는 셔틀콕을 번갈아서 친다.
② 선수는 홈 포지션에서 준비하고, 코치가 친 셔틀콕을 리시브한다.

코치는 너무 좌우로 휘두르지 말고, 선수의 정면을 중심으로 셔틀콕을 친다.

선수는 상대방의 전위와 후위가 있다고 생각하고 리시브를 한다.

선수는 코치를 전위로 보고, 리시브 코스를 코치 옆으로 지나가도록 노린다.

사람과 셔틀콕의 움직임
← 사람의 움직임 ← 송구 ← 타구

지도자 MEMO 이 연습은 코트 전면을 사용하고, 코치가 코트 중앙에 서서 상대편 전위 역할을 한다. 좌우의 움직임이 적은 연습이므로 한 코트에 세명의 리시버가 들어가서 연습할 수 있다.

제6장
드라이브
Drive

드라이브는 공격과 수비 양쪽에서 모두 사용하고 시합의 주도권을 좌우하는 샷이다. 특히 복식에서 많이 쓴다. 주고받기에서 이기는 기술을 연습하자.

드라이브의 기술 해설

포핸드 드라이브

POINT 라켓의 헤드를 올리고 셔틀콕 방향으로 발을 내민다.

POINT 몸 앞에서 셔틀콕을 받아서 앞으로 밀어낸다.

POINT 1 라켓 헤드를 올린 상태에서 준비한다.

POINT 2 셔틀콕을 향해서 오른쪽 발을 앞으로 내민다.

POINT 3 셔틀콕을 충분히 몸 쪽으로 끌어당긴다.

기술 해설 | 드라이브는 상대방이 보낸 셔틀콕의 힘을 이용해서 밀어내듯이 친다

드라이브는 빠른 속도로 네트의 흰 테이프와 평행하게 날아가는 샷이다. 날아오는 높이가 낮으면 네트에 걸리고, 공중에 뜨면 상대방에게 찬스가 되기 때문에 보다 정확도를 요하는 샷이라고 할 수 있다. 드라이브는 상대방이 보낸 셔틀콕의 스피드를 이용해서, 셔틀콕을 곧바로 밀어내듯이 친다. 타이밍을 맞추는 것이 중요하고 몸 옆에서 셔틀콕을 받으면 균형을 잃기 쉬우니 앞에서 받도록 하자.

| POINT 4 | 라켓의 면을 네트와 평행하게 한다. | POINT 5 | 앞으로 나가듯이 친다. | POINT 6 | 항상 다음 셔틀콕을 의식하고 준비하자. |

속도가 느린 드라이브는 크게 스윙해서 리턴한다

속도가 느린 드라이브를 리턴할 경우 임팩트 직전에 테이크백을 하면 큰 스윙으로 셔틀콕에 힘이 전해진다.

속도가 빠른 드라이브는 가볍게 휘두른다

속도가 빠른 드라이브를 리턴할 경우 타이밍을 맞추는 것을 우선한다. 테이크백은 가볍게 하고, 밀어내듯이 친다.

드라이브의 기술 해설

백핸드 드라이브

POINT
셔틀콕의 스피드에 맞춰서 테이크백을 한다.

POINT 1 백핸드로 그립을 잡는다.

POINT 2 셔틀콕의 속도에 맞춰서 테이크백을 한다.

POINT 3 셔틀콕을 충분히 자기 쪽으로 끌어당긴다.

기술 해설 | 백핸드 드라이브를 어렵게 생각하지 말고 적극적으로 하자

일반적으로 백핸드를 어렵게 여기는 선수가 많다. 이유는 여러 가지가 있겠지만 연습을 하지 않았다거나, 해 본 적이 없기 때문일 것이다. 백핸드로 드라이브를 할 때 주의할 점은 기본적으로 포핸드 드라이브와 같다. 셔틀콕이 자신의 몸 오른쪽에 오면 포핸드, 왼쪽으로 오면 백핸드로 나눠서 사용하면 실력을 빠르게 향상시킬 수 있다. 특히 초보자는 실수를 해도 좋으니 백핸드를 적극적으로 사용하자.

POINT
몸 앞에서 셔틀콕을 받는다.

| POINT 4 | 라켓의 면을 네트와 평행하게 한다. | POINT 5 | 앞으로 밀어내듯이 친다. | POINT 6 | 다음 셔틀콕을 준비한다. |

큰 스윙으로 타점을 익힌다

가벼운 스윙으로 빠른 드라이브를 하려면 무엇보다 힘이 전달되는 타점을 아는 것이 중요하다. 먼저 큰 스윙으로 자신의 힘이 가장 잘 전달되는 타점을 익히는 것부터 시작하자.

▲ 큰 스윙으로 자신의 타점 위치를 파악하자.

드라이브

좌우 번갈아 드라이브 연습

난이도 ★★★
시간 5~10분
횟수 －

 포핸드와 백핸드 드라이브를 번갈아 연습을 한다.
그립을 바꿔서 잡는 감각을 기른다.

B는 A가 포핸드와 백핸드 양쪽으로 칠 수 있도록 셔틀콕을 준다.

A는 셔틀콕 방향으로 똑바로 발을 내밀고 드라이브를 한다.

A는 드라이브를 한 다음에 홈 포지션으로 돌아간다.

백핸드로 했을 때는 그립을 바꿔서 잡도록 주의한다.

순서

① 코트 전면에서 1 대 1로 한다. B는 포사이드와 백사이드로 번갈아서 드라이브를 한다. A는 상황에 맞게 포핸드, 백핸드 드라이브를 한다.
② A는 홈 포지션에서 발을 한 발짝 정도 내밀고 포핸드와 백핸드 드라이브를 번갈아한다.

 지도자 MEMO

일반적으로 백사이드로 날아오는 셔틀콕도 포핸드로 치려는 경향이 많은데, 백핸드 기술은 배드민턴을 시작할 때부터 하지 않으면 익힐 수 없다. 특히 초보자는 적극적으로 백핸드 연습을 하도록 하자.

드라이브

메뉴 094
코트 반면을 이용한 1 대 1 드라이브

난이도 ★★★
시간 5~10분
횟수 —

목표 포핸드와 백핸드 드라이브를 상황에 맞게 하면서 드라이브 감각을 익히자.

코트 중앙에 서서 자신의 오른쪽으로 셔틀콕이 날아오면 포핸드로 친다.

중요한 것은 랠리의 속도가 아니라 타법을 상황에 맞게 구분해서 치는 것이다.

자신의 왼쪽으로 셔틀콕이 날아오면 백핸드로 친다.

순서

① 코트 반면을 사용한 1 대 1 연습으로, 코트 중앙에서 드라이브를 서로 주고받는다.
② 상대방이 포핸드와 백핸드로 치는 것을 의식해서 코스를 노릴 필요는 없지만, 상황에 맞게 포핸드나 백핸드를 사용한다.

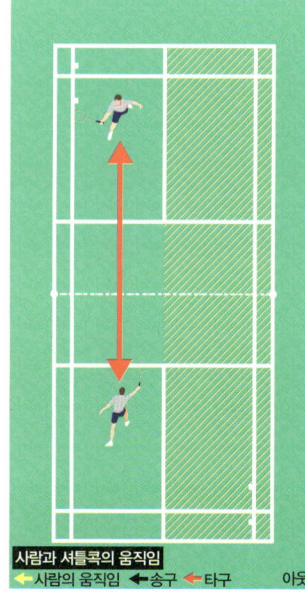

사람과 셔틀콕의 움직임
← 사람의 움직임 ← 송구 ← 타구   아웃

지도자 MEMO 백핸드로 쳐야 할 경우에는 랠리의 속도가 늦어지더라도 백핸드를 하도록 하자. 코치는 선수의 역량에 따라서 랠리의 속도를 조절한다.

드라이브

난이도 ★★★★
시간 5~10분
횟수 —

메뉴 095 코트 중앙에서 백사이드로 이동해서 드라이브

목표 대부분의 선수들이 어려워하는 백핸드를 강화한다.

A는 셔틀콕 방향으로 발을 한 발짝 내밀고 드라이브를 한다.

A는 백핸드 드라이브로 B에게 리턴한다.

A는 셔틀콕을 친 다음에 반드시 홈 포지션으로 돌아간다.

순서

① 코트 전면을 사용한 1 대 1 연습으로, B는 코트 반면의 중앙에 A는 홈 포지션에 선다.
② B가 A의 백사이드로 드라이브를 하면 A는 백핸드 드라이브로 리턴한다.

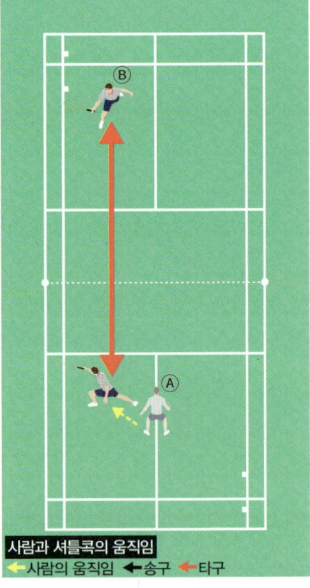

사람과 셔틀콕의 움직임
← 사람의 움직임 ← 송구 ← 타구

지도자 MEMO 셔틀콕 방향을 향해서 발을 내밀고 몸 앞에서 셔틀콕을 받아야 한다. 이것이 백핸드 드라이브를 할 때 가장 중요한 점이다. 백핸드 드라이브는 라켓에 힘을 넣는 게 어려우므로 셔틀콕을 밀어내는 느낌으로 치자.

드라이브

메뉴 096 전면 드라이브

난이도 ★★★★
시간 약 10분
횟수 16~20회 X 3~5세트

목표 복식 전위를 가정한 드라이브 연습이다.
여러 가지 상황에서도 안정된 드라이브를 할 수 있도록 한다.

코치는 다양한 코스로 셔틀콕을 준다.

순서

① 코치는 홈 포지션보다 조금 앞에서, 낮고 빠르게 셔틀콕을 임의의 방향으로 준다.
② 선수는 날아온 셔틀콕의 코스에 따라, 드라이브를 한다.

선수는 예상치 못한 코스로 셔틀콕이 날아와서 다소 시간이 걸리더라도 똑바로 코스를 노린다.

지도자 MEMO 코치는 다양한 코스로 셔틀콕을 주자. 스피드가 빠른 셔틀콕만 계속 주지 말고 속도가 완만한 셔틀콕도 섞어서 주면 실전 감각을 키울 수 있고 보다 효과적이다.

선수는 전부 드라이브로 리턴한다.

 **One Point! 어드바이스**

코치도 수준에 맞는 적임자가 전담한다

이 연습에서는 코치도 어느 정도 기술이 있어야 한다. 혹시 코치 적임자가 없을 때는 셔틀콕을 건네주는 보조를 붙이거나, 코치가 앞으로 나가서 쳐도 상관없다. 배드민턴을 해 본 적이 없는 코치라면 더 앞으로 나가서 손으로 던져도 좋다.

드라이브

메뉴 097 드라이브 → 스매시

난이도 ★★★★

시간 약 10분

횟수 16~20회 X 3~5세트

 목표 드라이브로 랠리 하면서, 기회가 왔을 때 놓치지 않고 득점하는 감각을 기른다.

드라이브

드라이브

스매시

사람과 셔틀콕의 움직임
← 사람의 움직임 ← 송구 ← 타구

전면 드라이브(139쪽)의 순서로 드라이브 연습을 한다.

선수는 코치가 임의로 준 로브를 스매시한다.

 지도자 MEMO 이 연습은 선수가 갑자기 날아온 찬스에 재빨리 반응하도록 하는 게 목적이기 때문에, 코치는 로브를 언제 해도 상관없다. 아예 하지 않아도 좋다. 하지만 선수는 찬스에 재빨리 반응할 수 있는 준비를 항상 해야 한다.

 One Point! 어드바이스 드라이브에 대응하다가 상대방 선수가 지친 상태에서 로브를 했다고 가정하자. 로브를 한 상대는 드라이브로 지친 상태이므로, 재빨리 대응해서 전력을 다해 스매시하자.

드라이브

드라이브 → 푸시

난이도 ★★★
시간 약 10분
횟수 16~20회 X 3~5세트

목표
복식의 전위용 연습이다.
드라이브 한 셔틀콕이 타구하기 쉽게 돌아오면 푸시로 처리하는 감각을 기른다.

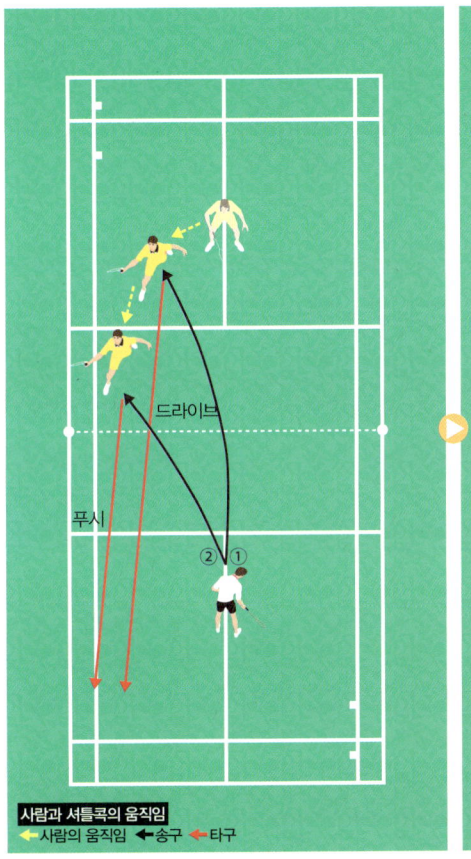

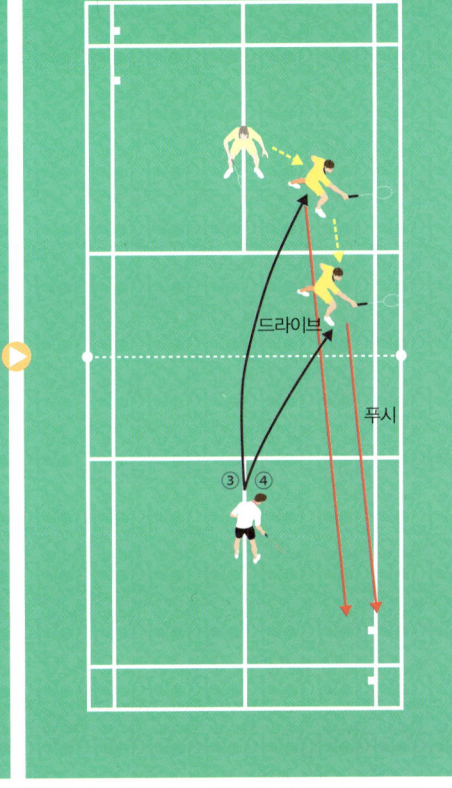

사람과 셔틀콕의 움직임
← 사람의 움직임　← 송구　← 타구

코치가 친 첫 번째 셔틀콕을 드라이브로 리턴하고, 두 번째 셔틀콕은 앞으로 나가서 푸시를 한다.

백사이드도 마찬가지로 드라이브를 한 다음 푸시를 한다.

순서

① 코치가 포사이드 네트 앞으로 낮고 빠른 셔틀콕을 주면 선수는 포핸드 드라이브를 한다.
② 코치가 계속해서 포사이드 네트 앞으로 두 번째 셔틀콕을 주면 선수는 포핸드 푸시를 한다.
③ 코치가 백사이드 네트 앞으로 낮고 빠른 셔틀콕을 주면 선수는 백핸드 드라이브를 한다.
④ 코치가 계속해서 백사이드 네트 앞으로 두 번째 셔틀콕을 주면 선수는 백핸드 푸시를 한다.

지도자 MEMO
복식경기 실전이라 가정했을 때, 스트레이트로 드라이브를 한 다음 크로스로 푸시를 하는 일은 거의 없으므로 드라이브와 푸시는 둘 다 스트레이트로 하자.

드라이브

드라이브 → 사이드로 뛰어 오르면서 스매시

099

난이도 ★★★★
시간 약 10분
횟수 16~20회 X 3~5세트

목표 복식의 전위가 드라이브를 한 다음에, 반대쪽 사이드로 날아온 로브를 뛰어올라서 스매시로 처리하는 감각을 익힌다.

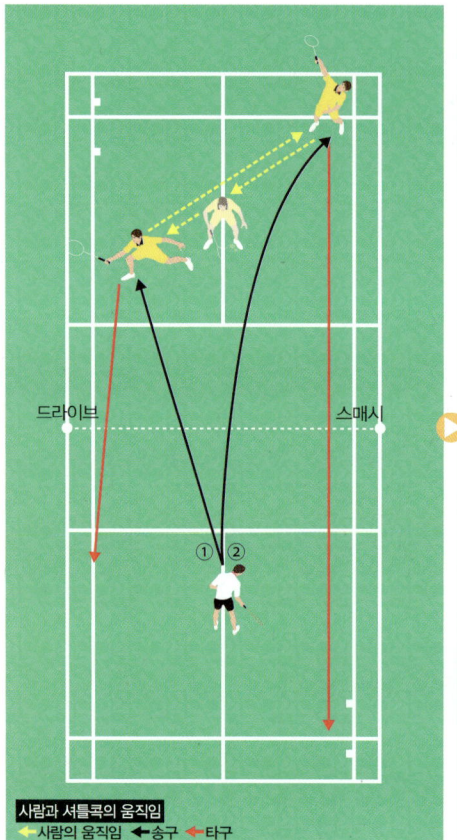

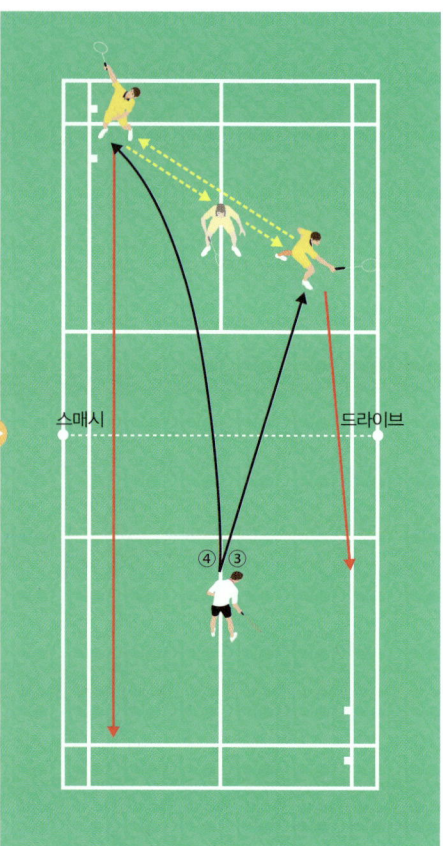

선수는 포사이드에서 드라이브를 한 다음, 백사이드 뒤쪽으로 이동해서 라운드 스매시를 한다.

선수는 백사이드에서 드라이브를 한 다음, 포사이드 뒤쪽으로 이동해서 스매시를 한다.

순서

① 코치가 포사이드로 드라이브를 하면 선수는 포핸드 드라이브를 한다.
② 코치가 백사이드 뒤쪽으로 로브를 하면 선수는 라운드 스매시를 한다.
③ 코치가 백사이드 뒤쪽으로 드라이브를 하면 선수는 백핸드 드라이브를 한다.
④ 코치가 포사이드 뒤쪽으로 로브를 하면 선수는 포핸드 스매시를 한다.

지도자 MEMO 이 연습에서 중요한 것은 스매시가 아니라 드라이브이다. 스매시를 강하게 치기 위해서는 그 전 단계에서 상대가 받기 어렵게 드라이브를 해야 한다. 드라이브를 받기 쉬운 코스로 하면 실전에서 상대의 로브는 돌아오지 않는다.

| 드라이브 |

메뉴 100 포핸드 스매시 → 드라이브

난이도	★★★
시간	약 10분
횟수	16~20회 X 3~5세트

목표: 스매시로 친 셔틀콕이 드라이브로 되돌아왔을 경우, 상대에게 공격의 주도권을 뺏기지 않기 위한 연습이다.

순서

① 코치는 포사이드 뒤쪽으로 크게 셔틀콕을 준다. 선수는 스트레이트로 포핸드 스매시를 한다.
② 코치는 포사이드나 백사이드 쪽으로 낮고 빠른 셔틀콕을 준다. 선수는 앞으로 나가 스트레이트로 드라이브를 한다.

지도자 MEMO: 코치는 계속 같은 장소로 주지 말고, 스피드와 코스에 변화를 주자. 시합에서 같은 장소로 셔틀콕이 날아오는 일은 없기 때문이다.

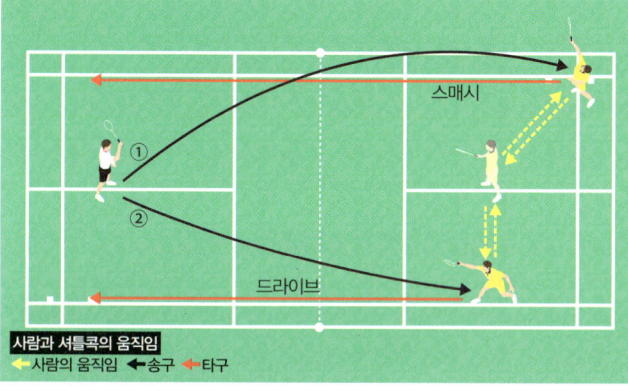

사람과 셔틀콕의 움직임
← 사람의 움직임 ← 송구 ← 타구

드라이브는 포사이드나 백사이드 어느쪽에서도 가능하다.

| 드라이브 |

메뉴 101 라운드 스매시 → 드라이브

난이도	★★★★★
시간	약 10분
횟수	16~20회 X 3~5세트

목표: 라운드 스매시를 한 셔틀콕이 드라이브로 되돌아왔을 경우, 상대에게 공격의 주도권을 뺏기지 않기 위한 연습이다.

순서

① 코치는 백사이드 뒤쪽으로 크게 셔틀콕을 준다. 선수는 라운드 스매시를 한다.
② 코치는 포사이드나 백사이드 쪽으로 낮고 빠른 셔틀콕을 준다. 선수는 앞으로 나가 드라이브를 한다.

지도자 MEMO: 메뉴 100과 메뉴 101은 하나의 연습으로, 번갈아서 하면 좀 더 효율적인 연습을 할 수 있다.

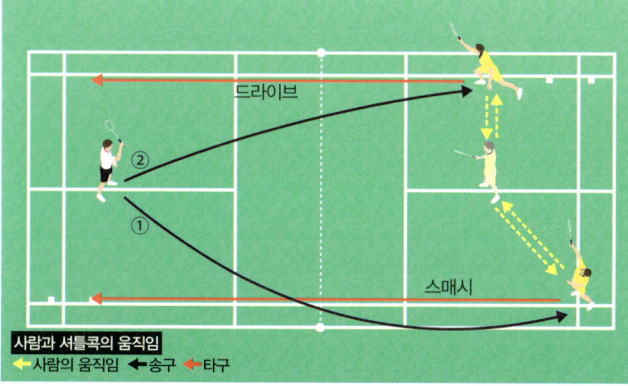

사람과 셔틀콕의 움직임
← 사람의 움직임 ← 송구 ← 타구

드라이브는 포사이드나 백사이드 어느 쪽에서도 가능하다.

드라이브

난이도 ★★★★

메뉴 102 랠리의 주도권을 뺏기지 않는 공격

시간 약 10분
횟수 15~21회 X 3~5세트

목표 스매시로 공격한 다음 랠리의 주도권을 상대에게 뺏기지 않기 위한 연습이다.

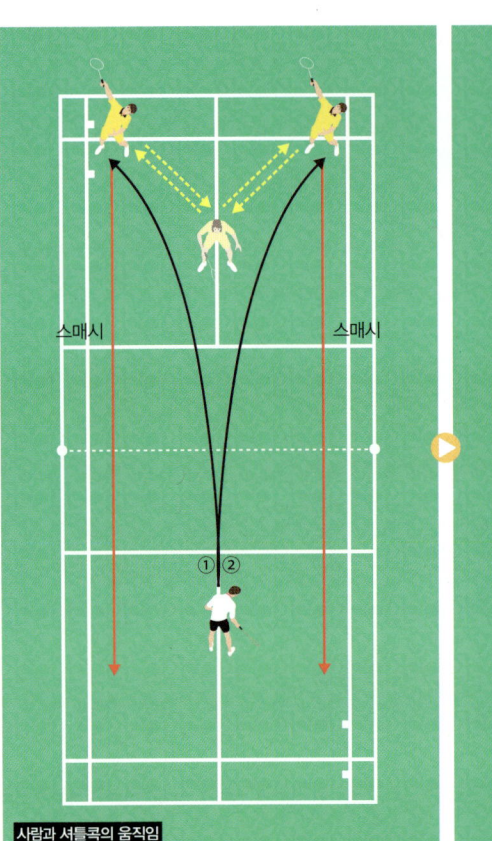
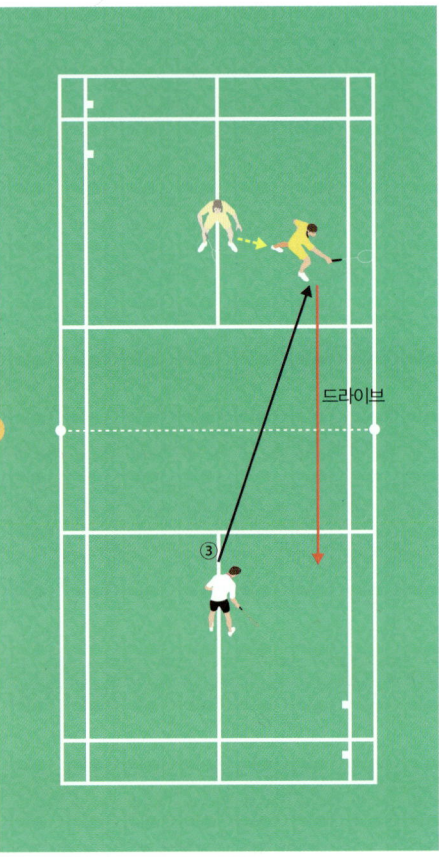

사람과 셔틀콕의 움직임
← 사람의 움직임 ← 송구 ← 타구

순서

① 코치가 코트 중앙에서 포사이드 뒤쪽으로 셔틀콕을 주면 선수는 포핸드 스매시를 하고 홈 포지션으로 돌아간다.
② 코치가 백사이드 뒤쪽으로 셔틀콕을 높게 올리면 선수는 라운드 스매시를 한다.
③ 코치가 백사이드 쪽으로 낮고 빠른 셔틀콕을 주면 선수는 네트 앞으로 나가서 백핸드 드라이브를 한다.
＊라운드 스매시 → 포핸드 스매시 → 포핸드 드라이브 순으로 해도 좋다.

지도자 MEMO 스매시를 한 다음에 반대쪽 사이드에서 다시 스매시를 하면 몸의 균형을 잃기 쉽다. 두 번째 스매시를 타구할 준비가 되지 않았다면, 힘을 억제해서 80% 정도의 힘으로 하자.

제7장
서비스
Service

배드민턴은 서비스하는 쪽이 불리할 수 있으므로
서비스를 하고 세 번째 랠리까지
어떻게 주도권을 잡는가가 아주 중요하다.

서비스의 기술 해설

롱 서비스

POINT 1 항상 같은 자세로 준비한다.

POINT 2 높은 위치에서 같은 장소에 셔틀콕을 떨어뜨린다.

POINT 3 셔틀콕을 놓는 동시에 라켓을 휘두른다.

POINT 4 임팩트 순간을 똑바로 확인한다.

POINT 5 높고 멀리 날리듯이 셔틀콕을 친다.

POINT 6 라켓을 끝까지 똑바로 휘두른다.

기술 해설   셔틀콕을 놓는 위치는 항상 일정하게 한다

롱 서비스를 정확하게 치기 위해서는, 셔틀콕을 놓는 위치를 일정하게 하는 것이 중요하다. 놓는 위치를 항상 일정하게 하면 라켓을 맞추기 쉽고 조절하기도 쉽다. 초보자는 셔틀콕을 놓는 순간 손을 몸에 붙이는 경향이 있는데, 그렇게 하면 생각한 타점으로 치기가 어려워진다. 힘이 셔틀콕에 매끄럽게 전달되지 않고, 멀리 날리는 것 밖에 안 되기 때문에 임팩트 할 때는 손을 움직이지 않도록 하자.

롱 서비스의 타깃

타겟 코스

센터 라인을 노리면 리턴 코스를 알기 쉽다

사이드를 노리면 득점하기 쉬울 거라고 생각하겠지만, 서비스로 득점을 하는 경우는 거의 없다. 다음 리턴에서 유리하도록 셔틀콕을 코트 뒤쪽까지 높이 올리는 게 롱 서비스의 기본이다. 롱 서비스에서 노려야 할 곳은 센터 라인 부근이다. 코트 중심에서 셔틀콕이 날아오기 때문에, 돌아오는 코스를 쉽게 알 수 있다. 사이드를 노려도 좋지만, 상대가 스트레이트로 리턴하면 대응하기 어렵다. 랠리를 할 힘이 있는 선수라면 상황에 따라서 센터나 사이드를 노리는 게 가장 좋지만, 초보자는 센터를 기본으로 하고 다음 셔틀콕을 똑바로 리턴하는 데 집중하자.

롱 서비스를 높고 멀리 날리기 위한 방법

토스는 높은 위치에서 떨어뜨린다

셔틀콕이 약 5g밖에 되지 않아도 중력은 발생한다. 셔틀콕을 떨어뜨리는 거리가 멀다면 그만큼 라켓에 부딪힌 다음에 힘이 커지기 마련이다. 셔틀콕은 가능한 높은 위치에서 떨어뜨리고 임팩트 타이밍을 잘 맞추도록 하자.

마지막 한 번 더 미는 것이 중요하다

라켓을 마지막까지 휘두르자. 롱 서비스가 멀리까지 날아가지 않는다면 셔틀콕이 라켓 면에 부딪치는 순간에 라켓을 떼기 때문이다. 임팩트 순간에 한 번 더 미는 것처럼 라켓을 크게 스윙하여 올리도록 하자.

서비스의 기술 해설

쇼트 서비스

POINT 1 셔틀콕을 몸 정면에서 잡는다.

POINT 2 중심을 조금 앞에 두고 안정된 자세로 준비한다.

POINT 3 힘을 빼고 테이크백을 한다.

POINT 4 셔틀콕을 놓는 순간에 친다.

POINT 5 셔틀콕을 밀어내듯이 친다.

POINT 6 셔틀콕의 투구 코스를 똑바로 확인한다.

기술 해설　쇼트 서비스는 팔의 힘을 사용하여 강하게 밀어낸다

롱 서비스는 라켓을 크게 휘두르는 반면에 쇼트 서비스는 테이크백을 작게 해서 임팩트 시 셔틀콕을 밀어내는 게 중요하다. 쇼트 서비스 라인까지 거리가 짧기 때문에 별로 힘을 가하지 않아도 된다고 생각하기 쉽지만, 결코 그렇지 않다. 특히 백핸드 서비스는 라켓 면에 살짝 부딪히기만 해도 쉽게 뜨거나, 네트에 걸리는 경우가 많다. 안정된 서비스를 치기 위해 연습하면서 팔 힘을 기르도록 하자.

쇼트 서비스의 타깃(복식)

타겟 코스

처음에는 코스보다 '높이'에 집중한다
리시브하기 어려운 센터라인을 목표로 연습하자

센터라인 부근은 리시브하기 어렵기 때문에 노리기 좋은 코스이다. 그러나 상대와의 거리가 가깝기 때문에 힘 조절이 상당히 어렵다. 조금이라도 셔틀콕이 뜨면 상대는 단번에 푸시로 득점할 것이다. 처음에는 코스를 의식하지 말고, 셔틀콕이 뜨지 않도록 주의하면서 상대의 정면으로 치자. 익숙해지면 센터와 양 사이드로 다양하게 치고, 세 번째 랠리를 유리하게 전개하도록 한다. 쇼트 서비스는 눈앞에 선수가 있기 때문에, 공포심이나 압박감이 생기므로 서비스하는 선수가 부담을 느낄 수 있다. 고민이 될 때는 롱 서비스를 적당히 섞어서 하도록 하자.

셔틀콕을 라켓으로 밀어낸다

타점이 너무 낮지 않은 위치에서 셔틀콕을 잡는다
오른쪽 발을 앞으로 내밀고 균형을 잡는다

셔틀콕을 잡는 방법은 정답이 없으므로 자신이 편하게 잡으면 된다. 그렇지만 타점이 너무 낮으면 셔틀콕의 궤도가 높아서 상대에게 주도권을 뺏기기 쉽다. 서비스를 실패하지 않을 정도의 높은 위치까지 타점을 높이면 네트를 넘어서 내려가는 서비스를 할 수 있다. 서 있는 방법도 사람에 따라서 다르지만 초보자는 오른쪽 발을 앞으로 내미는 게 균형을 잡기 쉽고 셔틀콕에 라켓의 힘이 잘 전달되어 좋다. 양발을 벌려서 서비스를 하는 사람도 있는데 이것은 힘을 조절하기 위한 것으로 익숙해지면 시도해 보자.

단식 서비스

메뉴 103 롱 서비스를 하고 상대의 리턴을 짧게 리시브하기

난이도 ★★

시간 약 15분

횟수 30회

목표 서비스 다음에 리시브 자세를 잡고, 상대방의 공격을 막아내서 찬스를 만든다.

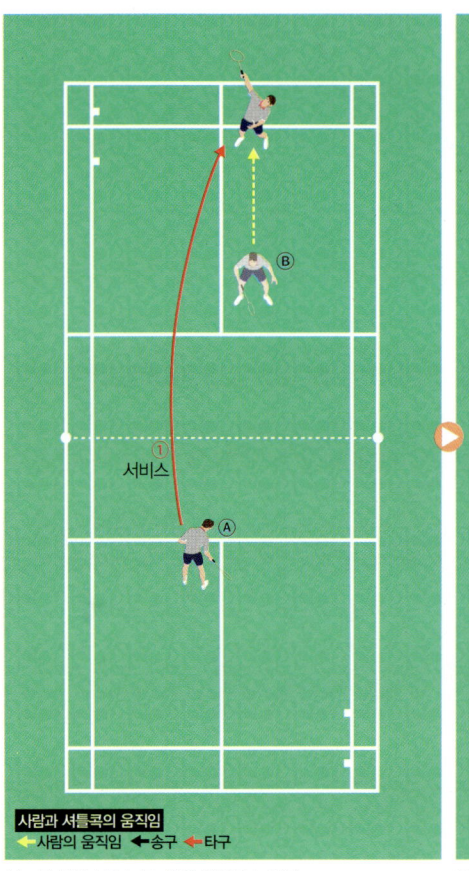

사람과 셔틀콕의 움직임
← 사람의 움직임 ← 송구 ← 타구

A는 롱 서비스로 높고, 깊은 위치를 노린다.

B는 스매시로 리턴하고, A는 네트 앞에서 리시브한다.

순서
① A는 롱 서비스를 한다.
② B는 스매시로 리턴한다.
③ A는 네트 앞에서 리시브한다.

지도자 MEMO 상대의 스매시 위력을 줄이기 위해서, 코트 뒤쪽까지 똑바로 롱 서비스를 한다. 네트 앞에서 하는 리시브는 투구 거리를 최대한 짧게 하자. 상대가 로브를 하게 만들면 자신이 공격할 수 있다.

단식 서비스

메뉴 104 주도권을 잡기 위한 롱 서비스

난이도 ★★★
시간 약 10분
횟수 10회

목표 코트 중앙에 정확하게 롱 서비스를 하고,
상대가 클리어를 하도록 해서 주도권을 잡는다.

A는 상대가 선 위치를 보고 코스를 생각한다.

코트 뒤쪽 코스를 노리고 롱 서비스를 한다.

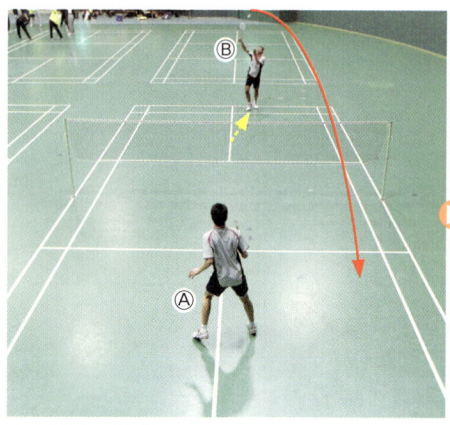

B는 클리어로 대응한다.

A는 재빨리 낙하지점에 들어가서 스매시를 한다.

순서
① A는 롱 서비스를 한다.
② B는 싱글 라인까지 물러나서 클리어로 대응한다.
③ A는 돌아온 셔틀콕을 스매시한다.

지도자 MEMO 코트 뒤쪽 깊숙한 곳에 서비스를 하면, 상대는 공격할 수 없고 클리어로 대응할 수밖에 없다. 그렇게 되면 수비가 공격으로 바뀌는 찬스가 된다. 똑바로 셔틀콕의 낙하지점으로 이동해서 스매시를 하자.

단식 서비스

메뉴 105
유리한 전개로 이끄는 쇼트 서비스

난이도 ★★★★
시간 약 10분
횟수 10회

목표 정확한 쇼트 서비스를 해서 유리한 전개로 이끈다.

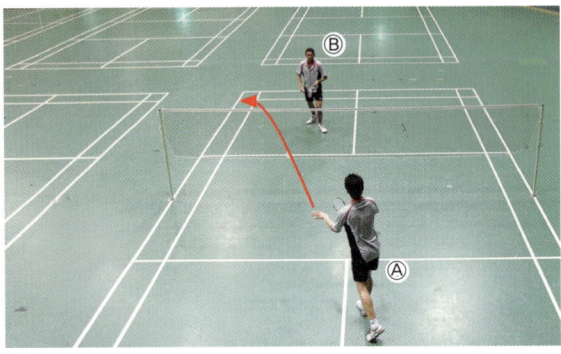

A는 쇼트 서비스를 한다.

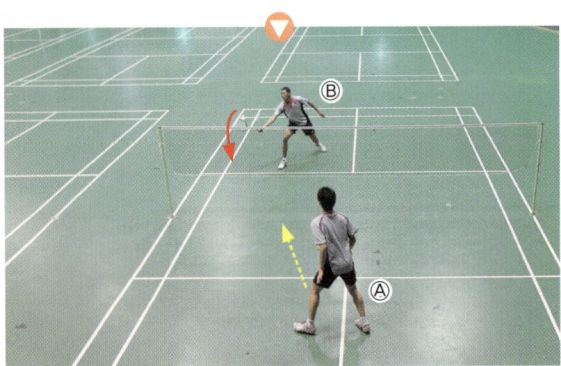

B는 네트 앞에서 리시브하고 A는 네트 앞으로 나가서 헤어핀을 한다.

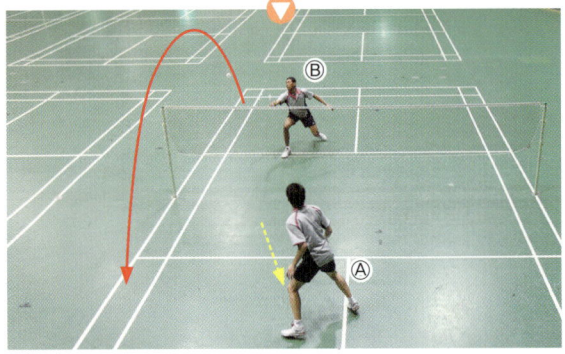

B가 로브를 하면 주도권을 잡을 수 있다.

순서

① A는 쇼트 서비스를 한다.
② B는 헤어핀으로 리턴한다.
③ A는 재빨리 앞으로 나가서 헤어핀을 한다.
④ B는 상대의 상황이나 자신의 자세를 생각하고 로브나 헤어핀, 푸시를 한다.

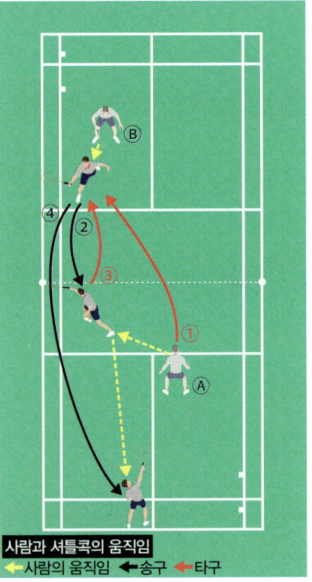

사람과 셔틀콕의 움직임
← 사람의 움직임　← 송구　← 타구

지도자 MEMO B가 헤어핀을 하면 A는 재빨리 앞으로 나가서 높은 위치에서 헤어핀을 한다. 이 연습은 B에게 헤어핀의 궤도를 파악하는 연습이 된다. 동시에 자신이나 상대의 자세를 분간해서 리시브하는 연습도 된다.

서비스에서 전개(복식)

난이도 ★★★
시간 10~15분
횟수 -

메뉴 106 복식에서 쇼트 서비스와 리시브

목표
복식 쇼트 서비스와 그에 대응하는 연습을 한다.
서비스 이후 세, 네 번째 랠리에서 초반 전개를 유리하게 이끈다.

순서

① A는 쇼트 서비스를 한다.
② B는 셔틀콕 궤도와 상대 포지션을 보고, 상황에 맞게 리시브한다.
③ B가 친 셔틀콕을 A와 C는 리시브 한다.

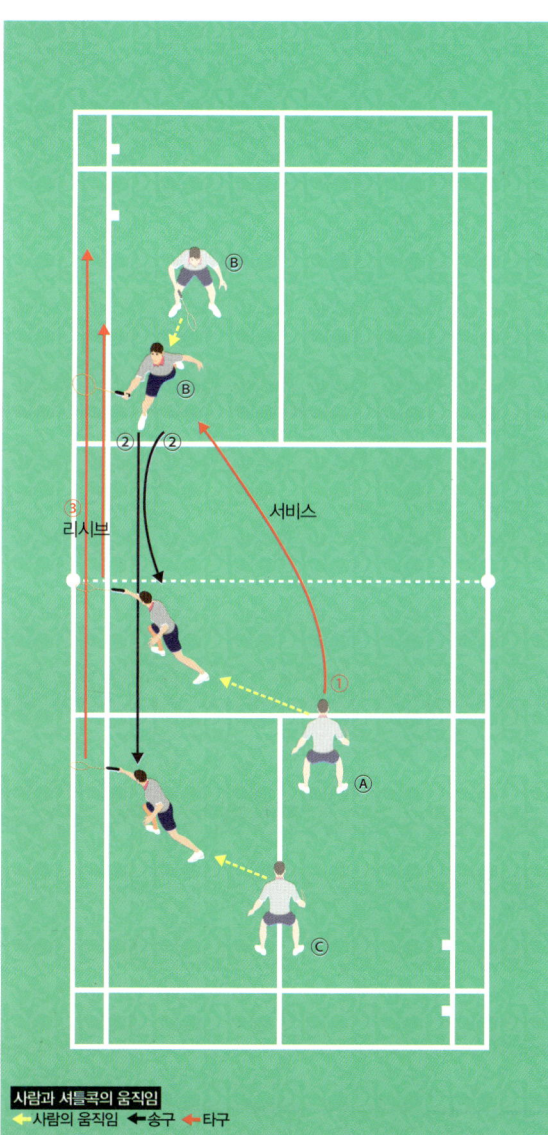

지도자 MEMO
복식은 서비스 이후에 세 번째와 네 번째 랠리가 중요하다. 초반의 랠리로 다음 전개가 유리해질지, 불리해질지가 결정된다고 해도 과언이 아니다. 서버, 리시버 둘 다 상대가 다음에 치는 샷을 예측하면서 연습하자.

☞ One Point! 어드바이스

서버 A는 높이, 코스를 의식해서 서비스를 한다. 포사이드, 백사이드, 정면 중에 한 코스를 노리자. 리시브 측 B, C는 서비스에 따라서 공격적인 샷을 칠 것인지, 랠리를 이어가는 샷을 칠 것인지를 판단한다. 초반 랠리가 자신들에게 유리하도록 리시브 하자.

사람과 셔틀콕의 움직임
← 사람의 움직임　← 송구　← 타구

A는 상대가 서 있는 위치를 보고, 치기 어려운 장소에 서비스를 한다.

서비스에서 전개(복식)

상대의 뒤쪽을 노린 서비스 리시브

메뉴 107

난이도 ★★★

시간 약 5분 후 교체

횟수 —

목표 서비스 리시브를 상대 후위에게 치고, 자신에게 유리한 상황을 만든다.

B는 A의 쇼트 서비스를 C의 몸을 향해서 푸시한다.

순서
① A는 쇼트 서비스를 한다.
② B는 상대방의 후위 C를 겨냥해서 푸시를 한다.
③ C는 B의 네트 앞으로 리시브한다.
④ B가 다시 푸시를 한다.

C는 B를 향해서 리시브한다.

지도자 MEMO 서비스 측의 후위 C가 처리할 세 번째 리턴의 범위가 넓기 때문에, 전후좌우를 의식해야 한다. 따라서 서비스 리시버 B는 두 번째 리턴을 일부러 후위 몸통으로 타구하여 후위가 자신이 처리하기 쉽게 리턴하도록 유도한다.

B는 돌아온 셔틀콕을 다시 푸시한다.

One Point! 어드바이스

서비스 리시버는 푸시를 똑바로 할 수 있는지 없는지 판단하는 것이 중요하다. 푸시를 할 수 없을 때는 무리하지 말고 헤어핀이나 하프 코트 샷을 하고 다음 랠리를 대비하자.

서비스에서 전개(복식)

메뉴 108 주도권을 잡기 위한 쇼트 서비스

난이도 ★★★
시간 5~10분 후 교체
횟수 –

목표 정확한 쇼트 서비스에서 공격의 주도권을 잡는다.

A는 쇼트 서비스가 뜨지 않도록 의식한다.

B는 헤어핀이나 하프 코트 샷으로 리턴한다.

A는 투구 코스를 보고 푸시를 한다.

전진하는 B의 뒤쪽을 노린다.

순서

① A는 쇼트 서비스를 한다.
② B는 헤어핀, 또는 하프 코트 샷으로 리턴한다.
③ A는 푸시로 대응해서 B의 뒤쪽을 노린다.

지도자 MEMO 서버 A가 서비스를 잘해서 리시버 B가 헤어핀이나 하프 코트 샷으로 연결하는 장면을 가정한다. 서버는 리시버가 앞으로 나와서 셔틀콕을 잡으려고 하면, 바로 라켓을 올려서 푸시를 하도록 준비하자.

혼합 복식의 기본 개념

서비스 할 때의 포지셔닝

 파트너의 특징에 맞춰서 포지셔닝을 한다.

남자 선수가 포핸드를 잘할 경우

서비스하는 남자 선수가 포핸드를 잘할 경우는 여자선수가 백핸드 쪽에 선다.

남자 선수가 백핸드를 잘할 경우

남자 선수가 백핸드를 잘할 경우는 여자 선수가 포핸드 쪽에 선다.

여자 선수가 포핸드를 잘할 경우

여자 선수가 포핸드를 잘할 경우는 남자 선수가 서비스 한 뒤에 백핸드 쪽에 선다.

남자가 포핸드, 여자가 백핸드를 잘하는 경우

여자 선수가 백핸드를 잘하는 경우 남자 선수가 서비스 한 뒤에 포핸드 쪽에 선다

기본 개념 　상대의 리턴 코스를 생각한다

복식은 서비스 이후 세 번째와 네 번째 랠리가 매우 중요하다. 초반의 랠리에 따라서 이후의 전개가 유리하게 될지, 불리하게 될지 결정된다. 서버와 리시버 모두 상대가 다음에 칠 코스를 예측하면서 연습하자.

▶ 서버는 높이, 코스를 생각하면서 서비스를 한다. 포사이드, 백사이드, 정면 중 한 코스를 노리자.

서비스에서 전개(혼합 복식)

난이도 ★★★

세 번째 랠리에서 전위 여자 선수가 푸시한다

시간 5~10분 후 교체
횟수 —

메뉴 109

목표: 리시버의 공격 전개를 역으로 전위 여자 선수가 푸시를 노려 공격하는 움직임을 익힌다.

순서

① 남자 A가 쇼트 서비스를 한다.
② 남자 C가 여자 B에게 헤어핀으로 리턴한다.
③ 여자 B는 푸시로 대응한다.

남자 A는 서비스가 뜨지 않도록 유의한다.

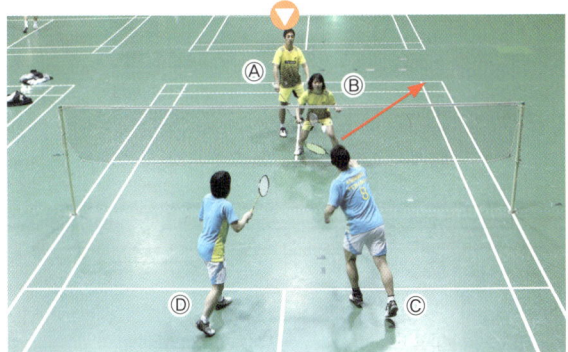

남자 C는 여자 B 근처에 헤어핀을 한다.

여자 B는 라켓을 올려서 준비하고, 상대의 헤어핀을 푸시한다.

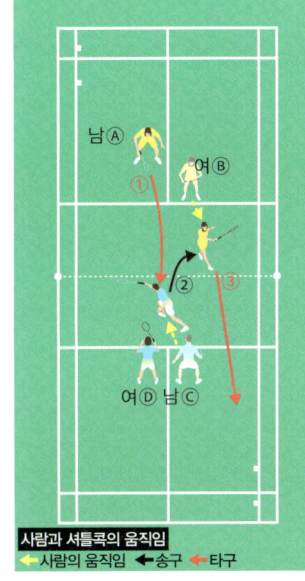

사람과 셔틀콕의 움직임
← 사람의 움직임 ← 송구 ← 타구

지도자 MEMO: 전위 여자 선수 B는 푸시를 할 자세가 안 되었을 때는 헤어핀으로 바꾸고, 다음 공격을 준비하자.

157

서비스에서 전개(혼합 복식)

메뉴 110
남자 선수의 공격으로 이어지는 서비스 리시브

난이도 ★★★★
시간 5~10분 후 교체
횟수 −

목표 서비스 리시브를 사이드에서 똑바로 노리고, 남자 선수가 공격할 수 있게 이어준다.

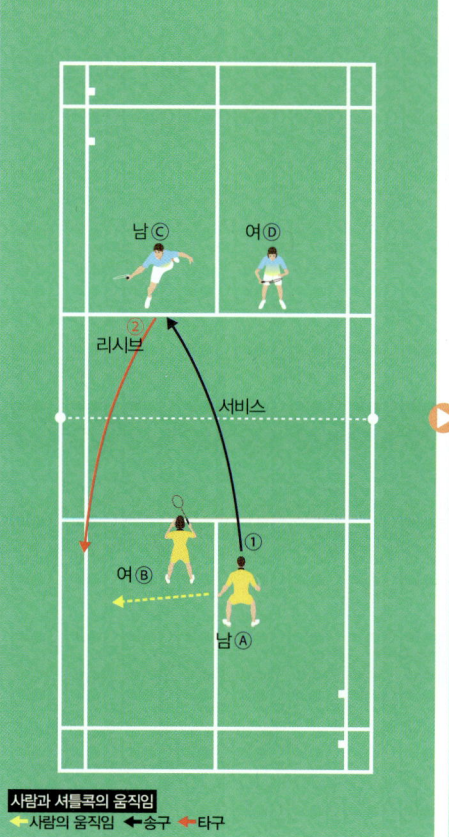

남자 C는 서비스를 사이드로 똑바로 리시브한다.

남자 C, 여자 D 쪽이 톱 & 백(177쪽)의 형태로 주도권을 잡는다.

순서

① 남자 A가 쇼트 서비스를 한다.
② 남자 C는 상대편 사이드 빈 공간으로 푸시를 한다.
③ 남자 A는 코트 뒤쪽으로 크게 리시브한다.
④ 남자 C는 뒤로 가서 스매시로 대응한다.

지도자 MEMO 남자 C의 푸시가 가운데를 향하거나 거리가 짧으면, 상대는 드라이브나 크로스로 대응하게 된다. 공격으로 연결하기 위해서 똑바로 사이드를 노리도록 하자.

서비스에서 전개(혼합 복식)

세 번째 셔틀콕 전법을 여자 선수가 역으로 잡는다

난이도 ★★★★
시간 5~10분 후 교체
횟수 —

목표 혼합 특유의 전법을 역으로 해서 여자 선수가 푸시를 노린다.

남자 A가 쇼트 서비스를 한다.

남자 C가 상대 백사이드로 리시브를 한다.

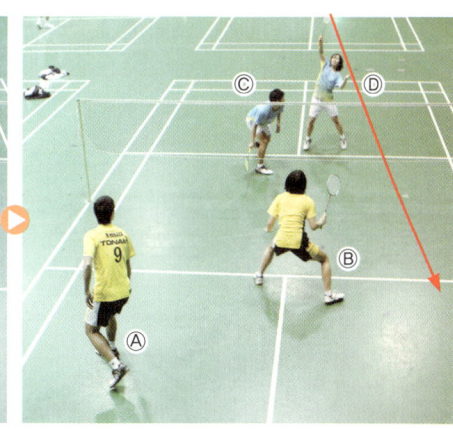

남자 A가 크로스 방향으로 리시브를 한다.

여자 D는 재빨리 반응해서 푸시를 한다.

순서

① 남자 A가 쇼트 서비스를 한다.
② 남자 C는 헤어핀, 또는 하프 코트 샷으로 리턴을 한다.
③ 남자 A가 크로스 방향으로 리시브를 한다.
④ 여자 D가 푸시로 대응한다.

지도자 MEMO 서버는 상대의 서비스 리시브를 크로스에 있는 여자 선수를 노리고 리턴하는 것이 정석이다. 여자 선수는 이 리시브를 공격으로 연결하는 것이 중요하다. 자세가 나쁘면 무리하지 말고 헤어핀으로 바꾸자.

| 서비스에서 전개(혼합 복식) | 난이도 ★★★★ |

메뉴 112
상대의 움직임을 보면서 전위 여자선수가 헤어핀을 한다

시간: 5~10분 후 교체
횟수: –

목표 전위 여자 선수가 상대 남자 선수의 움직임을 보고 헤어핀을 한다.

남자 A는 남자 C가 앞으로 움직이도록 리턴을 한다.　　여자 B는 남자 C의 움직임을 보고 헤어핀을 한다.

순서

① 남자 A가 쇼트 서비스를 한다.
② 남자 C는 하프 코트 샷으로 남자 A에게 리턴한다.
③ 남자 A가 네트 앞으로 리시브를 한다.
④ 남자 C가 헤어핀을 한다.
⑤ 여자 B가 상대의 움직임을 보고 헤어핀을 한다.

지도자 MEMO 리시버 측 C, D에게 중요한 연습이다. 남자 C가 헤어핀을 한 다음에 뒤로 빠지려고 하면, 파트너인 여자 D는 앞으로 들어가는 게 중요하다. 매끄럽게 바꾸도록 서로 사인을 주도록 하자.

제8장

단식의 전술 연습

Tactics in Singles

개인과 개인이 부딪히는 단식은 기술, 체력, 밀고 당기기 등 종합적인 능력을 가늠해야 한다.
치는 샷 코스와 풋워크를 좀 더 의식하고 연습에 임하자.

단식 전술

단식 기술 연습 · 기본 개념

POINT① 코스를 똑바로 노린다.

POINT② 스트레이트로 치는 것이 중요하다.

기본 개념 | 단식에서는 코스를 똑바로 노리는 것이 중요하다

단식에서 제일 중요한 것은 코스를 똑바로 노리는 것이다. 아무리 체력, 근력, 스피드가 있는 선수라도 자신이 생각한 코스로 셔틀콕을 칠 수 없다면 시합에서 이길 수 없다. 힘에만 의존하지 말고 정확한 코스를 노리면서 연습하자.

코스를 노리는 것 이상으로 중요한 것은 스트레이트로 치는 것이다. 그래서 크로스로 치는 것보다 스트레이트로 치는 것을 더 많이 연습하는 것이다.

그러나 막상 시합 때에는 연습한 것처럼 쉽게 되지 않는다. 대표 선수라도 스트레이트로 치면 간단히 되돌아오는 게 아닌가 하고 불안해할 정도다. 하지만 스트레이트가 탄탄하면 크로스 샷이 더 위력적이 된다. 크로스는 거리가 길어서 코트 안으로 들어가기 쉬운 반면에, 상대가 리시브를 하면 대응하기 어려울 수 있다. 크게 휘둘려서 다음 준비 동작이 늦어질 수 있으므로 상대방이 크로스를 알아채지 못하도록 먼저 스트레이트로 치는 기본 기술을 똑바로 습득하길 바란다.

단식의 연습 시간 배분은 코치가 생각해야 할 부분이다. 코트에서 연습하는 것이 가장 좋지만, 장시간 연습하는 것은 선수를 위한 것이 아니다. 특히 초등학생이나 중학생은 1개 메뉴의 연습 시간이 길면, 집중력이 떨어져서 연습효과가 제대로 나지 않는다. 예를 들어 2 대 1의 연습을 할 때, 10분 이상 하면 공격하는 쪽과 수비하는 쪽, 모두 싫증이 날 수가 있다. 짧은 시간이라도 집중해서 연습에 임하는 것이 효과적일 수 있으므로 선수의 집중력을 생각하면서 연습 시간을 정하도록 하자.

코트의 코너 네 군데와 사이드 두 군데, 총 여섯 군데로 상대를 움직이게 한다

주도권을 잡기 위해 노리는 코스

단식은 셔틀콕을 친 다음 자세를 바로잡을 시간이 있어서 복식에 비해 좋은 자세로 계속 랠리를 할 수 있다. 그렇다고 아무렇게 친다고 득점이 되지 않는다. 상대의 자세를 조금씩 무너뜨려 찬스를 만들고, 정확하게 공격하는 것이 중요하다. 그렇다면 상대의 자세를 무너뜨리기 위해서 어떻게 하면 좋을까? 기본은 코트의 코너 네 군데와 사이드 두 군데를 노리는 것이다. 상대를 홈 포지션에서 한 발짝이라도 많이 움직이게 하고, 공간을 만들어서 공격해야 한다. 하지만 공격할 때는 여유를 갖고 코스를 노릴 수 있어도, 랠리가 힘들어지면 리턴만 하게 된다. 연습할 때부터 항상 오른쪽 그림에 표시된 여섯 군데를 노리자. 특히 수비를 할 때는, 셔틀콕을 여섯 군데로 나눠서 치는 기술이 필요하다.

노리는 포인트

공격하는 쪽과 수비하는 쪽이 의식해야 할 것

샷을 하고 나면 반드시 홈 포지션으로 돌아가자

본서에서 소개하는 올 쇼트(166쪽), 올 롱(167쪽)은, 공격하는 쪽과 수비하는 쪽으로 나눠져 있다. 수비하는 선수는 전후로 계속 휘두르기 때문에 전력을 다해 셔틀콕을 쫓게 되지만, 공격하는 선수는 많이 움직이지 않고 편하게 할 수도 있다. 코치는 수비하는 선수만 주시하기 쉬운데 공격하는 선수의 플레이도 주의를 해야 한다. 셔틀콕을 친 다음에는 반드시 홈 포지션으로 돌아가는지, 발을 움직여서 바른 자세로 치고 있는지 등을 확인하자. 혹시 제대로 움직이지 않는다면 의자를 놓고 타구한 다음에 의자를 터치하도록 하자.

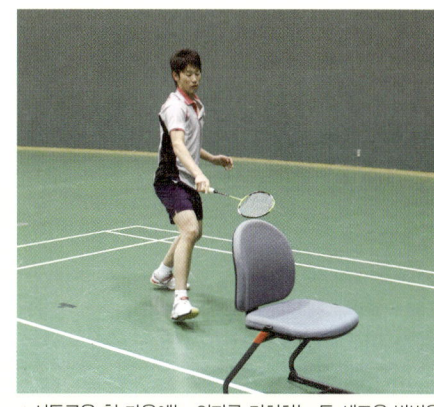

▲ 셔틀콕을 친 다음에는 의자를 터치하는 등 새로운 방법을 쓸 수 있다. 연습을 할 때도 여러 방법을 생각해 보자.

단식 전술 연습

메뉴 113 전후로 움직이는 스트로크 연습

난이도 ★★★
시간 5~10분
횟수 –

목표 전후 풋워크를 하고 자세가 흐트러지지 않게 스트로크를 하는 기술을 익힌다.

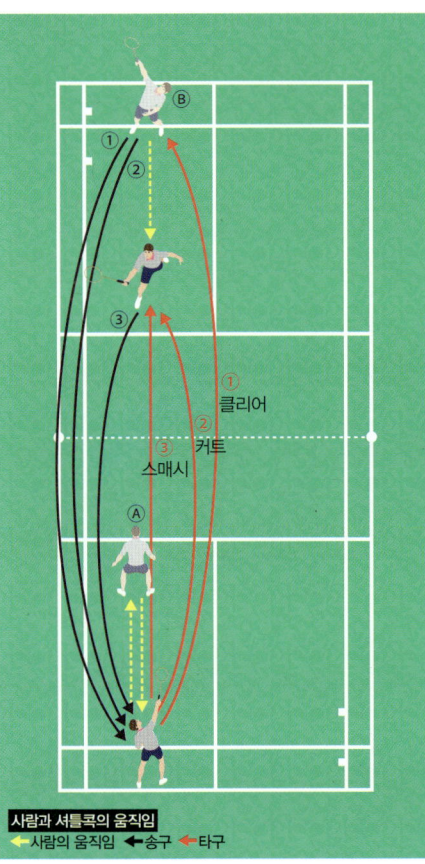

사람과 셔틀콕의 움직임
← 사람의 움직임   ← 송구   ← 타구

A는 클리어, 커트, 스매시를 순서대로 하고 각 샷 중간에 반드시 홈 포지션으로 돌아가도록 한다.

A가 로브를 한 다음은 공수를 교체한다. 이번에는 B가 ①의 클리어를 한다.

순서

① B가 코트 뒤쪽으로 셔틀콕을 크게 올리면 A는 클리어를 한다.
② B가 클리어로 리턴하면 A는 커트를 한다.
③ B가 로브로 리턴하면 A는 스매시를 한다.
④ B가 네트 앞에서 리시브를 하면 A는 헤어핀으로 대응한다.
⑤ B가 헤어핀으로 리턴하고 A는 그 타구를 로브로 리턴 한 다음 공수를 교체한다. ①로 돌아간다.

지도자 MEMO 전후 풋워크를 중심으로 한 연습이다. 스트로크 연습에 비해서 움직이는 양이 많아서, 자세가 흐트러지기 쉽고, 정확한 샷을 치기 어렵다. 발을 멈추거나, 셔틀콕을 팔과 손목만으로 치지 않게 주의하자.

단식 전술 연습

메뉴 114 번갈아 가면서 스매시

난이도 ★★★
시간 5~10분
횟수 –

목표 스매시를 한 다음에 안정된 상태에서 로브를 리턴하도록 한다.

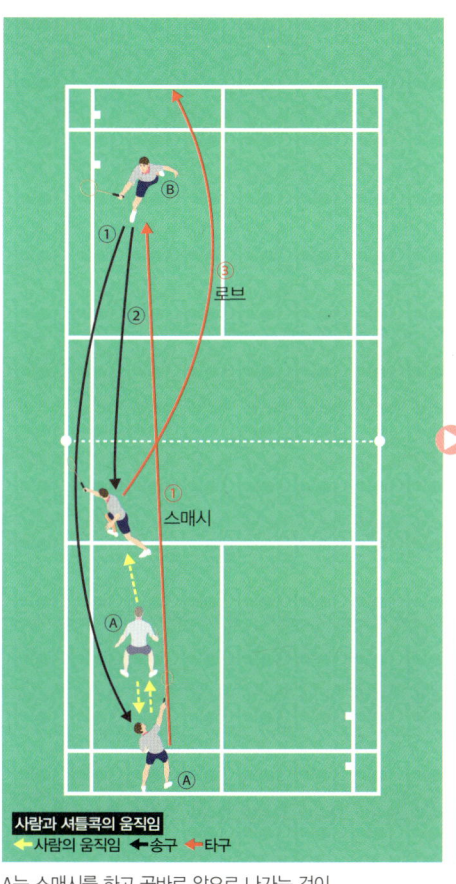
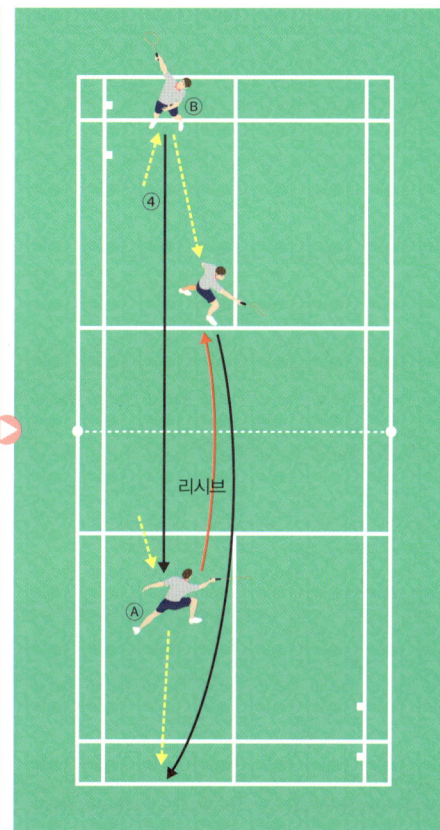

A는 스매시를 하고 곧바로 앞으로 나가는 것이 중요하다.

A는 로브를 한 다음 리시브 자세를 만들고, B의 스매시를 네트 앞에서 리턴한다.

순서

① B가 코트 뒤쪽으로 셔틀콕을 크게 올리면 A는 스매시를 한다.
② B는 네트 앞으로 리시브한다.
③ 스매시를 친 기세로 앞으로 나온 A는 크게 로브를 한다.
④ B가 스매시를 하면 A는 네트 앞에서 리시브를 한다.
그다음에 공수를 교체해서 ③~④를 반복한다.

지도자 MEMO 스매시를 빠르게 하면 상대의 리시브도 빨라진다. 네트 앞에서 리시브 된 셔틀콕을 로브로 치기 위해서는 스매시를 친 기세를 이용해야 한다. 스매시를 친 기세로 앞으로 나가 자세를 안정시키면서 리턴을 하자.

단식 전술 연습

메뉴 115 올 쇼트

난이도 ★★★
시간 5~10분
횟수 –

목표 정확하게 네트 앞으로 리턴하고 타구 뒤에는 재빠르게 다음을 준비한다.

A는 커트나 헤어핀을 한 다음, 똑바로 홈 포지션으로 돌아가서 B가 치는 셔틀콕을 예측하면서 움직인다.

B가 로브를 하면 A는 커트로 대응한다.

B가 헤어핀을 하면 A도 헤어핀으로 리턴한다.

순서

① 코트 반면에서 연습한다. B는 네트 앞에 서서 로브나 헤어핀을 해서 A를 전후로 움직이게 한다.
② A는 네트 앞에 있는 B에게 모두 리턴한다. 로브는 커트로, 헤어핀은 헤어핀으로 대응한다.

지도자 MEMO 지금까지 친 샷은 순서나 코스가 정해져 있었지만, 올 쇼트는 로브와 헤어핀이 어떻게 돌아올지 알 수 없다. 타구 후에는 재빨리 준비 자세를 취하도록 주의하고, 준비 자세가 늦어도 당황하지 말고, 제대로 움직여서 대응하자.

단식 전술 연습

메뉴 116 올 롱 + 스매시

난이도 ★★★★
시간 10~15분
횟수 –

목표: 실전에 가까운 움직임으로 자세가 흐트러지지 않게 리턴한다. 전후좌우의 움직임으로 대응한다.

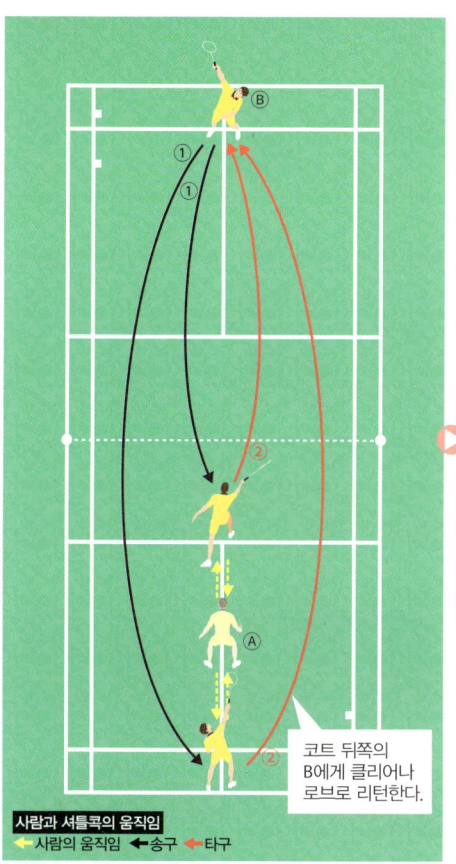

사람과 셔틀콕의 움직임
← 사람의 움직임 ← 송구 ← 타구

코트 뒤쪽의 B에게 클리어나 로브로 리턴한다.

B는 A가 움직이도록 클리어나 커트를 한다.
A는 클리어, 로브를 코트 뒤쪽으로 리턴한다.

순서

① 코트 전면에서 연습한다. B는 클리어와 커트를 중심으로 하고, 때때로 스매시를 한다.
② A는 코트 뒤쪽에 있는 B에게 클리어와 로브로 리턴한다. 스매시는 네트 앞으로 리턴해서 B를 움직이게 한다.

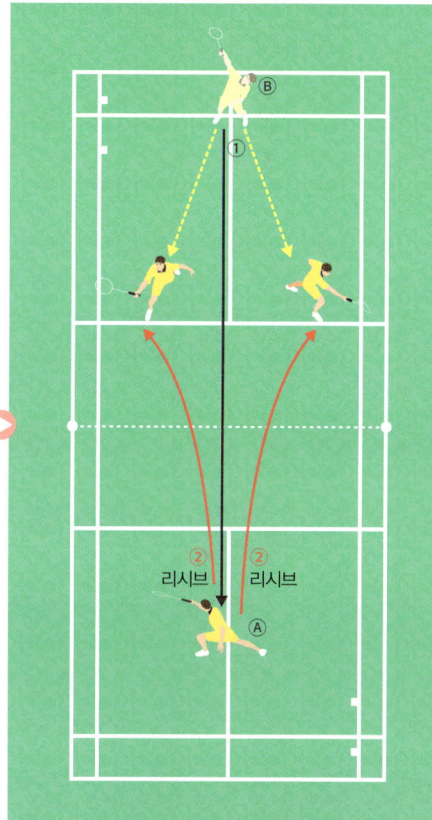

리시브 리시브

B는 가끔씩 스매시를 해서 A를 멈추게 한다.
A는 B의 스매시를 네트 앞으로 리시브한다.

지도자 MEMO: 보통 거리가 긴 랠리를 할 때 선수는 클리어와 로브로 대응하지만, 이 연습에서는 스매시도 하기 때문에 옆으로도 움직여야 한다. 전후좌우로 움직이면 자세가 흐트러지기 쉬우므로 발을 움직여서 안정된 리턴을 하자.

단식 전술 연습

메뉴 117 올 쇼트 + 스매시

난이도 ★★★★
시간 10~15분
횟수 –

목표 로브로 리턴할 때까지 짧은 쇼트만 하고 재빠른 풋워크를 익힌다.

B가 로브를 하면 A는 스매시나 커트를 한다.

사람과 셔틀콕의 움직임
← 사람의 움직임 ← 송구 ← 타구

A는 로브가 날아오면 홈 포지션에서 앞으로 나가서 스매시나 커트를 한다.

스매시, 커트를 할 때는 항상 같은 자세로 임한다.

스매시는 힘을 50% 억제한다.

순서

① A와 B는 올 쇼트(166쪽)를 한다. A는 네트 앞에 있는 B에게 모두 리턴한다.
② B가 로브를 하면 A는 커트와 스매시를 섞어서 대응한다.

지도자 MEMO 커트만 하면 발이 셔틀콕 방향을 향하는 것이 늦어진다. 올 쇼트로 스매시를 하면 자연스럽게 빠른 동작을 의식해서 좀 더 실전적인 움직임을 익히게 된다.

단식 전술 연습

메뉴 118 백핸드로 클리어와 커트하기

난이도 ★★★★
시간 5~10분
횟수 –

목표 백핸드의 정확성을 높이는 연습이다. 오른발을 내미는 움직임이 중요하다.

B는 코트 뒤쪽으로 로브나 클리어를 한다.

순서
① B는 코트 뒤쪽으로 클리어나 로브를 한다.
② A는 코트 뒤쪽에서 백핸드 클리어나, 백핸드 커트를 한다.
③ B는 모두 클리어나 로브로 리턴한다.

A는 셔틀콕의 낙하지점을 향해서 오른발을 내민다.

높은 타점에서 셔틀콕을 칠 때는 커트와 클리어를 상황에 맞게 구분해서 대응하자.

 지도자 MEMO 초보자는 클리어나 커트 둘 중에 하나만 하도록 하고 처음에는 스트레이트로 치도록 한다. 셔틀콕의 낙하지점으로 가서 오른발을 정확히 내밀고 리턴하자. 상대방이 자신이 치려는 코스를 알아채지 못하도록 몸과 발이 셔틀콕 방향을 향해야 한다.

단식 전술 연습

2 대 1 리시브

난이도 ★★★★
시간 10~15분
횟수 –

목표 전위와 후위의 공격을 잘 막아내도록 리시브의 힘을 강화한다.

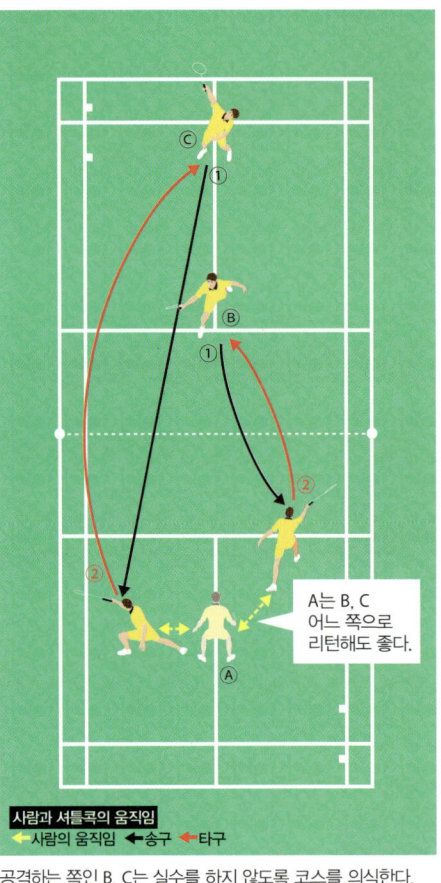

사람과 셔틀콕의 움직임
← 사람의 움직임   ← 송구   ← 타구

공격하는 쪽인 B, C는 실수를 하지 않도록 코스를 의식한다. 숙달되면 공격과 수비 양쪽 다 크로스를 노린다.

A는 팔과 손목만으로 치지 않게 발을 내민다.

A는 처리하기 쉬운 샷은 드라이브로 리턴한다.

순서

① A는 수비로 코트에 들어가고 B와 C는 톱 & 백(177쪽) 형태의 공격으로 들어간다. 공격의 B와 C는 스매시나 커트를 중심으로 A를 움직이게 한다.

② A는 코트 뒤쪽이나 네트 앞으로 리턴한다. 처리하기 쉬운 셔틀콕은 드라이브로 리턴해도 상관없다.

지도자 MEMO A는 리시브의 높이나 코스를 의식하자. 후위 선수 C에게만 리턴하면 연습이 단조로워지기 때문에 네트 앞으로 돌려주어 전위 선수 B에게 헤어핀을 하게 하는 등, 스스로 랠리에 변화를 주도록 하자.

단식 전술 연습

메뉴 120 1 대 4 리시브

난이도 ★★★★
시간 약 5분
횟수 —

목표 1대 4로 진행하는 리시브 연습이다.
상대의 공격을 실수하지 않고 정확하게 리시브를 반복한다.

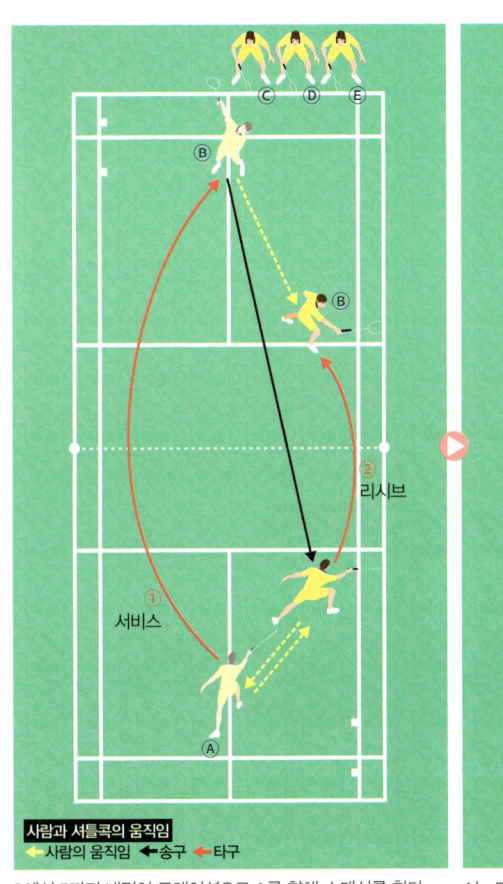
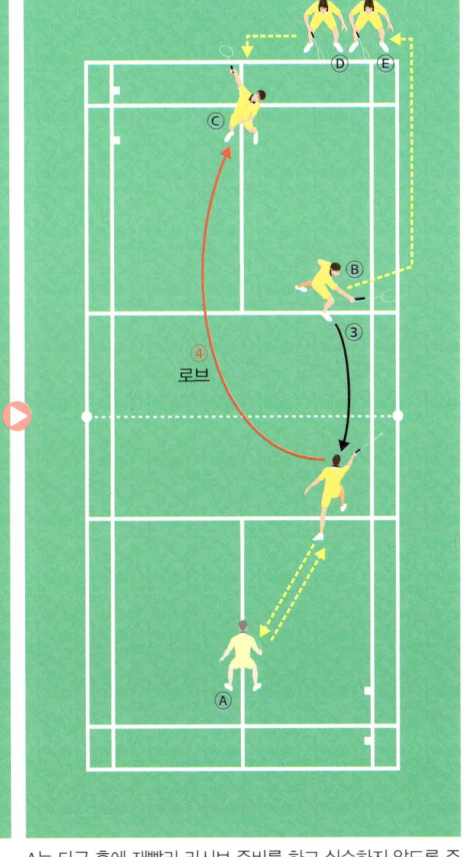

B에서 E까지 네 명이 로테이션으로 A를 향해 스매시를 한다.

A는 타구 후에 재빨리 리시브 준비를 하고 실수하지 않도록 주의한다.

순서

① A는 서비스를 하고 B는 스매시로 리턴한다.
② A는 네트 앞으로 리시브한다.
③ B가 헤어핀으로 돌려주는 사이에 C는 준비를 한다.
④ A는 B의 헤어핀을 로브로 리턴하고 ①~④를 반복한다.

지도자 MEMO 실전 감각을 키우기 위해 적합한 연습이다. A가 실수를 하지 않는 한 랠리가 계속되기 때문에 힘든 연습이지만, 끈기 있게 셔틀콕을 쫓자. 코트 뒤쪽으로 로브를 하는 것도 중요하지만, 먼저 재빨리 움직여서 리시브하도록 하자.

171

단식 전술 연습

메뉴 121 앞과 뒤가 없는 게임

목표 코트의 전후를 사용하지 못하는 상황에서 상대가 공격할 수 없는 샷이나 코스를 생각하면서 랠리한다.

난이도 ★★★★★

시간 10~20분

횟수 —

순서
① 그림의 사선 부분을 아웃이라고 룰을 정하고, 단식으로 게임을 한다.

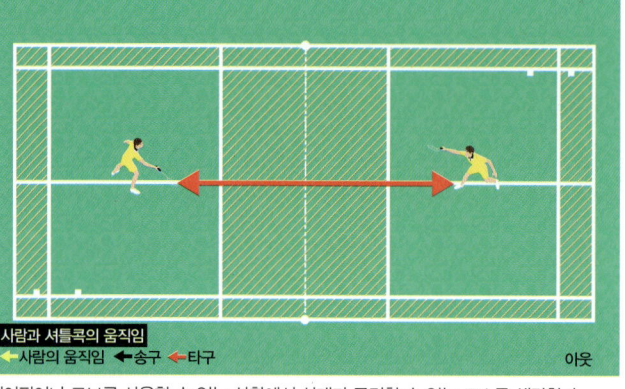

사람과 셔틀콕의 움직임
← 사람의 움직임 ← 송구 ← 타구 아웃

헤어핀이나 로브를 사용할 수 없는 상황에서 상대가 공격할 수 없는 코스를 생각한다.

지도자 MEMO 로브나 헤어핀이 제한된 랠리이다. 드라이브 등의 타구 거리가 긴 샷을 사용하면서, 공격으로 연결할 수 있는 코스를 생각한다.

단식 전술 연습

메뉴 122 앞이 없는 게임

목표 코트 앞을 사용하지 못하는 상황에서 드라이브 위주로 진행한다. 셔틀콕을 낮게 주고받으며 공격의 실마리를 찾는다.

난이도 ★★★★★

시간 10~20분

횟수 —

순서
① 그림의 사선 부분을 아웃이라고 정하고, 단식으로 게임을 한다.

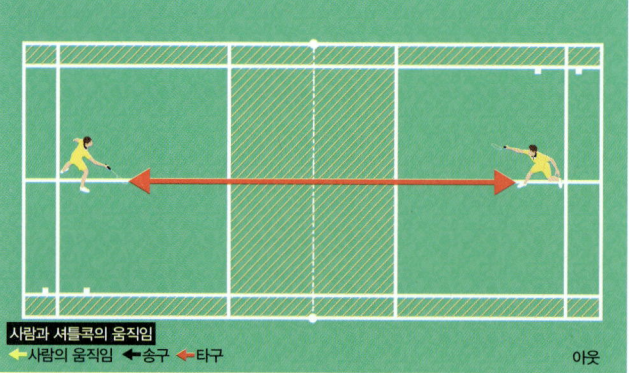

사람과 셔틀콕의 움직임
← 사람의 움직임 ← 송구 ← 타구 아웃

우선 상대가 공격하지 못하는 코스를 생각하면서 서서히 공격으로 바꾸도록 한다.

지도자 MEMO 이 연습에서는 타구 거리가 짧은 헤어핀이나 리시브는 사용할 수 없다. 긴 헤어핀이나 하프 코트 샷, 드라이브를 적절히 사용해서 상대의 공격을 막자.

단식 전술 연습

메뉴 123 스매시가 없는 게임

난이도 ★★★★
시간 10~20분
횟수 —

목표: 스매시를 사용하지 못하는 상황에서 코트의 코너를 정확히 노리고 랠리를 유리하게 만든다.

순서
① 스매시를 사용하지 않고 단식으로 게임을 한다.

사람과 셔틀콕의 움직임
⬅ 사람의 움직임 ⬅ 송구 ⬅ 타구

상대 리듬에 맞추지 말고 자신이 랠리를 주도하려는 자세가 필요하다.

지도자 MEMO: 스매시가 제한되면 랠리의 속도가 느려진다. 단조로운 랠리로 끝나지 않도록, 커트나 드라이브를 하는 등 전개를 조절하자.

단식 전술 연습

메뉴 124 클리어가 없는 게임

난이도 ★★★★★
시간 10~20분
횟수 —

목표: 클리어를 사용하지 못하는 상황의 랠리를 연습한다. 랠리가 빠르게 전개되므로 실수하지 않도록 한다.

순서
① 클리어를 사용하지 않고 단식으로 게임을 한다.

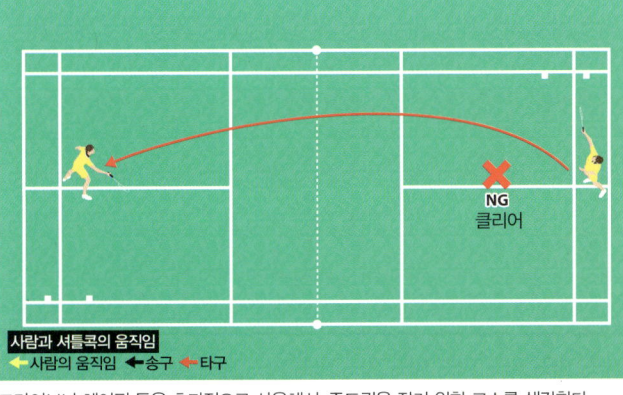

사람과 셔틀콕의 움직임
⬅ 사람의 움직임 ⬅ 송구 ⬅ 타구

드라이브나 헤어핀 등을 효과적으로 사용해서, 주도권을 잡기 위한 코스를 생각한다.

지도자 MEMO: 비행시간이 긴 클리어가 제한되었기 때문에 전개가 빨라진다. 빠른 랠리 중에 공격하는 타이밍을 파악하자.

단식 전술 연습

메뉴 125 한 쪽이 공격할 수 없는 게임

목표 수비 능력을 높이는 동시에 공격으로 연결하는 랠리 감각을 익힌다.

난이도 ★★★★★

시간 10~20분

횟수 —

순서

① 코트 전면을 사용한 단식 게임이다.
② 공격 측은 프리, 수비 측은 스매시, 커트, 푸시를 사용하지 않고 게임을 진행한다.

수비를 하다가 공격을 시작한다. 리시브 실력을 높이려는 의식을 갖는다.

지도자 MEMO 수비 측은 공격을 할 수 없어서 연습이 힘들게 전개될 수 있으나, 공격으로 연결되는 샷과 랠리 감각을 터득하게 된다. 이 방식이 익숙해지면 일부러 상대가 공격하도록 유도하여 연습에 난이도를 높이자.

Column About the Badminton
칼럼③

종합적인 능력을 요구하는 단식

단식의 매력은 역시 진지한 승부라고 할 수 있다. 양측 선수 모두 상대방이 득점하지 못하게 랠리를 하기 때문에, 자연스럽게 상대의 약점을 공략하게 된다. 서비스부터 그러한 두뇌 싸움이 시작되기 때문에 보는 사람도 마지막까지 재미있게 즐길 수 있다.

스피드감은 복식보다 떨어지지만, 단식은 랠리 내용에 따라서 깊이가 있다. 선수들의 승부도 관전 포인트지만, 선수가 생각하고 있는 전술을 예상하면서 보는 것도 재미를 더한다.

선수 입장에서 단식은 일인자를 정하는 중요한 종목이므로, 승부에서 이겼을 때의 기쁨은 이루 말할 수 없다. 넓은 코트를 뛰는 운동량, 코너를 노리는 통찰력, 스매시를 하는 힘도 승패를 가르는 요소가 된다. 종합적으로 자신을 강하게 키우고 싶은 사람에게 단식은 매력적인 종목이다.

단식은 한 번에 되는 게 아니라, 랠리를 인내할 수 있는 성격을 가진 사람에게 유리하다. 남자 선수의 경우는 마지막에 공격을 위한 랠리를 이끌어 낼 수 있는 사람, 여자 선수는 끈기 있는 랠리로 상대의 공격을 이겨내고 실수를 유도하면서 싸울 수 있는 사람이 시합에서 좋은 성적을 낸다.

제9장
복식의 전술 연습
Tactics in Doubles

복식은 파트너와의 연계가 매우 중요하다.
연습을 통해서 파트너와 많은 의사소통을 하고 시합에 임하자.

복식의 전술 연습 · 기본 개념

복식 전술

POINT① 호흡을 맞춰서 '둘이서 이긴다'라고 생각한다.

POINT② 넓은 시야를 갖도록 유념한다.

기본 개념 | 파트너와 원활한 의사소통을 도모한다

복식은 파트너와의 협동이 아주 중요한 종목이어서 개인의 역량을 높이는 것만으로 승리할 수 없다. 연습할 때부터 항상 호흡을 맞추고, '함께 이긴다'라는 마음을 갖자.

상대에게 집중하는 단식과는 달리, 복식은 파트너도 생각해야 하기때문에 시야를 넓혀야 한다. 시합 중에는 파트너가 옆, 또는 전후에 있으므로, 그 움직임을 계산하면서 코스를 노리거나 움직인다. 파트너가 시야에 안 들어와도 집중하고 있으면 인기척이나 그림자로 포지션을 알 수 있는데, 그 정도로 파트너를 감지하는 정도가 되면 두 사람은 호흡이 잘 맞는다고 할 수 있다. 자연스럽게 파트너의 포지셔닝을 생각할 수 있다면, 자신의 움직임도 훨씬 매끄러울 것이다.

또한, 파트너를 신뢰하는 것도 복식에서 이기기 위한 중요한 요소다. 예를 들면 자신이 전위에 들어갔을 때, 상대의 리턴을 치지 못하더라도 파트너가 후위에서 쳐서 돌려줄 거라는 믿음이 있으면 전위에서 다음 리턴을 준비를 할 수 있을 것이다.

그러나 파트너를 믿지 못하면 랠리를 포기하게 되고, 열심히 파트너가 쳐서 리턴해도 상대가 쉽게 득점하는 상황이 되고 만다. 서로 신뢰를 높이기 위해서는 대화를 많이 해서 파트너의 성격, 사고방식 등을 알아두자.

또 복식에는 공격과 수비로 사용하는 '포메이션'이 있다. 공격 시에는 톱 & 백, 수비 시에는 사이드 바이 사이드의 형태이다. 복식은 공수가 굉장히 빨리 변하기 때문에 1회의 랠리에서 포메이션이 몇 차례씩 바뀌는 게 일반적이다. 따라서 공수가 속도감 있게 바뀌어야 하므로 자신에게 언제 셔틀콕이 날아와도 곧바로 칠 수 있도록 준비하자.

복식의 포메이션

① 톱 & 백

공격할 때 사용하는 포메이션이다. 전위는 네트 앞 부근으로 날아온 셔틀에 대응하고, 후위는 코트 뒤쪽으로 날아온 셔틀콕에 대응한다.

② 사이드 바이 사이드

수비할 때 사용하는 포메이션이다. 양 사이드로 나눠서 상대 공격을 리시브한다. 서로의 수비범위를 똑바로 인식하자.

복식 연습을 하기 전 체크 사항

① 포지션을 생각하면서 연습한다

타구 스피드가 빠른 복식은 1초도 안 되는 짧은 시간에 다음 샷과 코스를 판단해야 한다. 상대의 움직임뿐만 아니라 파트너의 포지션과 자세도 생각해야 하기 때문에 움직이는 양은 단식만큼 많지 않지만, '머리'가 상당히 피곤한 종목이다.
또한 복식 선수는 기술을 이해하는 힘도 있어야 한다. 자신의 역할은 무엇인가, 파트너가 친 샷의 의미는 무엇인가 등 움직이면서 항상 다음 플레이를 생각해야 한다. 그러기 위해서는 연습 때부터 포지션을 생각하면서 치는 습관을 들여야 한다. 몇 번이나 같은 것을 반복해서 파트너와의 호흡을 맞추면 전술 수준도 높아지고, 서로 원활한 의사소통을 도모할 수 있을 것이다.

② 스피드보다 기본을 중요시한다

복식은 드라이브, 스매시 등 빠른 타구가 많기 때문에 시합 전개가 굉장히 빠르다. 그래서 연습할 때도 스피드를 높이는 연습을 하려고 하지만 좋은 방법이 아니다. 완벽한 자세로 셔틀콕을 치는 것이 더 중요하다. 크게 돌려주면서 정확하게 네트 앞으로 떨어뜨릴 수 있으면, 무리하게 스피드를 높이는 연습은 하지 않아도 된다.
단식에서는 자세 확인, 풋워크 강화 등의 공격적인 기술을 중심으로 연습한다. 반면에 복식은 리시브 연습이 많은데, 수비에서 공격으로 바뀌는 전개가 중요하기 때문이다. 수비의 중요함을 알고 연습에 임하도록 하자.

복식 전술 연습

푸시 & 푸시 리시브

난이도 ★★★★
시간 5~10분
횟수 −

목표 전위를 가정하고 좌우로 움직이면서 푸시를 한다.
리시브를 좌우로 정확하게 한다.

서로 실수하지 않도록 주의한다.

순서
① A는 좌우로 움직이면서 B에게 푸시 한다.
② B는 A가 움직이도록 리시브를 좌우로 번갈아한다.

지도자 MEMO B는 리시브를 좌우로 번갈아 하는 것을 잊지 말자. A는 항상 몸 앞에서 푸시 할 수 있도록 발을 정확히 움직이려고 노력해야 한다.

복식 전술 연습

푸시 & 푸시 리시브 (세 번째 랠리를 크로스 리시브)

난이도 ★★★★★
시간 5~10분
횟수 −

목표 후위를 가정하고, 상대의 어려운 공격을
크로스 리시브로 돌려주는 것을 익힌다.

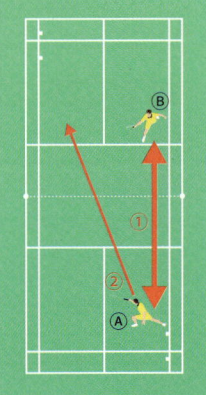

B의 세 번째 푸시를, A는 크로스 방향으로 리시브를 한다.

순서
① B는 푸시, A는 푸시 리시브를 한다.
② A는 세 번째 랠리를 크로스 방향으로 리시브한다.

지도자 MEMO 상대방이 어려운 푸시를 쳤다고 가정하고, 세번째 랠리를 크로스 방향으로 돌려주는 연습이다. 리시브 거리는 다소 길어져도 상관없다.

복식 전술 연습

메뉴 128 쇼트 드라이브를 주고받기

난이도 ★★★★
시간 5~10분
횟수 –

목표 상대와 가까운 거리에 서서, 셔틀콕을 판단한 다음 몸 앞에서 쇼트 드라이브를 한다.

익숙해질 때까지 라켓을 휘두르지 말고 라켓 면에 닿을 정도로 짧게 리턴한다.

순서
① 코트 전면에서 1대 1로 한다.
② 서로 서비스 라인 부근에 서서 드라이브를 주고받는다.

지도자 MEMO 라켓의 준비와 타이밍을 맞추는 연습이다. 처음에는 랠리를 천천히 해도 상관없으니 라켓을 낮추지 않도록 의식하자.

복식 전술 연습

메뉴 129 드라이브를 주고받기

난이도 ★★★★★
시간 5~10분
횟수 –

목표 드라이브를 연속으로 할 수 있도록, 코스와 스피드를 생각해서 리턴한다.

샷 다음에 그냥 서 있지 말고 다음 리턴을 대비하도록 한다.

순서
① 홈 포지션 부근에서 드라이브를 주고받기

지도자 MEMO 전면 코트를 사용하지만 사이드 라인 쪽을 노릴 필요는 없다. 우선은 드라이브가 계속되기 때문에 리턴 코스를 생각하고 연습하자.

복식 전술 연습

메뉴 130 : 스매시와 드라이브를 주고받기

난이도 ★★★★
시간 5~10분
횟수 —

목표 자세가 흐트러지기 쉬운 스매시를 한 다음에 대응하는 방법을 익힌다.

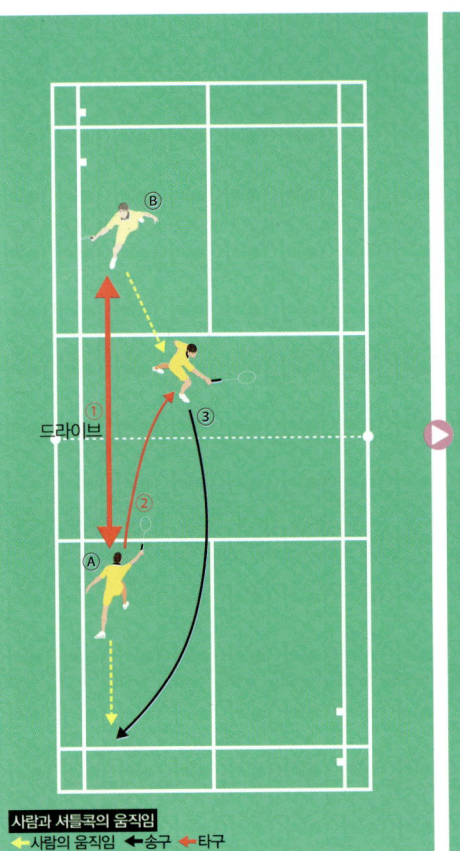
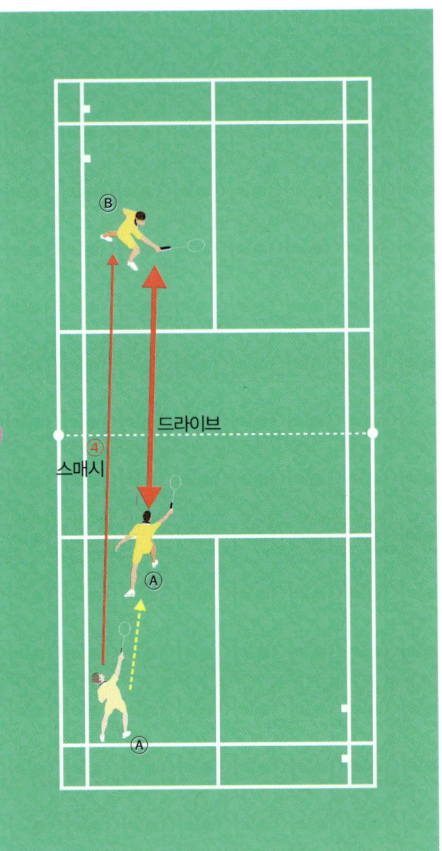

사람과 셔틀콕의 움직임
← 사람의 움직임　← 송구　← 타구

순서

① A와 B가 드라이브를 주고받는다.
② 어느 정도 드라이브를 주고받은 다음, A가 셔틀콕을 B의 네트 앞으로 떨어뜨린다.
③ B는 로브를 한다.
④ 다시 A가 스매시로 리턴하고 ①로 돌아간다.

지도자 MEMO 스매시를 한 다음에는 자세가 흐트러지기 쉽기 때문에, 상대 드라이브를 대응할 때 단순히 돌려주는 것만 하게 된다. 발을 정확히 내밀어서 드라이브를 하도록 하고, 스매시를 한 다음은 재빨리 라켓을 올려서 준비 자세를 취해야 한다.

복식 전술 연습

메뉴 131 커트 → 스매시 → 드라이브 주고받기

난이도 ★★★★
시간 5~10분
횟수 −

목표 커트를 사용해서 상대의 자세를 무너뜨리고 스매시로 연결하는 전술을 익힌다.

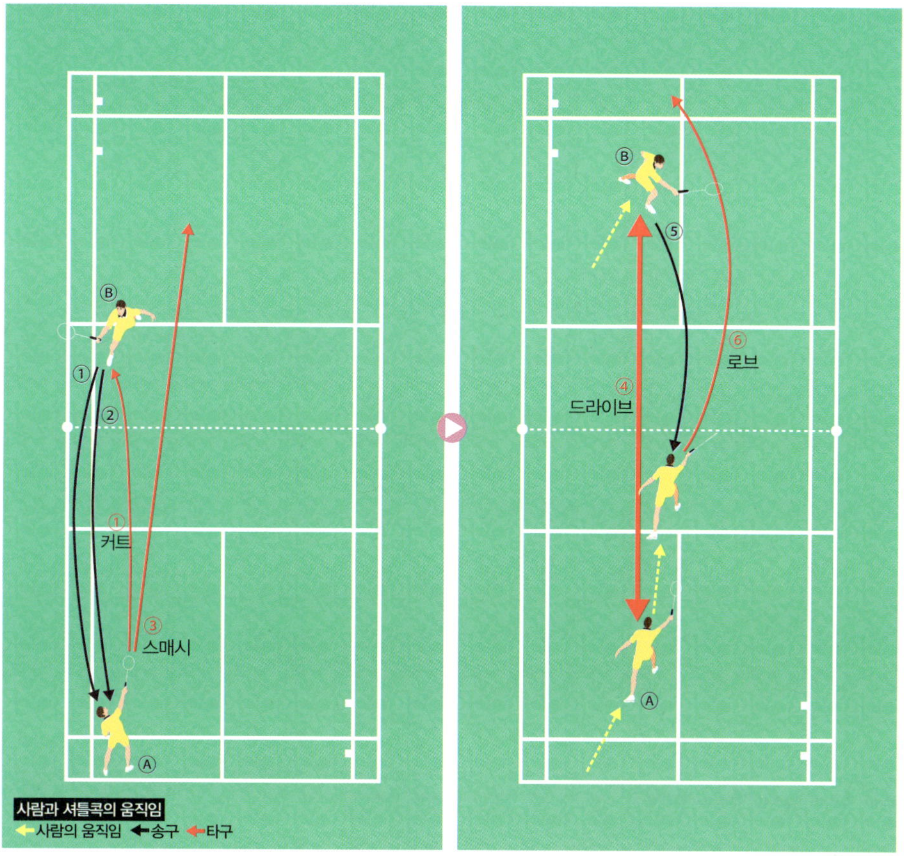

순서

① B가 친 로브를 A는 커트로 리턴한다.
② B는 로브를 한다.
③ A는 스매시로 리턴한다.
④ B가 드라이브로 리턴하면 A와 B가 드라이브를 주고받는다.
⑤ B는 셔틀콕을 A의 네트 앞으로 떨어뜨린다.
⑥ A는 로브를 해서 공수를 바꾸고, ①로 돌아간다.

지도자 MEMO 여기서는 커트의 질이 요구된다. 셔틀콕의 거리가 길면 상대가 타구하기 충분한 자세로 리시브를 하기 때문에, 다음 스매시의 효과가 떨어진다. 상대의 자세를 무너뜨리기는커녕 반대로 유리한 상황을 주기 때문에 셔틀콕을 네트 앞으로 똑바로 떨어뜨려야 한다.

복식 전술 연습

메뉴 132 뒤 프리 연습

난이도 ★★★★★
시간 5~10분
횟수 25~30개 X 3~5세트

목표 리턴하는 상대의 위치를 고정시켜서, 코스를 노리고 정확하게 치는 기술을 익힌다.

B가 로브를 하면 A는 셔틀콕의 낙하지점에 위치하여 스매시를 한다.

드라이브를 실수하지 않고 B에게 리턴한다.

B는 A의 자세를 보면서 드라이브와 로브를 선택해서 리턴한다.

순서

① A는 코트 전면을 사용한다. B는 좌우와 센터 세군데 중 한 곳에 서서 드라이브, 로브를 중심으로 한다.
② A는 상황에 따라서 모든 샷을 B가 서 있는 위치로 리턴한다.

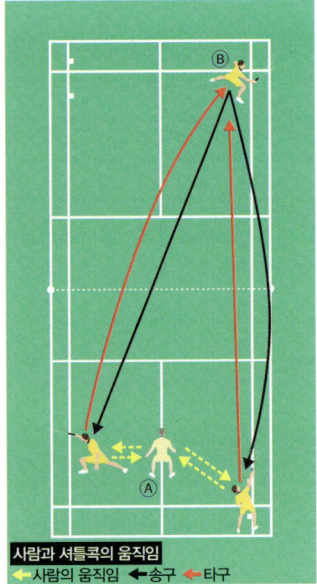

사람과 셔틀콕의 움직임
← 사람의 움직임 ← 송구 ← 타구

지도자 MEMO A는 코트 전면을 사용하기 때문에, 늦게 움직이면 자세가 흐트러지고 랠리가 힘들어진다. 타구 후에는 빨리 다음을 준비하자. 그리고 B의 위치를 좌우나 센터로 바꾸면서 자신에게 미흡한 코스를 보완하자.

복식 전술 연습

2 대 1 나눠서 치기

난이도 ★★★★★
시간 5~10분
횟수 25~30개

 두 군데 코스로 번갈아 스매시를 한다.

B와 C는 크게 리시브를 돌려줘서 A가 스매시나 클리어를 하게 한다.

순서

① 코트 전면을 사용한다. 수비 측의 B, C는 사이드 바이 사이드의 형태로 들어간다.
② A는 스매시, 클리어를 B나 C를 향해서 한다.
③ B와 C는 크로스 리시브로 A를 움직이게 한다.

A는 몸을 똑바로 셔틀콕 방향으로 향하고 B나 C에게 스매시를 한다.

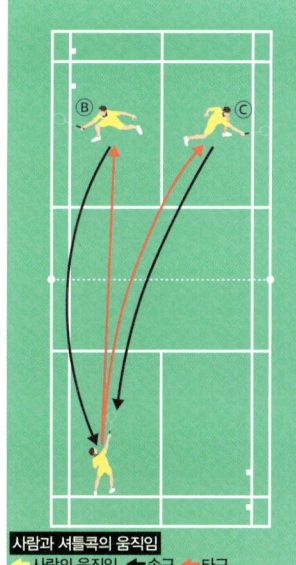

사람과 셔틀콕의 움직임
← 사람의 움직임　← 송구　← 타구

스매시를 하기 위한 자세가 준비되지 않았을 때는 클리어를 한다.

지도자 MEMO　A는 스매시를 한 다음에 바로 자세를 고쳐 잡아 다음 타구를 준비하자. 크로스로 리턴이 돌아오면 좌우의 움직임이 많아지지만 기본적으로 타구하고 홈 포지션으로 돌아가도록 한다. 항상 다음 동작을 생각하고 움직이자.

복식 전술 연습

2 대 1 푸시 & 리시브 ① (두 명이 푸시)

목표 목표로 한 위치로 리시브하는 연습을 한다. 리시브를 크로스로 하는 감각을 기른다.

난이도 ★★★★★

시간 5~10분

횟수 —

순서

① A는 좌우와 센터 세군데 중 한 곳에 서고, 전위의 B와 C는 네트 앞에 선다.
② B는 푸시를 하고, A는 B에게 리시브를 한다.
③ ②를 세 번 왕복하면 C에게 리턴하고, ②와 같이 한다.
④ 서 있는 위치를 바꿔서 ②~③을 반복한다.

A는 B와 C의 푸시를 3회씩 리시브 한다.

 지도자 MEMO 리시브를 같은 코스로만 리턴하는 선수는 시합 중에 푸시가 연속으로 들어오면 대응할 수 없다. 알맞은 타이밍에 크로스로 치도록 하자.

복식 전술 연습

2 대 1 푸시 & 리시브 ② (한 명이 푸시)

목표 사이드의 움직임을 의식하면서 푸시를 스트레이트와 크로스 양쪽으로 할 수 있도록 한다.

난이도 ★★★★★

시간 5~10분

횟수 —

순서

① 전위의 A는 네트 앞에 서고, B와 C의 리시브를 모두 푸시로 돌려준다.
② B와 C는 A가 좌우로 움직이도록, 코스를 다르게 해서 리시브한다.

B와 C는 A가 가능한 한 좌우로 움직일 수 있도록 리시브를 한다.

 지도자 MEMO A는 사이드의 움직임을 반드시 의식하자. 셔틀콕 방향으로 반드시 몸을 향하게 하고, 라켓이 네트보다 낮아지지 않도록 주의한다.

복식 전술 연습

2 대 1 푸시 & 리시브 ③
(한 명이 크로스로 푸시)

사이드에서 치고 들어와도 푸시로 똑바로 리턴한다. 리시브 측은 크로스의 푸시를 똑바로 스트레이트로 돌려준다.

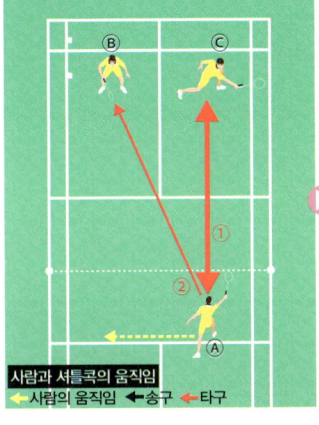

난이도 ★★★★★

시간 5~10분

횟수 —

순서

① A는 코트 한 쪽에 서서 C에게 푸시를 3회 한다.
② A는 세번 째 리시브를 B에게 크로스로 푸시한다.
③ B는 스트레이트로 리턴하고 A는 B와 ①~②를 반복한다.

지도자 MEMO A가 사이드로 움직여서 푸시를 하는 연습이지만, B와 C에게도 중요한 연습이다. 크로스 푸시를 스트레이트로 돌려주는 것은 어렵기 때문에 B와 C는 제대로 돌려줄 수 있도록 준비하자.

복식 전술 연습

2 대 1 푸시 & 리시브 ④
(한 명이 연속 푸시)

전후로 움직이면서 푸시를 계속한다.

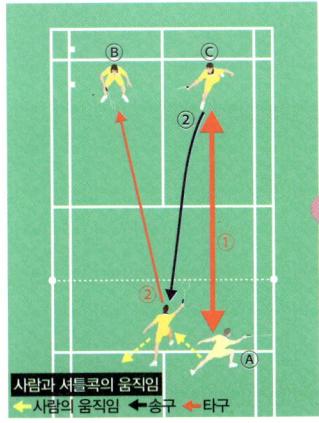
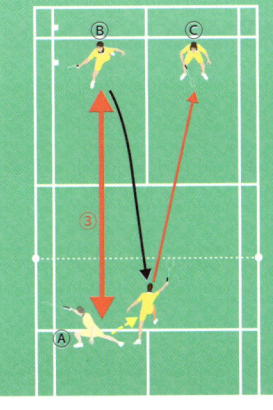

난이도 ★★★★★

시간 5~10분

횟수 —

순서

① 코트 전면을 사용한다. A는 코트 한 쪽에 서서 C에게 푸시를 3회 한다.
② C는 세 번째 리시브를 센터 네트 앞으로 리턴한다. A는 B에게 푸시나 하프 코트 샷을 한다.
③ B는 스트레이트로 리시브하고 A는 B와 ①~②를 반복한다.

지도자 MEMO 푸시 한 다음 상대가 네트 앞으로 친 셔틀콕을 확실하게 리턴한다. 네트 앞으로 친 다음에는 라켓을 재빨리 올리자.

복식 전술 연습

2 대 1 드라이브 ① (한 명은 후위)

메뉴 138

난이도 ★★★★★

시간 5~10분 후 교체

횟수 —

목표 전위가 치지 못한 타구를 정확하게 드라이브로 연결하는 힘을 기른다.

A는 전위에 파트너가 있다고 가정하고 코스나 스피드를 생각한다.

순서

① A는 홈 포지션보다 조금 뒤에 서서 드라이브를 한다.
② A를 좌우로 움직이게 하기 위해서 B와 C는 사이드 코스로 드라이브를 한다.

타구할 때는 셔틀콕의 낙하지점으로 반드시 발을 내밀고, 타구 후에는 재빨리 리시브할 자세를 취한다.

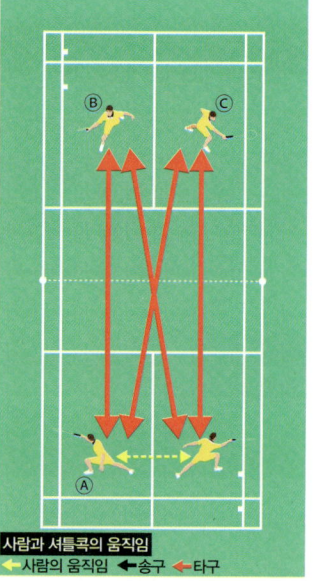

사람과 셔틀콕의 움직임
← 사람의 움직임 ← 송구 ← 타구

B와 C는 코스를 다양하게 치면서 A를 좌우로 움직이게 한다.

지도자 MEMO 톱 & 백으로 공격하고 있는 상태에서, 드라이브로 전개하는 연습이다. A는 후위의 선수이고 B나 C의 드라이브를 전위가 치지 못했다고 가정한다. 뒤로 빠져나온 타구를 후위인 A가 정확하고 빠르게 돌려주자.

복식 전술 연습

메뉴 139
2 대 1 드라이브 ②
(크로스 드라이브로 대응)

난이도 ★★★★★

시간 5~10분 후 교체

횟수 –

목표 사이드의 수비력을 높인다.

순서
① A는 C와 드라이브를 주고 받는다.
② C는 적당한 타이밍에 크로스로 드라이브를 한다.
③ A는 반대쪽 사이드로 이동해서 B에게 리시브한다.
④ B는 스트레이트로 드라이브를 한다. ①~③을 반복한다.

지도자 MEMO 이것은 사이드의 수비력을 단련하는데 효과적인 연습이다. 크로스 드라이브는 확실히 네트를 넘겨서 연습이 매끄럽게 잘 연결되도록 하자.

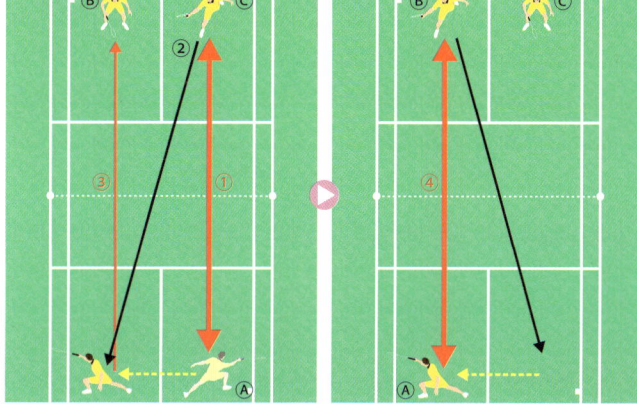

복식 전술 연습

메뉴 140
2 대 1 드라이브 ③
(네트 앞으로 리턴)

난이도 ★★★★★

시간 5~10분 후 교체

횟수 –

목표 드라이브를 할 때 네트 앞으로 리턴하는 것을 익힌다.

순서
① A는 C와 드라이브를 주고 받는다.
② A는 크로스로 네트 앞에 셔틀콕을 떨어뜨린다.
③ B는 스트레이트로 낮은 로브 또는 하프 코트 샷으로 리턴한다.
④ A는 B에게 드라이브를 한다. ①~③을 반복한다.

지도자 MEMO A는 네트 앞으로 셔틀콕을 떨어뜨릴 때, 상대에게 들키지 않도록 하자. 상대방이 낮은 로브, 하프 코트 샷으로 대응하면, A는 드라이브로 확실하게 리턴한다.

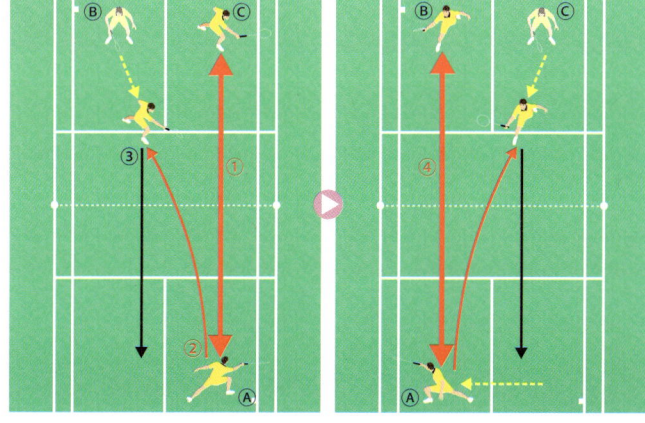

2 대 1 스매시 & 드라이브

난이도 ★★★★★
시간 5~10분 후 교체
횟수 20회

 드라이브에서 주도권을 잡는 공격을 계속한다.

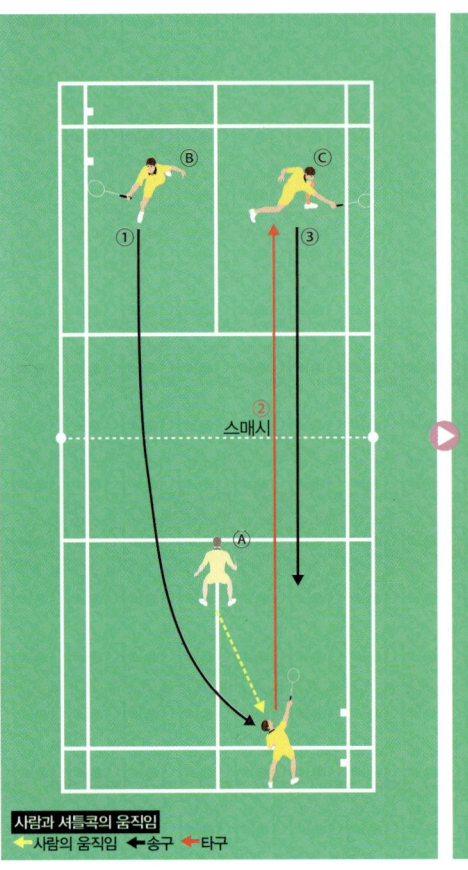

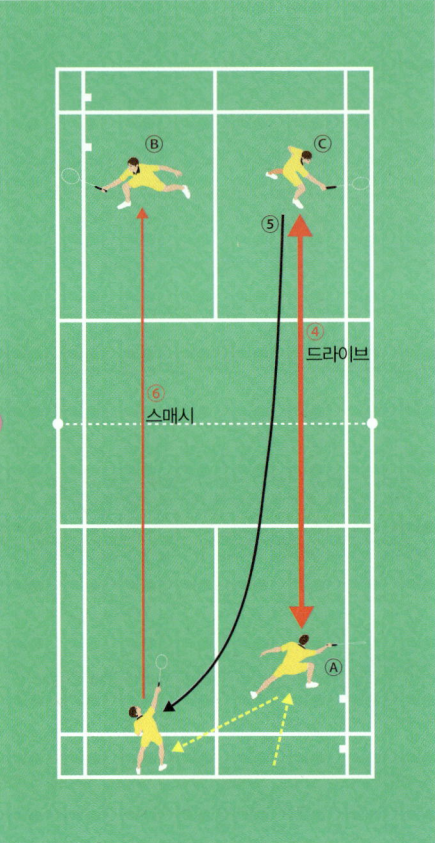

순서

① B는 코트 뒤쪽에서 셔틀콕을 크게 올린다.
② A는 홈 포지션에서 뒤쪽으로 이동해서 C에게 스매시한다.
③ C는 스트레이트 드라이브로 리턴한다.
④ A도 드라이브로 리턴하고 C와 드라이브를 주고받는다.
⑤ C는 적당한 타이밍에 백사이드 뒤쪽으로 크로스 로브를 한다.
⑥ A는 뒤로 가서 B를 향해 라운드 스매시를 한다.
  B와 C의 역할을 바꿔서, ③~⑥을 반복한다.

 A는 드라이브 주고받기에서 B와 C에게 로브를 올려줘야 한다. 셔틀콕을 올리고 나서 빠르게 움직이자. 스매시 다음의 리턴은 네트 앞으로 떨어져도 상관없다.

복식 전술 연습

2 대 1 리시브

난이도 ★★★
시간 5~10분
횟수 –

목표 전위와 후위의 움직임이나 치고 들어오는 타이밍을 익히고 타구를 똑바로 리시브하는 힘을 기르자.

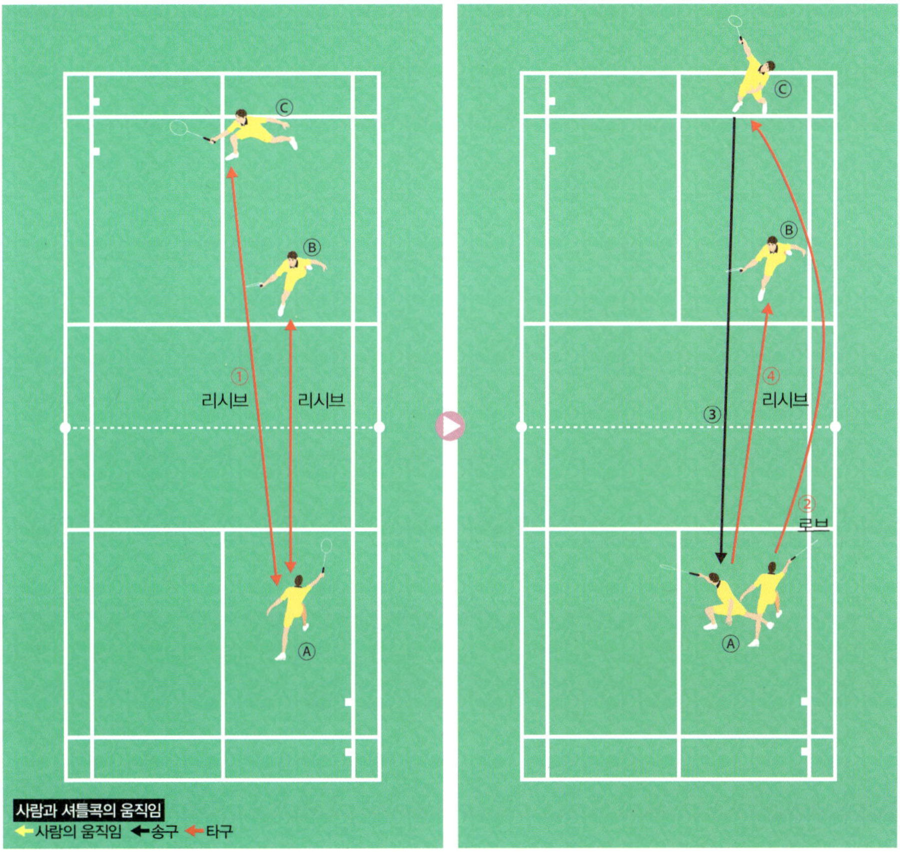

사람과 셔틀콕의 움직임
← 사람의 움직임 ← 송구 ← 타구

순서

① 코트 절반을 사용한다. B와 C는 전위와 후위로 나눠서, A에게 스매시나 드라이브를 하고 A는 리시브 한다.
② A는 3구에 1회 정도, 후위의 C를 향해서 로브를 한다.
③ C는 A가 로브로 올린 셔틀콕을 스매시한다.
④ A는 B에게 리시브하고 ②~③을 반복한다.

지도자 MEMO
A는 전위 B와 후위 C에게 번갈아 치도록 하자. 후위 C가 치고 있을 때, 전위 B가 다음 준비를 하고 있는지를 살펴보자. 전위는 서 있기만 하면 안 된다. 발을 움직여서 세세한 리듬을 만들고, 항상 다음 셔틀콕을 준비해야 한다.

복식 전술 연습

메뉴 143
2 대 1 스매시 & 공격으로 연결하는 랠리 ①

난이도 ★★★★★

시간 5~10분

횟수 20~30회

목표 상대가 전위와 후위 사이의 공간을 노리는 상황으로 가정한다. 공격으로 연결하는 랠리를 익혀서 공격 주도권을 유지한다.

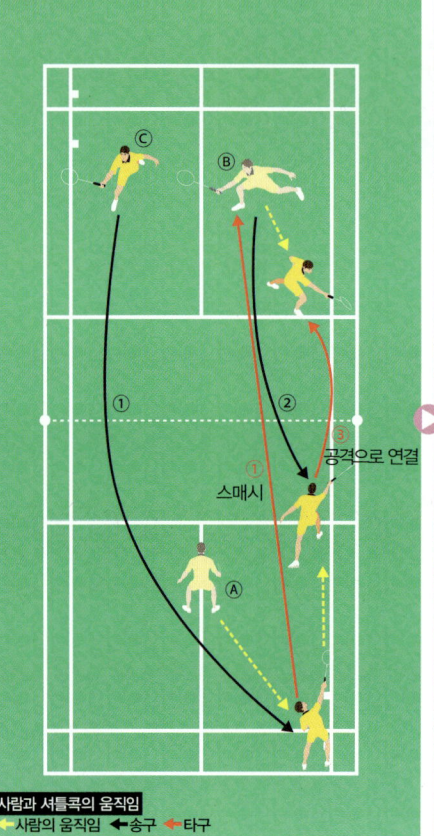
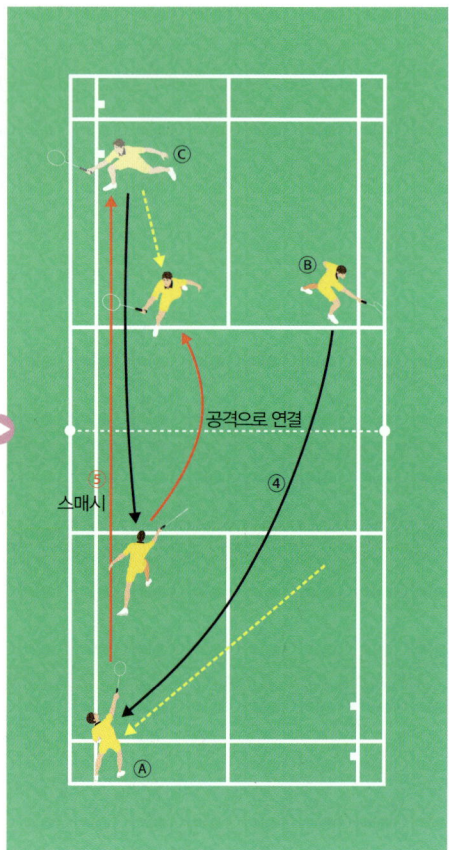

사람과 셔틀콕의 움직임
← 사람의 움직임 ← 송구 ← 타구

순서

① C가 친 셔틀콕을 A는 B에게 스매시한다.
② B는 네트 앞으로 스트레이트로 리턴한다.
③ A는 B를 향해 공격으로 연결하는 헤어핀을 한다.
④ B는 크로스로 로브를 한다.
⑤ A는 뒤로 물러서서 C에게 스매시한다. B와 C의 역할을 바꿔서 ② 이후의 순서를 반복한다.

지도자 MEMO 전위가 상대의 리시브에 대응하지 못해도, 후위는 당황하지 말고 대처해야 한다. 로브를 하면 공수가 바뀌므로, 네트 앞에서 공격으로 연결하여 주도권을 유지하자.

복식 전술 연습

메뉴 144
2 대 1 스매시 & 공격으로 연결하는 랠리 ②

난이도 ★★★★★
시간 5~10분
횟수 20~30회

목표 네트 앞으로 떨어진 타구를 전위가 대응하지 못 했을 때, 후위는 공격으로 연결할 수 있는 랠리로 대처한다.

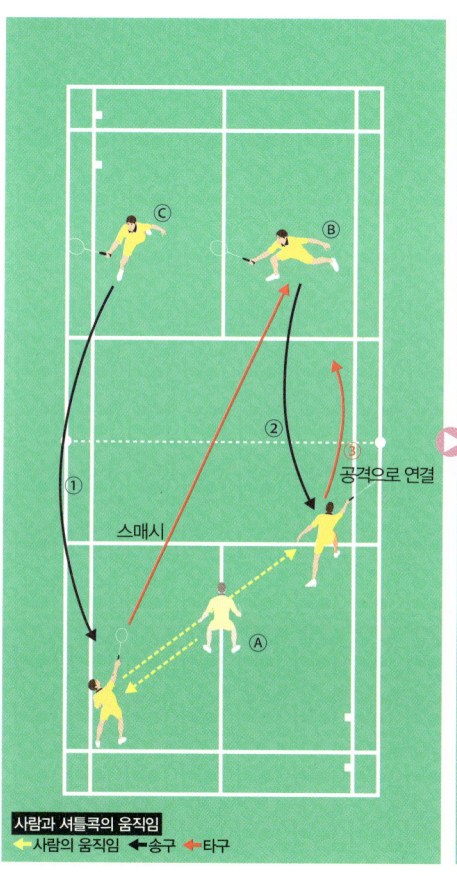
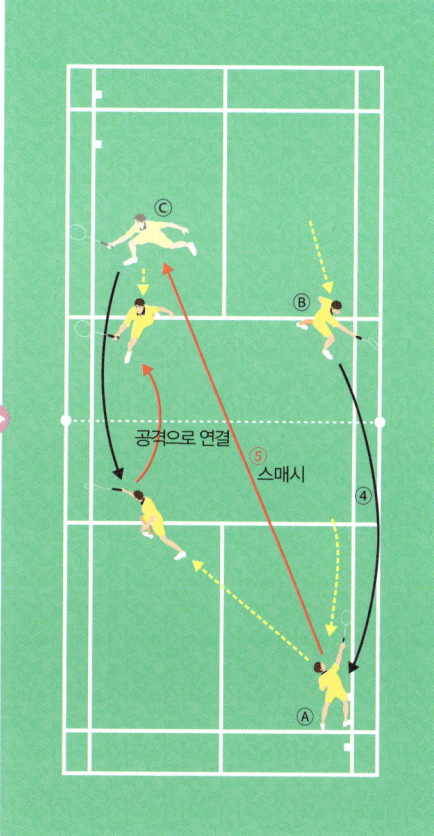

사람과 셔틀콕의 움직임
← 사람의 움직임　← 송구　← 타구

순서

① C가 친 셔틀콕을 A는 B에게 크로스 스매시를 한다.
② B는 네트 앞으로 스트레이트로 리턴한다.
③ A는 크로스 방향으로 움직여서 B에게 공격으로 연결하는 헤어핀을 한다.
④ B는 스트레이트로 로브를 한다.
⑤ A는 뒤로 가서 C에게 크로스 스매시를 한다.
B와 C의 역할을 바꿔서 ② 이후 순서를 반복한다.

지도자 MEMO
A가 크로스 스매시를 하면 상대는 A의 위치에서 반대쪽 네트 앞으로 셔틀콕을 떨어뜨릴 것이다. A가 이 셔틀콕에 재빨리 대응하면 다음 공격으로 들어가기 쉬우므로 크로스 스매시를 한 다음의 움직임을 인식하자.

복식 전술 연습

메뉴 145
2 대 1 스매시 → 드라이브 → 공격으로 연결하는 랠리 ①

난이도 ★★★★★
시간 5~10분
횟수 20회

목표 불리한 상황을 가정하고 연습을 진행한다.
상황을 명확하게 판단하면서, 공격의 주도권을 잡도록 리턴한다.

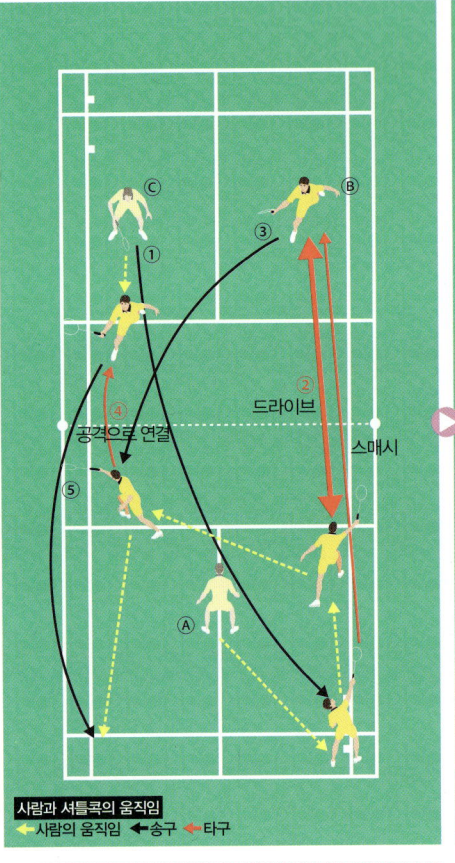
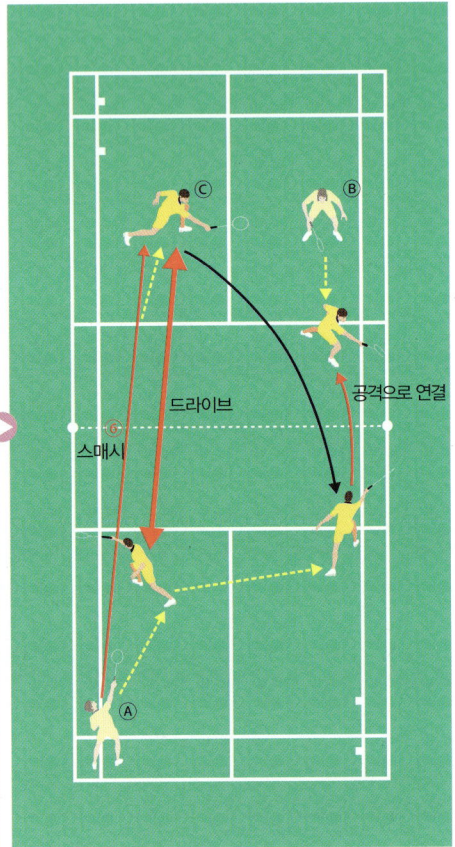

사람과 셔틀콕의 움직임
← 사람의 움직임   ← 송구   ← 타구

순서

① C가 친 셔틀콕을 A는 B에게 스매시를 한다.
② B가 스트레이트 드라이브로 리턴하면 A도 드라이브로 대응한다.
③ B는 크로스 드라이브를 한다.
④ A는 공격으로 연결하기 위해 셔틀콕을 네트 앞으로 C에게 리턴한다.
⑤ C는 로브를 한다.
⑥ A는 뒤로 가서 C에게 스매시를 한다. B와 C의 역할을 바꿔서 ② 이후의 순서를 반복한다.

지도자 MEMO 드라이브를 주고받다가 상황이 불리해지면 네트 앞으로 리턴하여 상대가 로브를 하도록 유도하자. 이때 네트 앞으로 리턴하는 것을 상대에게 들키지 않도록 라켓을 올려서 자세를 안정시키자.

복식 전술 연습

메뉴 146

2 대 1 스매시 → 드라이브 → 공격으로 연결하는 랠리 ②

난이도 ★★★★★
시간 5~10분
횟수 20회

목표 ▶ 빠른 드라이브가 돌아왔을 때를 가정하고, 공격의 주도권을 잡도록 리턴한다.

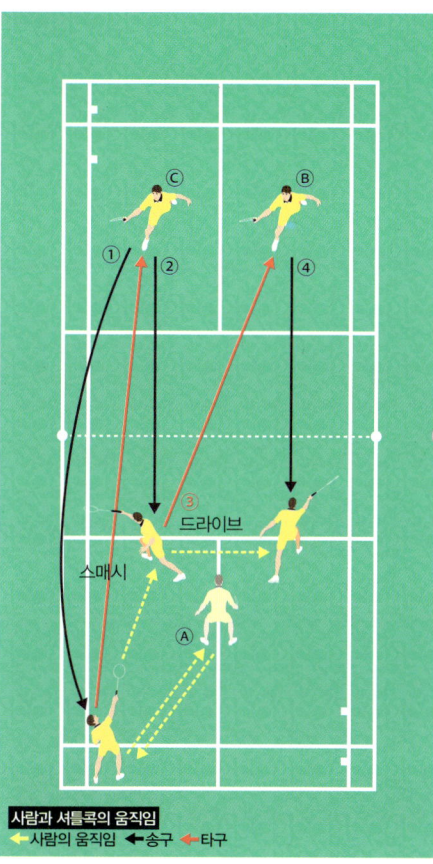
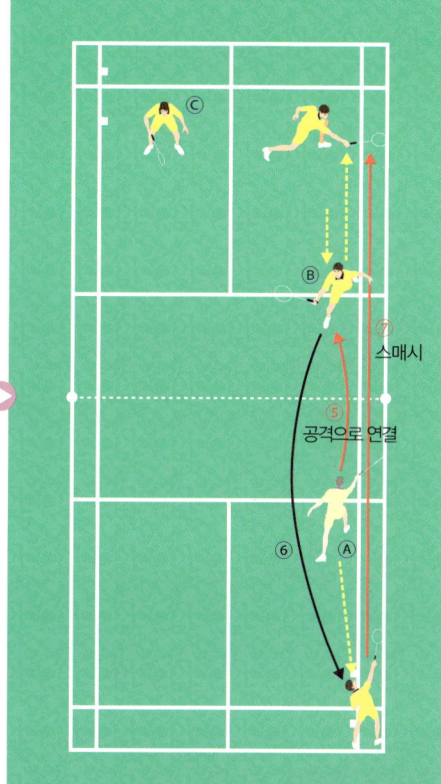

순서

① C가 친 셔틀콕을 A는 C에게 스매시를 한다.
② C는 드라이브로 리턴한다.
③ A는 B에게 크로스 드라이브를 한다.
④ B는 스트레이트로 드라이브를 한다.
⑤ A는 공격으로 연결하기 위해 셔틀을 네트 앞으로 B에게 리턴한다.
⑥ B는 로브를 한다.
⑦ A는 뒤로 가서 B에게 스매시를 한다. B와 C의 역할을 바꿔서 ② 이후의 순서를 반복한다.

지도자 MEMO A가 크로스 드라이브를 한 다음 B가 빠른 드라이브로 리턴했다고 가정한다. 이것을 명확하게 공격으로 연결시키도록 연습하자. 어디까지나 유리한 상황을 유지하기 위한 연습이므로 침착하게 대처하는 것이 중요하다.

복식 전술 연습

난이도 ★★★★★

메뉴 147
2 대 1 스매시 → 드라이브 → 공격으로 연결하는 랠리 ③

시간 5~10분
횟수 20회

목표 크로스 스매시를 한 다음 드라이브를 똑바로 리턴한다.
공격의 주도권을 잡는 랠리를 익힌다.

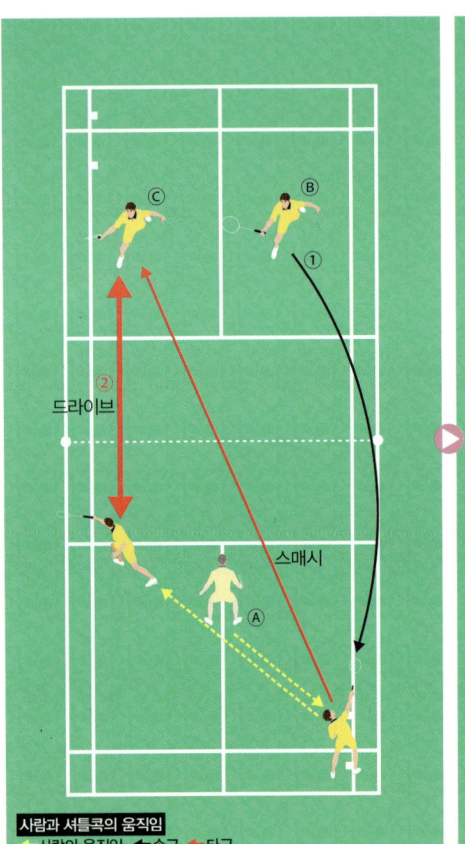

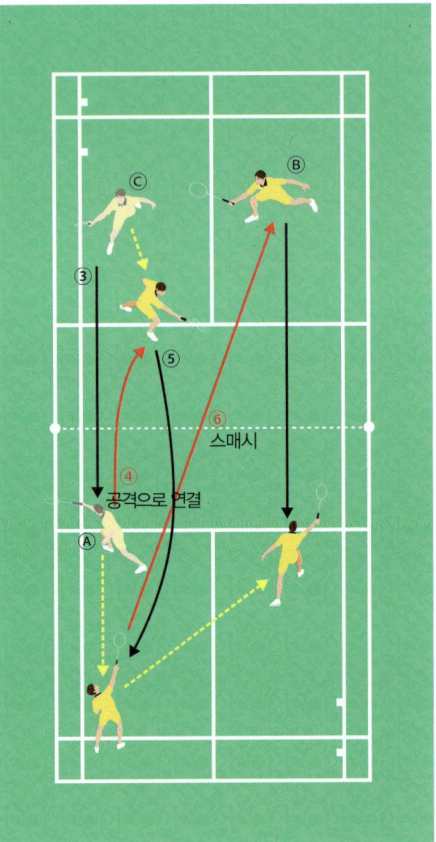

사람과 셔틀콕의 움직임
← 사람의 움직임 ← 송구 ← 타구

순서

① B가 친 셔틀콕을 A는 C에게 크로스 스매시를 한다.
② C는 스트레이트 드라이브로 리턴한다. A도 C에게 드라이브로 리턴한다.
③ C는 다시 드라이브를 한다.
④ A는 공격으로 연결하기 위해 셔틀을 네트 앞으로 C에게 리턴한다.
⑤ C는 로브를 한다.
⑥ A는 뒤로 가서 B에게 크로스 스매시를 한다. B와 C의 역할을 바꿔서 ② 이후의 순서를 반복한다.

지도자 MEMO A는 크로스 스매시를 한 다음 드라이브를 똑바로 리턴하기 위해서 빨리 움직이자. 이 드라이브를 리턴할 수 있으면 그다음의 공격으로 연결하는 랠리나 스매시도 여유를 갖고 대응할 수 있다.

복식 전술 연습

메뉴 148 : 2 대 1 스매시 → 드라이브 → 공격으로 연결하는 랠리 ④

난이도 ★★★★★
시간 5~10분
횟수 20회

목표 공격으로 연결하는 랠리를 크로스로 해서 주도권을 잡는다.

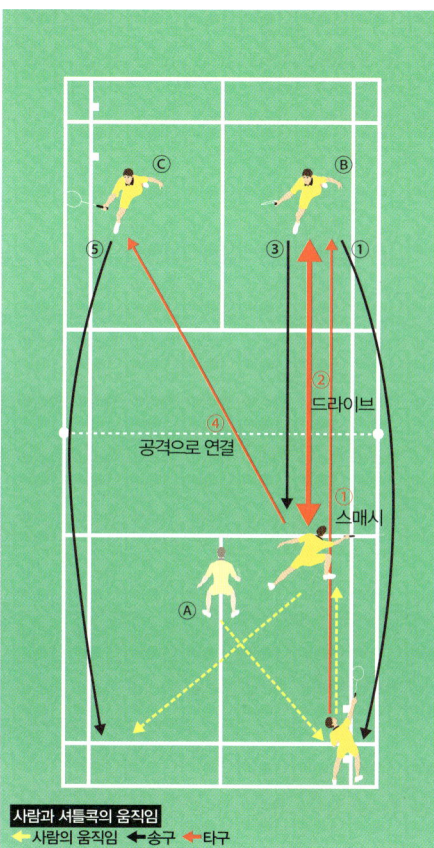

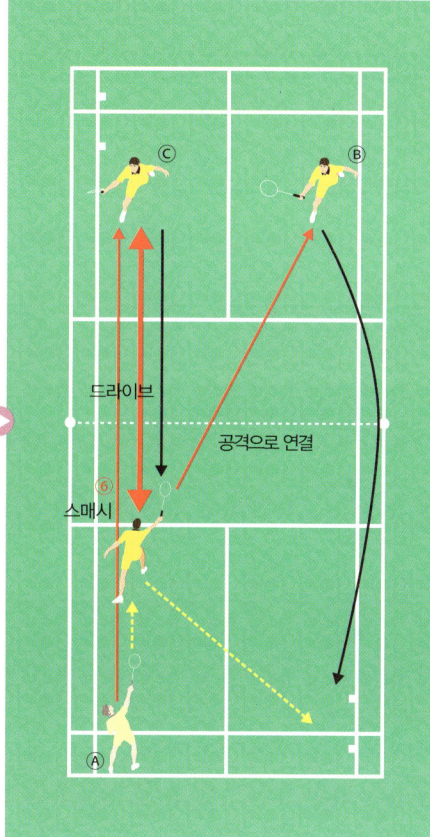

사람과 셔틀콕의 움직임
← 사람의 움직임 ← 송구 ← 타구

순서

① B가 친 셔틀콕을 A는 B에게 스매시를 한다.
② B가 스트레이트 드라이브로 리턴하고, A도 드라이브로 대응한다.
③ B는 다시 스트레이트로 낮은 드라이브를 한다.
④ A는 공격으로 연결하기 위해 셔틀을 크로스에 있는 C에게 리턴한다.
⑤ C는 스트레이트로 로브를 한다.
⑥ A는 뒤로 가서 C에게 스매시를 한다.
B와 C의 역할을 바꿔서 ② 이후의 순서를 반복한다.

지도자 MEMO 랠리를 크로스로 주고받으면서 드라이브의 빠른 전개를 침착하게 대처하고, 공격의 주도권을 잡도록 한다. 이 연습에서는 로브가 돌아오지만, 시합에서는 헤어핀이 돌아올 가능성이 있으므로, 전후로 움직일 준비를 하자.

복식 전술 연습

2 대 1 올 쇼트

난이도 ★★★★
시간 5~10분
횟수 –

목표: 목표 위치에 정확하게 하프 스매시와 커트를 한다. 사이드의 움직임을 높이고 커버력을 익힌다.

순서
① A는 네트 앞에 선 B와 C에게 모두 리턴하는 올 쇼트(166쪽)를 한다.
② B와 C는 헤어핀, 로브를 중심으로 리턴한다.
③ A는 로브를 하프 스매시, 커트로 리턴한다.

네트 앞에 선 B와 C는 A의 자세를 보면서 타구의 속도를 조정한다.

지도자 MEMO 하프 스매시나 커트를 한 다음은 상대의 빠른 리턴이 예상된다. 셔틀콕을 친 다음에는 곧바로 리시브 자세를 취하도록 하자.

복식 전술 연습

3 대 1 리시브

난이도 ★★★★★
시간 5~10분
횟수 –

목표: 네트 앞에서 리시브와 로브를 나눠서 치는 타이밍을 익힌다. 세 방향의 공격을 똑바로 리시브 한다.

순서
① A는 좌우와 센터 세 방향 중 한 곳에 서서 B, C, D의 공격을 리시브 한다. 주로 코트 뒤쪽에서 리턴하지만, 타이밍을 보고 네트 앞에서도 리턴한다.
② 후위의 B와 C는 스매시나 커트, 전위의 D는 푸시나 헤어핀을 한다.

후위의 B와 C는 스매시나 커트, 전위의 D는 푸시나 헤어핀을 한다.

지도자 MEMO A는 상대의 스매시에 영향을 받지 않도록 똑바로 준비 자세를 취하고 리시브를 한다. 공격 측도 클리어를 해서 리시브할 기회를 만들자.

복식 전술 연습

3 대 1 푸시 & 리시브

목표 상대의 움직임을 예측하면서 리턴 코스를 생각한다. 세 방향의 공격을 똑바로 리시브 한다.

난이도 ★★★★★
시간 5~10분
횟수 –

순서

① A는 좌우와 센터 세 방향 중 한 곳에 서서 B, C, D 의 공격을 리시브 한다. 주로 네트 앞에서 리턴하고, 상대가 헤어핀을 하면 로브로 대응한다.
② B와 C는 전위에 서서 푸시나 헤어핀, D는 후위에 서서 스매시를 한다.

지도자 MEMO A는 단순히 리시브만 하지 말고, 전위 B, C의 동작을 보면서 리턴하자. 헤어핀을 예측하면서 움직이는 것이 중요하다.

B와 C는 전위로 푸시나 헤어핀, D는 후위로 스매시를 한다.

복식 전술 연습

2 대 2 리시브

목표 파트너와의 연계나 수비 범위, 움직이는 타이밍을 확인한다. 스매시를 똑바로 리시브하는 힘을 기른다.

난이도 ★★★★★
시간 10~15분
횟수 –

순서

① C와 D는 그 자리에서 스트레이트로 스매시를 한다.
② C와 D의 공격을 A와 B는 리시브 한다. 스트레이트와 크로스로 나눠서 한다.

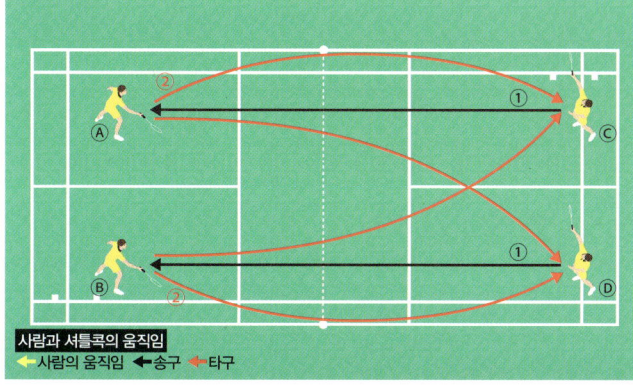

지도자 MEMO 리시브를 똑바로 코트 뒤쪽까지 하고 바로 다음 대응을 할 수 있도록 준비하자.

사람과 셔틀콕의 움직임
← 사람의 움직임 ← 송구 ← 타구

A와 B는 몸 정면에서 리시브를 할 수 있도록 발을 움직이면서 대처한다.

복식 전술 연습

2 대 2 푸시 & 리시브

목표 파트너와의 연계나 수비 범위, 움직이는 타이밍을 확인한다. 푸시를 똑바로 리시브하는 힘을 기른다.

난이도 ★★★★

시간 10~15분
횟수 —

순서
① C와 D는 스트레이트로 푸시를 한다.
② A와 B는 C와 D의 푸시를 리시브한다. 스트레이트와 크로스로 번갈아한다.

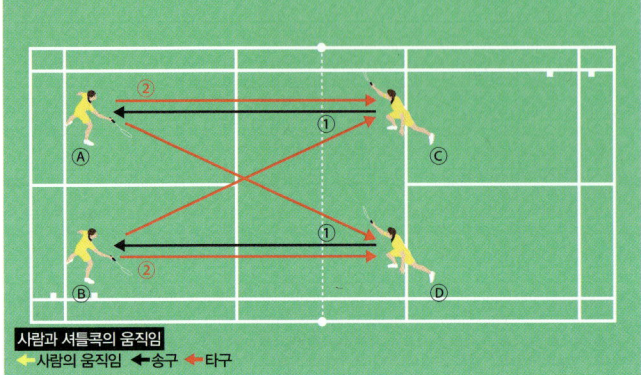

사람과 셔틀콕의 움직임
← 사람의 움직임　← 송구　← 타구

A와 B는 스트레이트와 크로스를 똑같이 번갈아 한다.

지도자 MEMO 자신한테 타구가 오지 않아도, 리시브 준비를 하는 것이 중요하다. 항상 타구가 날아온다고 의식하고 연습하자.

복식 전술 연습

2 대 2 드라이브 ①

목표 공격과 수비 각각의 연계나 수비 범위, 움직이는 타이밍, 파트너와의 역할 분담을 확인한다.

난이도 ★★★★

시간 10~15분
횟수 —

순서
① A와 B는 톱 & 백(코트 반면 사용), C와 D는 사이드 바이 사이드(코트 전면 사용)의 형태로 한다. A는 드라이브를 중심으로 한다.
② C와 D는 드라이브를 전위 A에게 리턴하고, 불리해지면 B에게 크게 리시브한다.
③ B는 올라간 셔틀콕을 스매시한다.

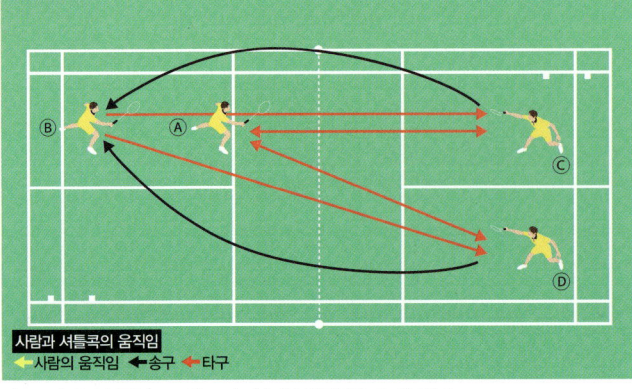

사람과 셔틀콕의 움직임
← 사람의 움직임　← 송구　← 타구

A는 드라이브를 중심으로 치고 B는 날아온 셔틀콕을 스매시한다.

 지도자 MEMO 공격 측의 전위 A는 치기 어려운 타이밍을 중심으로 연습하자. 셔틀콕의 질이나 코스에 따라 망설이지 말고 움직이는 판단력을 기를 수 있다.

복식 전술 연습

메뉴 155 · 2 대 2 드라이브 ②

난이도 ★★★★
시간 5~10분
횟수 –

목표 전위가 받기 어려운 타구를 구별하는 판단력을 기른다. 후위는 전위가 받지 못한 타구를 확실히 수비한다.

순서
① A와 B는 톱 & 백, C와 D는 사이드 바이 사이드의 형태로 드라이브를 주고받는다.
② A는 랠리 중 받기 어려운 것은 리턴을 하지 않는다. B는 A가 대응하지 못한 셔틀콕을 드라이브로 리턴한다.
③ C와 D는 드라이브로 리턴한다. A에게는 빠른 드라이브가 아닌 높은 하프 코트 샷으로 돌려준다.

지도자 MEMO 전위의 판단력을 기른다. 수비 측은 전위가 닿을 듯 말 듯 한 높이로 리턴한다. 전위는 확실하게 리턴할 수 있는 셔틀콕만 대응한다.

사람과 셔틀콕의 움직임
← 사람의 움직임 ← 송구 ← 타구

B는 A가 대응하지 못한 셔틀콕을 드라이브로 리턴한다.

복식 전술 연습

메뉴 156 · 2 대 2 드라이브 ③

난이도 ★★★★
시간 5~10분
횟수 –

목표 공격인지 수비인지 확실하지 않은 교착 상태에서, 공격의 실마리를 잡는다. 파트너와의 연계나 수비 범위, 움직이는 타이밍을 확인한다.

순서
① 선수 양쪽 다 톱 & 백의 상황에서 2 대 2로 드라이브를 주고받는다.
② 전위는 네트 앞과 코트 뒤쪽에 드라이브로 리턴한다. 후위도 드라이브를 중심으로 치고, 상대의 네트 앞으로도 리턴한다.

지도자 MEMO 처음에는 강타를 치지 말고 랠리를 계속할 수 있도록 의식하자. 익숙해지면 빨리하고, 상대로부터 찬스가 나오도록 랠리하자.

찬스라도 무리하게 치지 말고, 다음 공격으로 연결시키도록 한다.

복식 전술 연습

2 대 2 공격과 리시브

 공수가 정해지지 않은 상황에서, 드라이브를 주고받으면서 공격의 실마리를 찾는다.

난이도 ★★★★★

🕐 시간 10~15분

🔁 횟수 –

순서
① 두 팀 모두 사이드 바이 사이드에서 드라이브를 한다.
② 찬스가 오면 네트 앞으로 떨어뜨려서 톱 & 백의 형태를 만들고, 공격 측과 수비 측으로 나눠서 랠리를 한다.

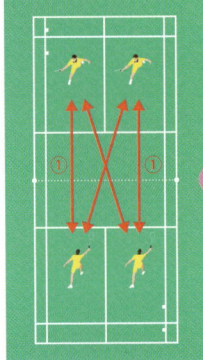
드라이브를 주고받는다.

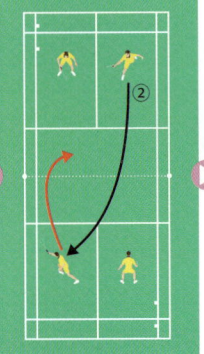
찬스가 오면 네트 앞으로 셔틀콕을 넘긴다.

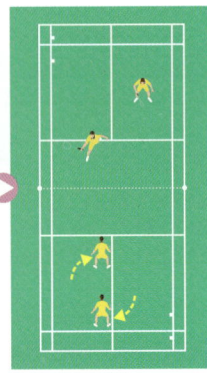
바로 톱 & 백의 포지션을 취한다.

 지도자 MEMO
톱 & 백의 형태로 재빨리 바꾸는 게 중요하다. 처음에 톱 & 백으로 공격하고, 익숙해지면 로테이션으로 하는 것도 좋다.

복식 전술 연습

공수 전환

 공수 전환을 재빠르게 대응한다.

난이도 ★★★★★

🕐 시간 10~15분

🔁 횟수 –

순서
① 톱 & 백의 형태에서 A는 스매시, C, D는 리시브를 한다.
② A는 도중에 커트를 한다.
③ C는 헤어핀으로 리턴한다.
④ B도 헤어핀으로 리턴한다.
⑤ C는 다시 네트 앞으로 리턴한다.
⑥ B가 로브를 하면 A, B는 사이드 바이 사이드, C, D는 톱 & 백의 형태로 공수를 교체한다.

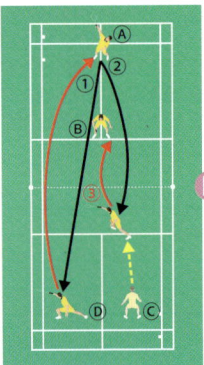
A의 커트를 C가 헤어핀으로 한다.

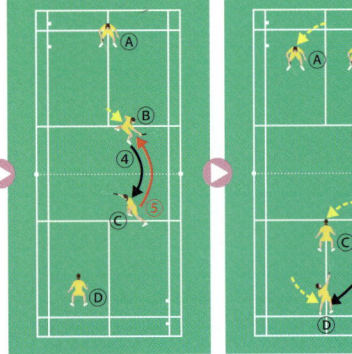
네트 앞의 셔틀콕을 B가 로브한다. 공수를 전환한다.

 지도자 MEMO
사이드 바이 사이드에서 톱 & 백의 형태가 되면, 전위의 움직임에 후위가 재빨리 움직여주는 것이 중요하다.

복식 전술 연습

메뉴 159 · 2 대 2 노 로브 게임

난이도 ★★★★★
시간 10~20분
횟수 —

목표 로브를 하지 않고 게임을 한다. 랠리가 빨리 전개되기 때문에, 여러 가지 쇼트에 대응할 수 있는 준비 자세를 만든다.

드라이브나 헤어핀, 푸시 등을 다양하게 구사한다.

순서
① 복식 형식에서, 양쪽 팀 둘 다 로브를 하지 않고 게임을 한다.

지도자 MEMO 첫 서비스에서 셔틀콕을 높이 올리지 않는 것이 중요하다. 드라이브, 헤어핀, 푸시 등을 다양하게 하기 위해서 섬세한 스윙을 하도록 유념하자.

복식 전술 연습

메뉴 160 · 2 대 2 노 로브 VS 프리 게임

난이도 ★★★★★
시간 10~20분
횟수 —

목표 랠리가 빠르게 전개될 때에도 대응할 수 있는 준비 자세를 만든다. 랠리를 유리하게 이끌어 갈 수 있는 리턴을 생각한다.

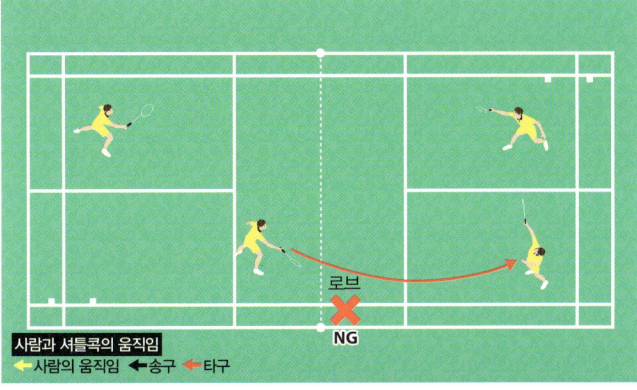

사람과 셔틀콕의 움직임
← 사람의 움직임 ← 송구 ← 타구

네트 앞의 셔틀콕은 하프 코트 샷이나 헤어핀을 사용해서 상대의 공격을 저지한다.

순서
① 복식 형식에서 한쪽 팀은 로브를 제한하고, 다른 한쪽 팀은 제한 없이 프리 게임을 한다.

지도자 MEMO 로브를 제한한 팀은 공격의 주도권을 잡는 랠리를 생각하자. 움직임을 멈추지 않도록 자신의 리듬을 만들면서 랠리를 하자.

복식 전술 연습

2 대 2 앞뒤 없는 게임

난이도 ★★★★★
시간 10~20분
횟수 －

 빠른 전개로 로테이션을 하는 타이밍을 파악한다.
한정된 공간 안에서 정확하게 쇼트를 한다.

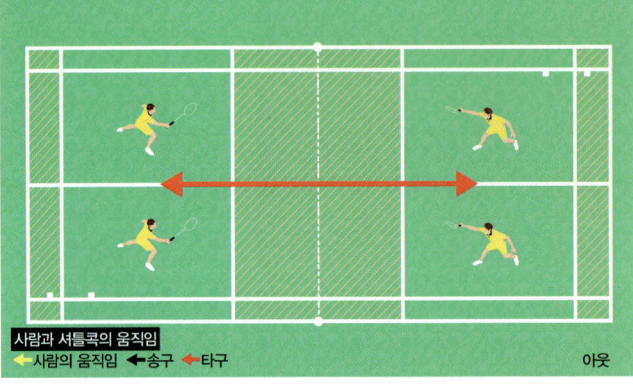

사람과 셔틀콕의 움직임
← 사람의 움직임 ← 송구 ← 타구
 아웃

상대의 가슴 주변에 떨어지는 드라이브를 할 수 있도록, 높은 타점에서 셔틀콕을 받는다.

순서
① 복식 형식에서 사선 부분을 아웃으로 하고, 한정된 공간에서 게임을 한다.

지도자 MEMO 드라이브를 중심으로 로테이션을 하는 패턴을 생각한다. 또, 사이드 바이 사이드에서 톱 & 백으로 하는 패턴을 만들자.

복식 전술 연습

2 대 2 뒤가 없는 게임

난이도 ★★★★★
시간 10~20분
횟수 －

 빠른 전개로 로테이션을 하는 타이밍을 파악한다.
한정된 공간 안에서 공격을 할 수 있는 리턴을 생각한다.

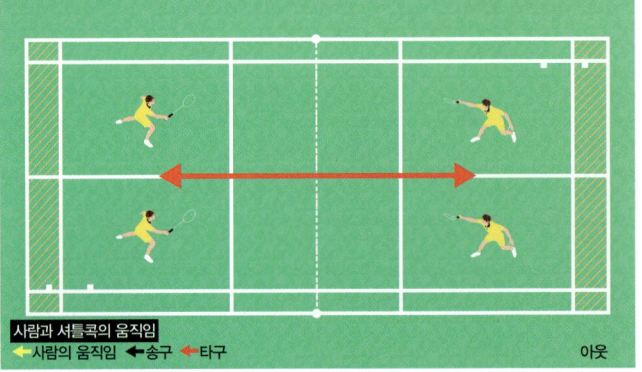

사람과 셔틀콕의 움직임
← 사람의 움직임 ← 송구 ← 타구
 아웃

한 명이 이끌지 말고 파트너의 움직임이나 자세를 서로 보고 움직인다.

순서
① 복식 형식에서 사선 부분을 아웃으로 하고 게임을 한다.

지도자 MEMO 로브를 할 수 없으므로 네트 앞의 공방에서 유리한 전개로 이어지는 것이 승패를 좌우한다. 파트너와 호흡을 맞추고 공격할 타이밍을 파악하자.

복식 전술 연습

메뉴 163 · 3 대 2 게임

난이도 ★★★★★
시간 10~20분
횟수 –

목표 강한 팀과 시합을 한다고 가정하고, 빠른 전개에 대응한다. 정확한 샷을 치고, 공격을 저지하는 리턴을 생각한다.

전위와 후위 사이에 공간을 노리고 공격을 못하게 리턴을 한다.

순서
① 한쪽 코트에 세 명이 들어가고 3 대 2로 게임을 한다.
② 두 명의 팀은 상황에 따라서 형태를 바꾼다.

 지도자 MEMO 상대는 세 명이므로 리턴코스를 예상할 수 없다. 랠리가 끝날 때까지 매번 준비 자세를 취하여 자신의 리듬이 깨지지 않도록 하자.

복식 전술 연습

메뉴 164 · 3 대 2 리시브 ① (세 명 중 전위 한 명)

난이도 ★★★★★
시간 10~20분
횟수 –

목표 빠르고 강한 공격을 리시브하고, 코스도 다양하게 한다. 정확한 샷을 하고 공격을 저지하는 리턴을 생각한다.

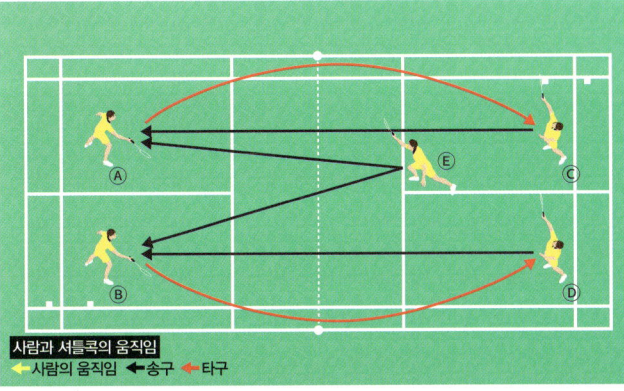

 사람과 셔틀콕의 움직임
← 사람의 움직임　← 송구　← 타구

네트 앞의 리턴은 전위 E가 잡지 못하도록 코스를 제대로 노린다.

순서
① A와 B는 사이드 바이 사이드의 형태로 리시브한다.
② 공격 측은 세 명이므로 C와 D가 후위, E가 전위로 들어가 공격한다.

 지도자 MEMO 평소의 복식보다도 빠르게 공격이 전개되므로, 재빨리 준비 자세를 취해야 한다. 발이 멈추지 않도록, 자신의 리듬을 잊지 말자.

| 메뉴 165 | **복식 전술 연습**
3 대 2 리시브 ②
(세 명 중 전위 두 명) |

난이도 ★★★★★
시간 10~15분
횟수 —

목표 완급이 조절되어 날아오는 연속 공격을 똑바로 리시브한다.

순서

① 전면 코트를 사용한다. A와 B는 사이드 바이 사이드의 형태로 준비한다.
② 공격 측은 전위의 C와 D가 푸시, 후위의 E는 스매시를 한다. A와 B는 리시브 한다.

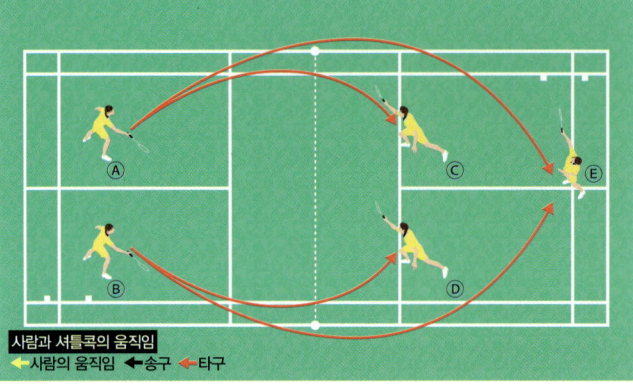

사람과 셔틀콕의 움직임
← 사람의 움직임 ← 송구 ← 타구

A와 B는 전위의 푸시를 코스와 높이를 생각해서 리시브한다.

 지도자 MEMO
A와 B가 푸시 리시브 한 다음 C, D, E는 네트 앞에서 헤어핀으로 떨어뜨릴 수 있다. A, B는 로브를 올린 다음, 재빨리 뒤로 빠져서 리시브 자세를 취하는 것이 중요하다.

Column About the Badminton

칼럼 ④

복식은 파트너와 균형이 중요하다

대회에서 관객의 호응이 크게 고조되는 것은 복식이다. 특히 스피드나 파워가 주변에 전해지기 쉬운 남자 복식은 보는 사람을 흥분하게 만든다.

그렇지만 실제로 플레이를 해보면 생각할 게 상당히 많다. 셔틀콕이 날아오면 어디로 칠 것인지, 파트너는 어디에 있는지 등 머리로 항상 생각을 해야 한다.

그리고 승리하기 위해서는 파트너와의 호흡이 중요하다. 경험이 많은 파트너와 팀을 짜면 아무 말하지 않아도 서로의 생각을 이해할 수 있지만, 그렇지 않을 때는 많은 대화를 해야 한다. 서로의 생각과 주장을 얼마나 잘 맞출 수 있느냐 하는 것이 그 팀의 성장 가능성과 직결된다. 서로 강하게만 밀어붙여

도 이길 수 없고, 반대로 둘 다 자상해도 이길 수 없다. '자신'을 겉으로 나타내는 사람과 그것을 잘 맞춰줄 수 있는 파트너가 시합에서 강하다고 볼 수 있다.

나도 오츠카 타다시 군(북경 오륜 5위 입상 시 파트너)과 조를 편성해서 시작했을 당시, 단식에서 활약하고 있는 선수끼리 만났기 때문에 둘 다 자신감이 강했다. 하지만 처음에 호흡이 잘 맞지 않아서 전 일본 종합에서 1회전에 탈락했다. 이후에 오츠카 타다시 군이 나에게 맞춰준 덕분에 그다음 해에는 일본 1위가 되었다. 복식은 개인의 능력만으로 이기는 게 아니라 파트너와의 균형이 중요하다는 것을 절실히 느꼈다.

제10장
랠리 연습
Rally

게임 형식의 연습에서는 좀처럼 만들 수 없는 상황을 만들어 내는 것이
랠리 연습의 최대 장점이다.
셔틀콕을 주는 코치의 역량도 연습효과를 좌우한다.

랠리 연습의 기본 개념

기본 개념 랠리 연습

POINT② 셔틀콕을 받는 선수는 항상 시합이라고 생각 한다.

POINT① 코치는 받는 선수의 자세를 보고 셔틀콕을 친다.

기본 개념 선수의 난이도에 맞는 셔틀콕을 준다.

배드민턴의 랠리 연습은 주로 시합 중에 어떤 장면이나 상황을 가정해서 하는 연습이다. 단순히 코치가 던진 셔틀콕을 쳐서 돌려주는 것만으로는 큰 효과를 보기 어렵다. 셔틀콕을 받는 측은 이 연습이 어떤 상황이며, 자신은 어떤 자세로 쳐야 하는가, 그리고 어느 코스로 돌려줄 것인가 등을 항상 생각하며 리턴해야 한다.

랠리 연습은 단식이냐 복식이냐에 따라서 연습의 의도가 크게 달라진다. 단식의 경우는 한 명이 움직이므로 풋워크의 강화를 위해 빠른 셔틀콕을 치도록 한다. 중상급 선수에게 랠리 연습을 할 때는 받기 어려운 코스로 셔틀콕을 주거나 스피드가 빠른 셔틀콕을 줘서 쫓기는 상황을 연습할 수도 있다.

한편, 초보자에게는 바른 자세를 잡기 위해 셔틀콕을 천천히 줘서 확실하게 리턴할 수 있게 하자. 코치는 스피드나 코스를 제어할 수 있으므로 선수의 수준에 맞게 그때마다 셔틀콕의 질을 바꾸면서 주는 것이 단식의 랠리 연습이다.

복식은 좀 더 시합을 가정한 랠리 연습이 많아진다. 기술이 많은 복식 연습은 두 명의 로테이션이 매끄럽게 움직이는 것이 목표이다. 반복적인 연습으로 실력을 높일 수 있지만 상대의 수준에 따라서는 로테이션을 하지 못하고 끝날 때도 있고, 생각한 대로 연습효과를 얻지 못할 때도 있다. 코치는 랠리를 한 커트씩 자를 수 있으므로, 선수 두 명이 특히 잘하는 패턴이 있다면 그 패턴의 완성도를 높이는 연습이나, 어려운 상황에서 공격으로 연결하는 연습 등 다양하게 만들자. 랠리 연습은 코치의 기술이나 셔틀콕을 주는 타이밍도 중요하다. 물론 처음부터 셔틀콕을 잘 줄 수 없기 때문에, 코치도 시행착오를 겪으면서 기술을 높이도록 하자.

선수의 생각

정확한 코스를 노린다. 익숙해지면 자신만의 공격코스를 만들어보자.

선수는 코트에 들어가면 날아온 셔틀콕을 강하게 반격하려는 마음이 생긴다. 그러나 사리분별 없이 셔틀콕을 치면, 코트에 들어가지 않거나 노린 코스로 치지 못하게 된다. 이럴 경우 결국 랠리 연습의 효과를 다 보지 못하는 것이다. 무엇이든 강하게 반격하는 하는 것이 아니라, 우선은 자신이 노린 코스로 정확하게 치려고 노력하고 익숙해지면 서서히 타구 속도를 올리자. 최종적으로 전력을 다해 친 셔틀콕이 생각한 코스로 날아갈 수 있게 하는 것이 가장 이상적이다.

예를 들어서 포핸드, 백핸드, 포핸드의 순으로 스트레이트로 치는 연습이라면, 3구 모두 들어올 때까지 리턴한다. 그리고 정확하게 돌려줄 수 있게 되면 이번에는 크로스로도 친다. 물론 코치가 의도하는 바도 있으므로 코스를 바꿀 때는 확인할 필요가 있지만, 선수가 자기 스스로 생각하고 리턴하는 습관을 갖는 것이 중요하다. 단순히 '셔틀콕을 던지니까 치고 있다'는 생각으로는 연습이 힘들어진다. 선수도 즐길 수 있게 자기 나름대로 과제를 갖고 주체적으로 임하는 것이 수준 향상으로 이어진다.

초보자는 전력을 다해 셔틀콕을 쳐서 상대방에게 돌려주는 것에 집중하자. 우선은 몸을 크게 사용해서 같은 자세로 똑바로 칠 수 있는 것이 가장 빠르게 실력을 향상시키는 일이다.

코치의 생각

개개인에게 맞는 연습을 시킨다.

여러 명이 연습할 때, 시간이나 코치가 부족해서 어쩔 수 없이 전원이 같은 연습을 할 때가 있다. 초보자에게 맞춘 연습을 하게 되면 중, 상급자에게는 정말 지루한 연습이 된다. '이 연습은 간단하다'라고 생각하면, 그 선수의 훈련 효과는 높아질 수 없다.

개인 각각의 특기에 맞춘 훈련을 해야 하지만, 실제로는 그렇게 간단하게 할 수 있는 게 아니다. 그럴 때는 임의로 셔틀콕을 주는 랠리 연습을 하자.

예를 들어 백핸드를 어려워하는 선수를 단련시키려고 했을 때, 그 선수에게 맞춘 메뉴를 계속하면 불만을 가진 선수가 나올지도 모른다. 그러나 프리 연습이 되면 코치가 자유롭게 배분할 수 있기 때문에, 백핸드를 어려워하는 선수에게는 백사이드 쪽으로 크게 셔틀콕을 던질 수 있고, 다른 선수에게도 단련하고 싶은 코스로 셔틀콕을 던질 수 있다. 이와같이 코치는 개개인의 힘을 최대한으로 발휘하게 하는 방법을 고민하고 찾아내야한다.

▲ 손으로 던진 셔틀콕을 치는 훈련도 섞어서 하면 좋다.

랠리 연습

스매시 리시브

난이도 ★★★★
시간 약 10분
횟수 16〜20회 X 3〜5세트

목표 상대의 스매시를 리시브로 네트 앞에 떨어뜨리는 연습이다. 코스를 정확하게 노려서 리시브 실력을 높인다.

코치는 사이드를 노리고 스매시를 한다.

선수는 발을 똑바로 내밀고 리시브한다.

셔틀콕의 기세를 죽여서 네트 앞으로 리턴한다.

순서
① 코치는 사이드를 노리고 스매시를 한다.
② 선수는 네트 앞으로 스트레이트 리시브를 한다.

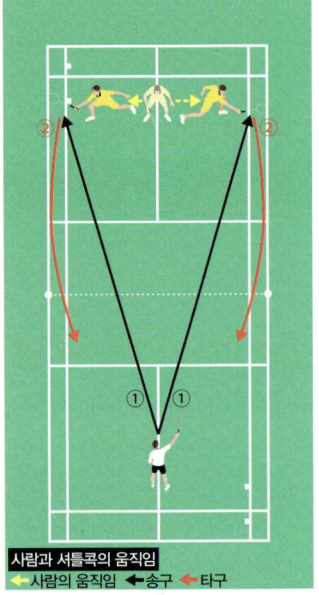

사람과 셔틀콕의 움직임
← 사람의 움직임   ← 송구   ← 타구

지도자 MEMO 코치는 사이드 코스를 노리고 스매시를 한다. 선수는 팔과 손목만으로 치는 리시브가 되지 않도록 발을 내밀고 치자. 크게 리시브하지 말고 모두 네트 앞에 부드럽게 떨어뜨리듯이 하자.

랠리 연습

메뉴 167: 푸시 → 스매시

난이도 ★★★
시간 약 10분
횟수 8~12회 X 3~5세트

목표
네트 앞에서 푸시를 한 다음 코트 뒤쪽에서 스매시를 한다.
전후 움직임의 속도를 높이고 공격력을 향상시키자.

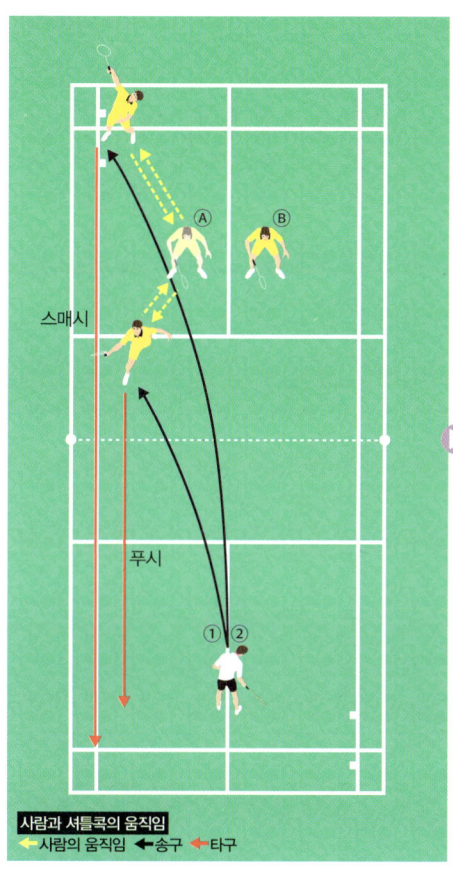

A는 코치가 친 셔틀콕을 푸시하고
다음 셔틀콕은 뒤로 빠져서 스매시를 한다.

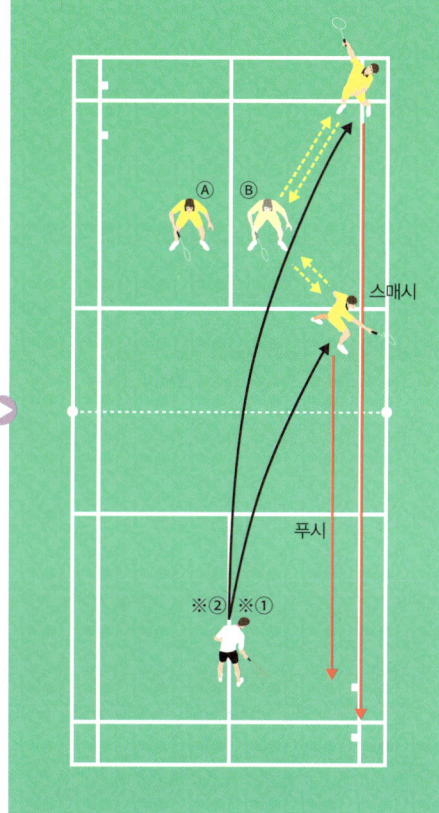

이번에는 B가 푸시를 하고 뒤로 빠져서 스매시를 한다.
A와 B가 번갈아서 이 움직임을 반복한다.

사람과 셔틀콕의 움직임
← 사람의 움직임   ← 송구   ← 타구

순서

① A와 B가 코트 뒤쪽에서 준비를 한다. 코치가 네트 앞으로 셔틀콕을 치면 A는 푸시를 한다.
② 코치가 A를 향해 코트 뒤쪽으로 셔틀콕을 치면 A는 스매시를 한다.
*반대쪽 사이드의 B에게도 같은 방식으로 한다.

지도자 MEMO
네트 앞에서 코트 뒤쪽으로 재빨리 가서 정확하게 스매시를 하는 연습이다. 스매시는 항상 몸 앞에서 할 수 있도록, 네트 앞에서 뒤로 가는 풋워크 스피드를 의식하자. 셔틀콕을 친 다음에도 균형을 잃지 않도록 앞으로 나간다.

랠리 연습

메뉴 168

포핸드 헤어핀→ 라운드 스매시 → 푸시

난이도	★★★★
시간	약 10분
횟수	12~18회 X 3~5세트

목표 코트 전체를 재빨리 움직이면서 공격적인 샷을 한다.

항상 높은 타점으로 헤어핀을 한다.

재빨리 백사이드 쪽으로 가서 스매시를 한다.

스매시 다음에 자세를 바꾸고 포핸드로 푸시를 한다.

순서

① 코치가 포사이드 앞으로 셔틀콕을 치면 선수는 스트레이트로 포핸드 헤어핀을 한다.
② 코치가 백사이드 뒤쪽으로 셔틀콕을 치면 선수는 스트레이트로 라운드 스매시를 한다.
③ 코치가 백사이드 앞으로 셔틀콕을 치면 선수는 포핸드로 푸시를 한다.

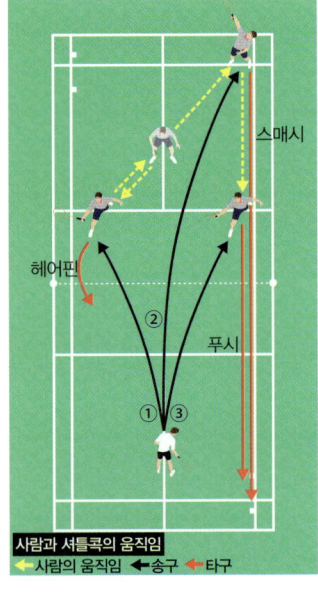

사람과 셔틀콕의 움직임
← 사람의 움직임 ← 송구 ← 타구

지도자 MEMO 네트 앞으로 올라온 셔틀콕을 푸시로 공격하기 위해서 스매시를 한 다음, 자세를 재빨리 바꾸는 것이 중요하다. 상급자는 스매시를 크로스로 하고 다시 포사이드 앞으로 푸시하는 등 변화를 주면 좀 더 실전적인 연습이 된다.

랠리 연습

메뉴 169 : 백핸드 헤어핀 → 포핸드 스매시 → 푸시

난이도 ★★★★
시간 약 10분
횟수 12~18회 X 3~5세트

목표 스매시를 한 다음 푸시를 확실하게 처리한다.

순서

① 코치가 백사이드 앞으로 셔틀콕을 치면 선수는 스트레이트로 백핸드 헤어핀을 한다.
② 코치가 포사이드 뒤쪽으로 셔틀콕을 치면 선수는 스트레이트로 포핸드 스매시를 한다.
③ 코치가 포사이드 앞으로 셔틀콕을 치면 선수는 포핸드로 푸시를 한다.

항상 높은 타점으로 헤어핀을 한다.

셔틀의 낙하지점으로 똑바로 들어가서 몸 앞에서 스매시를 한다.

오른발을 크게 내밀고 푸시를 한다.

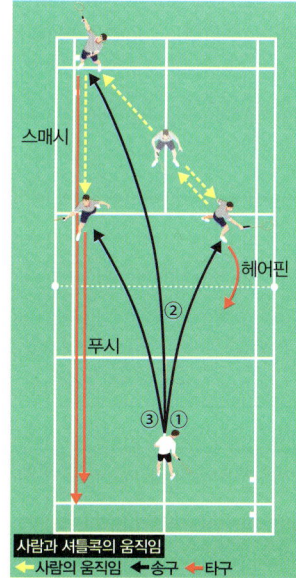

사람과 셔틀콕의 움직임
← 사람의 움직임 ← 송구 ← 타구

지도자 MEMO
푸시를 할 때, 팔과 손목만으로 치지 않도록 주의하자. 발을 내밀고 체중을 가하는 게 이상적이다. 코치는 선수가 푸시를 할 수 있도록 선수에게 셔틀콕을 줄 때 신경 쓰고 코스나 높이에 변화를 주도록 한다.

랠리 연습

메뉴 170 포핸드 로브 → 백핸드 로브 → 라운드 스매시

난이도 ★★★
시간 약 10분
횟수 12~18회 X 3~5세트

 목표 로브를 코트 뒤쪽으로 똑바로 리턴해서 공격 찬스를 만든다.

상대방이 커트를 했다고 가정하고 로브를 크게 올린다.

순서

① 코치가 포사이드 앞으로 셔틀콕을 치면 선수는 포핸드 로브로 리턴하고 홈 포지션으로 돌아간다.
② 코치가 백사이드 앞으로 셔틀콕을 치면 선수는 백핸드 로브로 리턴한다.
③ 코치가 백사이드 뒤쪽으로 셔틀콕을 치면 선수는 라운드 스매시를 한다.

재빨리 홈 포지션으로 돌아가서 다시 로브로 대응한다.

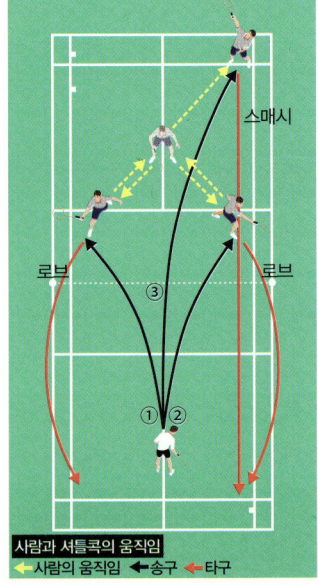

사람과 셔틀콕의 움직임
← 사람의 움직임   ← 송구   ← 타구

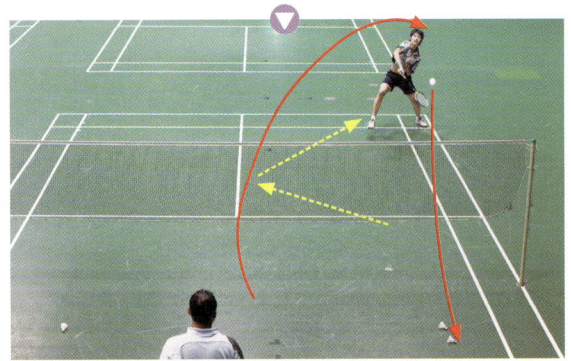

상대방이 클리어를 했다고 가정하고 스매시를 한다.

지도자 MEMO
두 번의 로브를 코트 뒤쪽까지 높이 리턴하자. 이 로브를 제대로 하지 않으면 실제 시합에서는 클리어가 아니라 스매시로 상대에게 당하게 된다. 로브의 코스도 스트레이트와 크로스로 번갈아하도록 한다.

랠리 연습

메뉴 171
라운드 스매시 → 백핸드 헤어핀 → 포핸드 스매시

난이도 ★★★
시간 약 10분
횟수 12~18회 X 3~5세트

목표 스매시를 한 다음 헤어핀으로 정확하게 리턴하고, 다음 공격으로 연결한다.

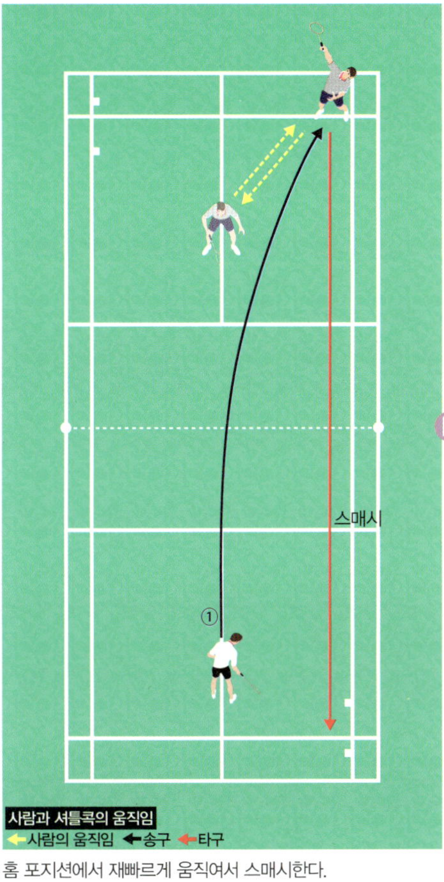

사람과 셔틀콕의 움직임
← 사람의 움직임 ← 송구 ← 타구

홈 포지션에서 재빠르게 움직여서 스매시한다.

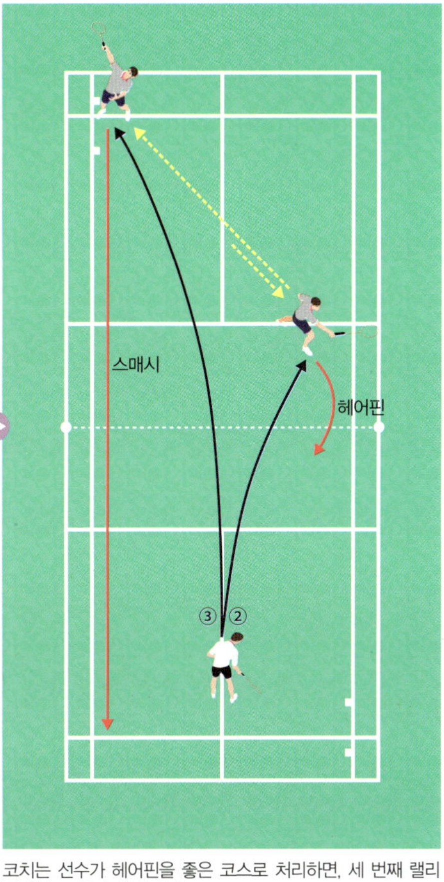

코치는 선수가 헤어핀을 좋은 코스로 처리하면, 세 번째 랠리를 찬스로 치기 쉽게 준다.

순서

① 코치가 백사이드 뒤쪽으로 셔틀콕을 치면 선수는 라운드 스매시를 하고 홈 포지션으로 돌아간다.
② 코치가 백사이드 앞으로 셔틀콕을 치면 선수는 백핸드 헤어핀을 한다.
③ 코치가 포사이드 뒤쪽으로 셔틀콕을 치면 선수는 포핸드 스매시를 한다.

지도자 MEMO

스매시 다음의 헤어핀이 정확하게 들어가서 세 번째 랠리가 유리하게 되는 상황을 가정한 연습이다. 코치는 선수의 헤어핀 투구 코스를 보고 세 번째로 주는 셔틀콕의 코스와 높이를 조정하도록 하자.

랠리 연습

메뉴 172 리시브에서 헤어핀

난이도 ★★★
시간 약 10분
횟수 12~18회 X 3~5세트

 **목표** 상대의 스매시를 리시브하고 헤어핀을 하는 연습이다. 풋워크와 수비력 강화를 도모한다.

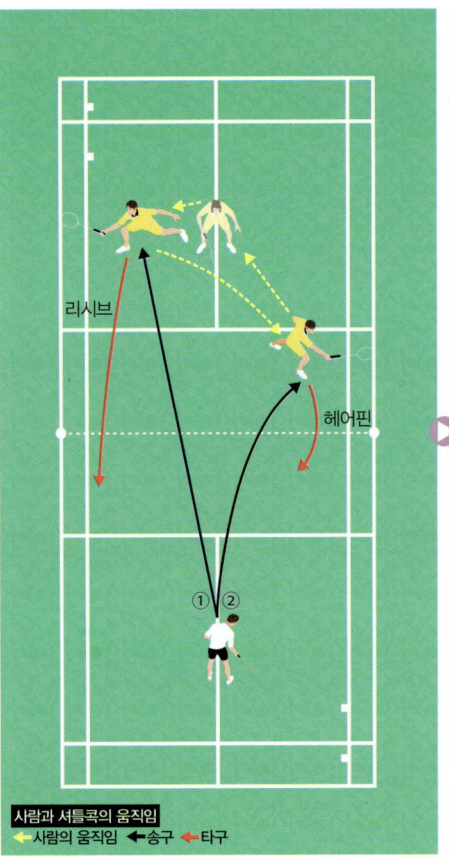

사람과 셔틀콕의 움직임
← 사람의 움직임 ← 송구 ← 타구

리시브 다음에는 재빨리 크로스 방향으로 달려가서 헤어핀을 한다.

홈 포지션에서 자세를 바르게 해서 스트레이트로 똑바로 리시브한다.

순서

① 코치가 포사이드로 스매시하면 선수는 포핸드 리시브를 한다.
② 코치가 백사이드 앞으로 셔틀콕을 치면 선수는 백핸드 헤어핀을 하고 홈 포지션으로 돌아간다.
③ 코치가 백사이드로 스매시하면 선수는 백핸드 리시브를 한다.
④ 코치가 포사이드 앞으로 셔틀콕을 치면 선수는 포핸드 헤어핀을 하고 ①로 돌아간다.

 지도자 MEMO 스매시를 리시브하고 네트 앞에서 헤어핀을 하는 수비 연습이다. 리시브한 다음에는 라켓을 올려서 네트 앞으로 가자. 헤어핀 다음에는 홈 포지션으로 돌아가고, 자세를 바로 한 다음 셔틀콕을 기다린다.

랠리 연습

메뉴 173 네트 앞 → 스매시

난이도 ★★★
시간 약 10분
횟수 12~20회 X 3~5세트

목표 상대가 네트 앞에서 크로스 뒤쪽으로 친 셔틀콕을 스매시로 공격한다.

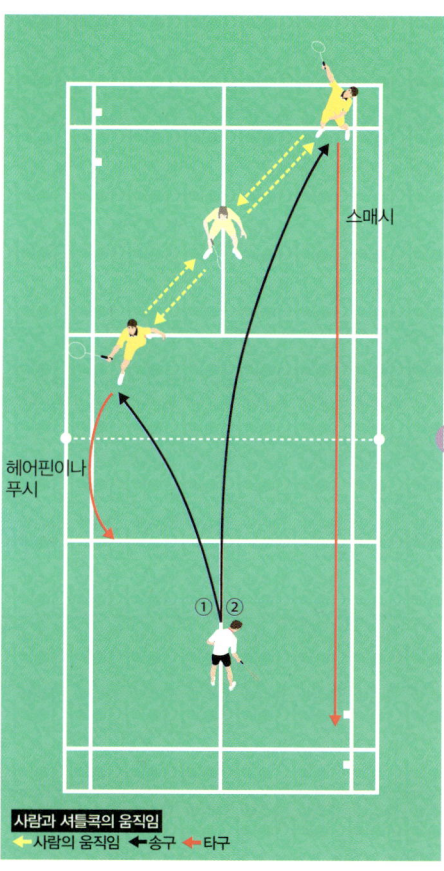
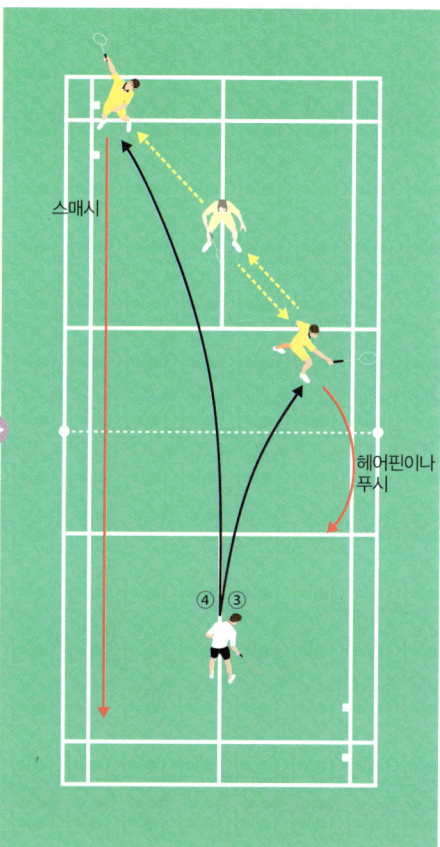

순서

① 코치가 포사이드 앞으로 셔틀콕을 치면 선수는 포핸드 헤어핀이나 포핸드 푸시를 한다.
② 코치가 백사이드 뒤쪽으로 셔틀콕을 치면 선수는 스트레이트로 라운드 스매시를 한다.
③ 코치가 백사이드 앞으로 셔틀콕을 치면 선수는 백핸드 헤어핀이나 백핸드 푸시를 한다.
④ 코치가 포사이드 뒤쪽으로 셔틀콕을 치면 선수는 스트레이트로 포핸드 스매시를 한다.

지도자 MEMO 상대가 코너를 노렸다고 가정한 연습이다. 모든 샷은 스트레이트로 하는 것이 기본이라는 것을 잊지 말자. 발이 매끄럽게 셔틀콕을 향할 수 있도록 타구 후의 자세를 취하는 것을 염두에 두고 움직이도록 하자.

랠리 연습

메뉴 174
4점 프리 연습
(앞 2점, 사이드 2점)

난이도 ★★★★
시간 약 10분
횟수 16~20회 X 3~5세트

목표 양 사이드와 네트 앞으로 오는 셔틀콕을 정확하게 리턴한다. 수비력을 높이는 연습이다.

사람과 셔틀콕의 움직임
← 사람의 움직임 ← 송구 ← 타구

코치는 사선 부분으로 스매시나 커트 등으로 셔틀콕을 친다.

선수는 스매시가 날아오면 팔이나 손목으로만 치지 않도록 발을 정확히 내밀고 리시브를 한다.

순서
① 코치는 포사이드 앞, 백사이드 앞의 2점, 사이드 좌우의 2점을 향해서 스매시나 커트 등을 임의로 준다.
② 선수는 셔틀콕의 질에 따라서 리시브 코스나 높이를 생각해서 리턴한다.

지도자 MEMO 스매시나 커트 같은 공격적인 샷에 대한 수비력을 높이기 위해 반복연습이 필요하다. 선수는 커트를 리턴한 다음 재빨리 자세를 고쳐서 스매시를 대비하도록 하자.

랠리 연습

메뉴 175
4점 프리 연습 (앞 2점, 뒤 2점)

난이도 ★★★★
시간 약 10분
횟수 16~20회 X 3~5세트

목표 힘든 상황에서도 상대를 무너뜨리는 공격을 할 수 있도록 한다.

사람과 셔틀콕의 움직임
← 사람의 움직임 ← 송구 ← 타구

코치는 사선 부분에 클리어나 커트를 임의로 준다.

선수는 자신의 자세에 따라 리턴하는 강도나 코스를 바꾼다.

순서

① 코치는 포사이드 앞, 백사이드 앞의 2점, 포사이드 뒤쪽, 백사이드 뒤쪽 2점을 향해서 클리어와 커트를 임의로 준다.
② 선수는 셔틀콕의 질에 따라 리시브 코스나 높이를 생각해서 리턴한다.

지도자 MEMO 코치의 셔틀콕을 단순히 리턴하는 것이 아니라, 자세가 좋을 때는 공격적인 샷을 하고, 자세가 나쁠 때는 정확한 코스로 치도록 하자. 상황을 판단하는 능력이 향상되면 간단한 실수는 하지 않을 것이다.

랠리 연습

메뉴 176 전면 프리 연습

난이도 ★★★★
시간 약 10분
횟수 16~20회 X 3~5세트

목표 랠리를 실전이라고 가정하고, 정확하게 리턴하도록 한다.

사람과 셔틀콕의 움직임
← 사람의 움직임   ← 송구   ← 타구

코치는 선수의 자세나 상태를 파악해서 셔틀콕을 친다.

선수는 다음 플레이 준비를 위해 재빠르게 리시브 자세를 만든다.

순서

① 코치는 포사이드 앞, 백사이드 앞의 2점, 사이드 좌우 2점, 포사이드 뒤쪽, 백사이드 뒤쪽 2점을 향해서 스매시나 커트, 로브 등을 임의로 준다.
② 선수는 셔틀콕의 질에 따라서 리시브 코스나 높이를 생각해서 리턴한다.

 지도자 MEMO 초반에는 안정된 자세로 대응할 수 있지만 후반에는 지쳐서 발이 잘 움직이지 않는다. 이때 포기하지 말고 셔틀콕을 쫓는 기분으로 실수하지 않고 칠 수 있도록 한다.

랠리 연습

메뉴 177 후위 프리 연습

난이도 ★★★★
시간 약 10분
횟수 16~20회 X 3~5세트

목표 복식 후위의 공격력과 커버력을 높인다.

사람과 셔틀콕의 움직임
← 사람의 움직임 ← 송구 ← 타구

선수는 드라이브나 스매시로 리턴하고 나서 홈 포지션으로 돌아가 다음 리턴을 준비한다.

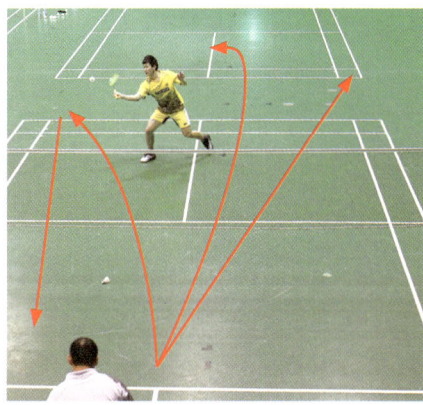

코치는 드라이브를 양 사이드로 나눠서 한다.

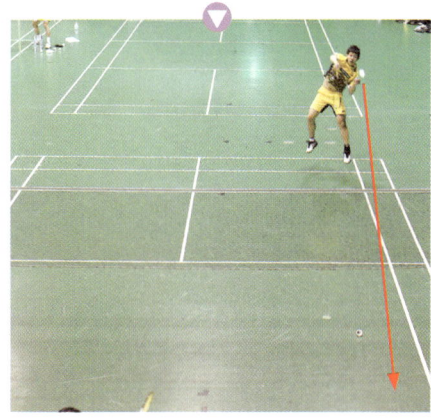

선수는 리턴할 때, 미스가 나지 않도록 위치 잡기나 라켓 준비를 의식한다.

순서

① 코치는 선수의 자세를 보면서 코트 뒤쪽으로 드라이브를 한다.
② 선수는 드라이브나 스매시로 리턴한다.

지도자 MEMO 후위의 공격 뒤에 대응력을 높이는 연습이다. 후위가 스매시한 다음 빠르게 리턴이 되었을 때, 사이드로 들어온 셔틀콕을 전위가 처리하지 못했을 때 등 여러 가지 상황을 예상하고 대응하자.

랠리 연습

메뉴 178 포핸드 스매시 → 포핸드 드라이브 → 푸시

난이도 ★★★★
시간 약 10분
횟수 12~18회

목표 공격 전개를 유지할 수 있도록, 실수하지 않고 정확하게 리턴한다.

선수는 포사이드 뒤쪽에서 스트레이트로 스매시를 한다.

코치가 포사이드로 리턴하면 라켓을 재빠르게 올려서 드라이브로 대응한다.

빠른 푸시를 하기 위해서 라켓을 올려서 앞으로 밀어붙인다.

순서

① 코치가 포사이드 뒤쪽으로 셔틀콕을 치면 선수는 스트레이트로 포핸드 스매시를 하고 홈 포지션으로 돌아간다.
② 코치가 포사이드로 셔틀콕을 치면 선수는 스트레이트로 포핸드 드라이브를 한다.
③ 코치가 포사이드 앞으로 셔틀콕을 치면 선수는 스트레이트로 포핸드 푸시를 한다.

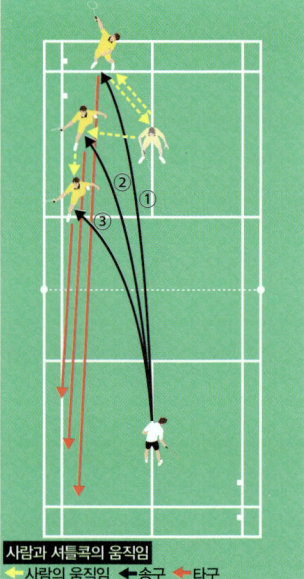

사람과 셔틀콕의 움직임
← 사람의 움직임　← 송구　← 타구

지도자 MEMO 복식에서 공격하는 상황을 유지하기 위해서 스매시나 드라이브를 치고 나서 빠르게 다음 셔틀콕을 준비하자. 라켓을 늦게 올리면 자세가 좋아도 실수를 하게 되므로 푸시를 똑바로 할 때까지 방심은 금물이다.

랠리 연습

메뉴 179
라운드 스매시 → 백핸드 드라이브 → 푸시

난이도 ★★★★
시간 약 10분
횟수 12~18회

목표 메뉴 178의 백사이드 연습이다.
같은 방식으로 공격 전개를 유지하기 위해 실수하지 않고 정확하게 리턴한다.

셔틀콕의 낙하지점에 재빠르게 들어가서 스트레이트로 스매시를 한다.

홈 포지션으로 돌아가서 발을 내밀고 드라이브를 한다.

상대가 쉬운 리턴을 쳤다고 가정하고 푸시를 한다.

순서

① 코치가 백사이드 뒤쪽으로 셔틀콕을 치면 선수는 스트레이트로 라운드 스매시를 하고, 홈 포지션으로 돌아간다.
② 코치가 백사이드에 셔틀콕을 치면 선수는 스트레이트로 백핸드 드라이브를 한다.
③ 코치가 백사이드 앞으로 셔틀콕을 치면 선수는 스트레이트로 백핸드 푸시를 한다.

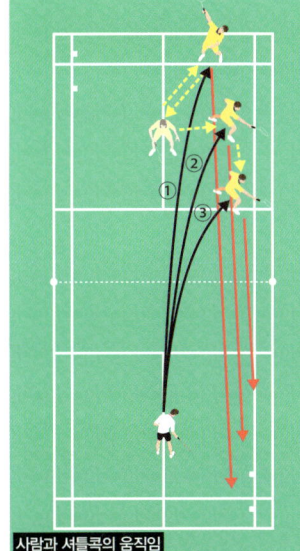

사람과 셔틀콕의 움직임
← 사람의 움직임　← 송구　← 타구

지도자 MEMO 스매시를 한 다음에 홈 포지션으로 돌아가야 한다. 다시 드라이브를 치러 나갈 때, 발이 나가지 않고 팔과 손목만으로 치기 쉬운데 그렇게 되면 셔틀콕이 떠서 상대에게 공격 받기 쉬워지므로 드라이브를 정확하게 하도록 주의하자.

랠리 연습

전위와 후위를 고정한 연습

난이도 ★★★★
시간 약 10분
횟수 20회 X 3~5세트

목표 　전위와 후위의 역할 분담을 똑바로 하고, 철저하게 포지션 역할을 한다.

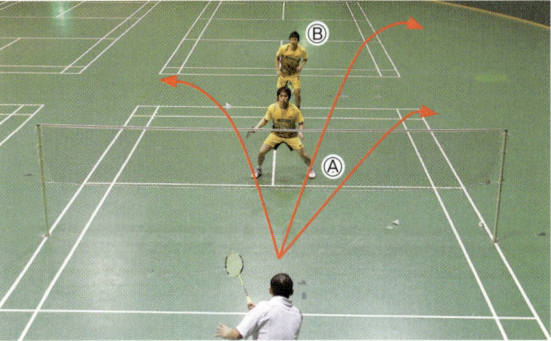
선수 두 명은 톱 & 백의 형태를 취한다.

순서
① 코치는 선수들을 향해서 모든 방향으로 셔틀을 임의로 준다.
② A와 B는 톱 & 백의 형태로 준비하고, 네트 앞의 전위 A, 코트 뒤쪽은 후위 B가 리턴한다. 사이드는 코치의 셔틀콕의 질이나 코스에 따라서 둘 중에 한 명이 대응한다.

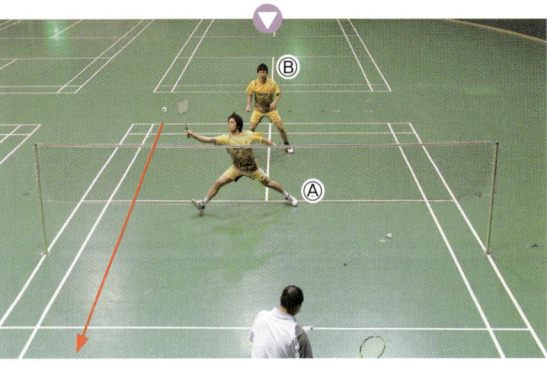
전위 A는 좌우의 움직임을 의식하면서 코치의 셔틀콕에 대응한다.

사람과 셔틀콕의 움직임
← 사람의 움직임　← 송구　← 타구

후위 B는 전위 A가 치지 못한 셔틀콕을 실수하지 않고 정확하게 리턴한다.

지도자 MEMO
전위와 후위의 포지션을 고정해서 연습한다. 전위는, 후위에게 찬스가 가도록 푸시나 헤어핀을 한다. 대응하지 못한 셔틀콕을 바로 후위에게 맡기고 철저하게 다음 리턴을 준비한다.

랠리 연습

난이도 ★★★★

메뉴 181
사이드 바이 사이드에서 스매시를 리시브

시간 약 10분
횟수 20회~40회×3~5세트

목표 파트너와의 호흡을 맞춰서 복식의 연계와 리시브 기술을 높인다.

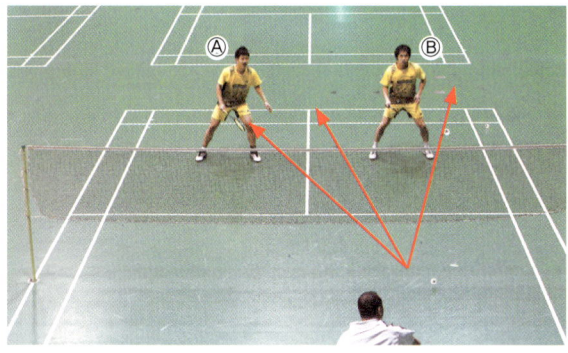

A와 B는 사이드 바이 사이드 형태로 준비한다.

스매시를 각 사이드 네트 앞과 코트 뒤쪽으로 나눠서 리시브한다.

리시브할 때 뒤로 가지 않도록 주의해서 한다.

순서
① 코치는 연속해서 스매시를 한다.
② A와 B는 사이드 바이 사이드의 형태로 준비하고 리시브한다.

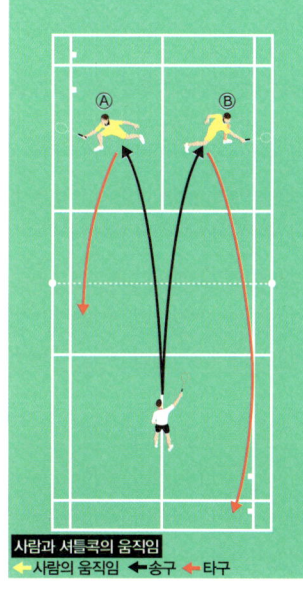

사람과 셔틀콕의 움직임
← 사람의 움직임　← 송구　← 타구

지도자 MEMO 단순한 연습이지만 파트너와 호흡을 맞추면 자신의 리시브 범위를 확인하는데 효과적이다. 수비의 리듬을 의식하고 항상 자신에게 셔틀콕이 온다는 마음가짐으로 연습에 임하자.

랠리 연습

사이드 바이 사이드에서 스매시 & 커트를 리시브

난이도 ★★★★
시간 약 10분
횟수 12~18회 X 3~5세트

목표 스매시와 커트를 임의로 받아서 복식의 리시브 기술과 대응력을 높인다.

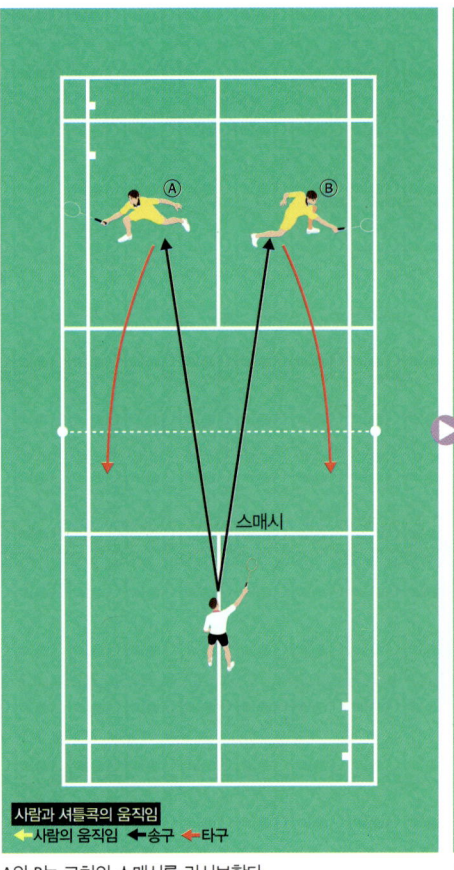

사람과 셔틀콕의 움직임
← 사람의 움직임 ← 송구 ← 타구

A와 B는 코치의 스매시를 리시브한다.

코치는 선수들의 포지션을 확인하고 뒤로 빠져 있으면 커트를 한다.

순서

① 코치는 스매시와 커트를 임의로 한다.
② A와 B는 사이드 바이 사이드의 형태로 준비하고 코치가 친 셔틀콕을 리시브한다.

지도자 MEMO 스매시와 커트를 임의로 함으로서 보다 실제적인 연습이 된다. 커트를 리턴한 뒤에는 다음 샷의 리시브 범위가 좁아지므로 이 셔틀콕을 다시 받는 파트너는 리시브하는 범위를 넓혀서 치도록 노력하자.

랠리 연습

메뉴 183
톱 & 백에서 로테이션으로 연습

난이도 ★★★★
시간 약 10분
횟수 20~40회

목표 파트너의 포지션을 확인하면서 리듬감 있게 공격할 수 있도록 한다.

코치는 톱 & 백의 형태일 때는 사이드 코스를 노린다.

▼

네트 앞으로 떨어진 셔틀콕에 A가 반응하면 B는 후위로 들어간다.

▼

A와 B는 소리를 내서 연계를 도모하여 로테이션한다.

순서
① A, B는 톱 & 백의 형태로 준비한다.
② 코치는 선수가 로테이션할 수 있게 타이밍을 조절하여 셔틀콕을 친다.
③ A가 네트 앞에서 리시브하면 B는 후위로 들어간다.

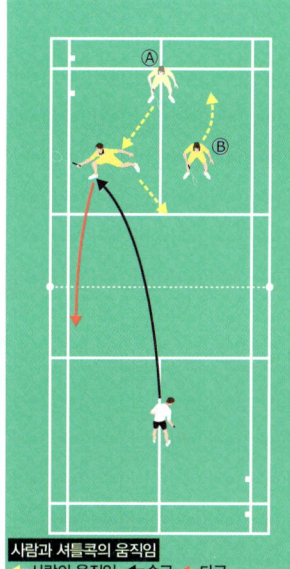

사람과 셔틀콕의 움직임
← 사람의 움직임 ← 송구 ← 타구

지도자 MEMO 톱 & 백의 형태에서 매끄럽게 로테이션을 바꾸고 공격하기 위한 연습이다. 두 명의 선수의 발이 멈추지 않도록 코치는 전후좌우의 템포를 맞춰서 셔틀콕을 주자. 선수는 포지션 확인을 소홀히 하지 않도록 한다.

랠리 연습

메뉴 184 | 드라이브로 주고받기에서 커트 리시브 → 푸시

난이도 ★★★★★

시간 약 10분

횟수 20회

목표 드라이브 전개에서 공격으로 똑바로 연결한다.

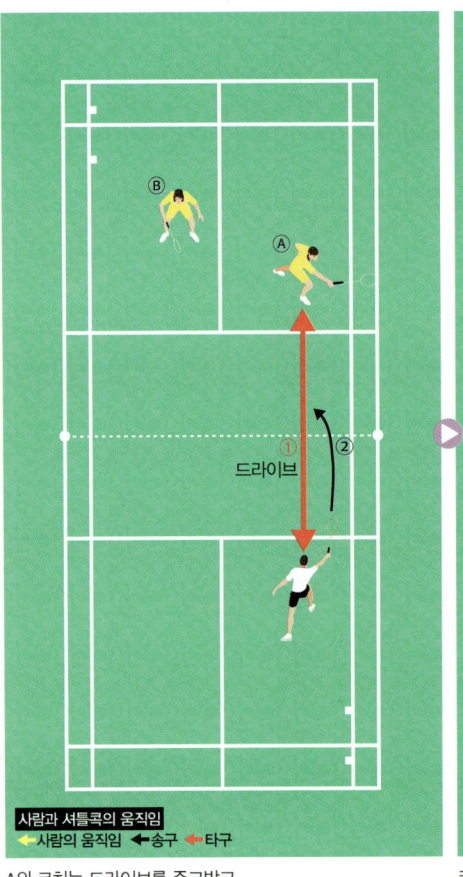

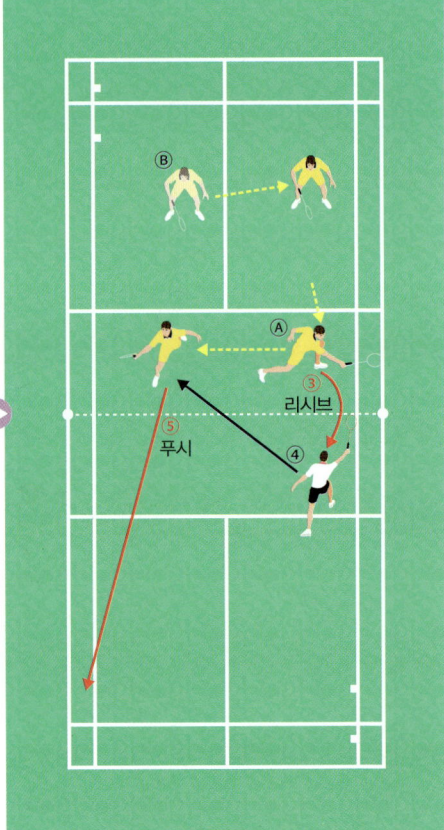

A와 코치는 드라이브를 주고받고, 어느 정도 계속했을 때 코치는 네트 앞으로 떨어뜨린다.

코치는 A의 리시브를 크로스 헤어핀을 한다. A는 그 셔틀콕을 높은 타점에서 푸시한다.

순서

① 코치는 네트 앞에 서서 A와 드라이브로 주고받기를 한다.
② 코치는 드라이브를 하다가 셔틀콕을 A의 네트 앞으로 떨어뜨린다.
③ A는 스트레이트로 백핸드 리시브한다.
④ 코치는 크로스로 헤어핀을 한다.
⑤ A는 포핸드 푸시로 리턴한다.
⑥ B로 바꿔서 ①~⑤를 반복한다.

지도자 MEMO 드라이브 전개에서 코치가 셔틀콕을 선수의 네트 앞으로 떨어뜨릴 때, 선수는 마음이 앞서 서두르다가 실수하는 경우가 많다. 마지막에 푸시로 똑바로 연결하기 위해서, 커트 리시브의 정확성을 높이는 연습을 하자.

랠리 연습

메뉴 185 복식 프리 연습 ①

난이도 ★★★★
시간 약 10분
횟수 20~40회 X 3~5회

목표 복식의 판단력을 높이고, 재빠른 로테이션을 하도록 유념한다.

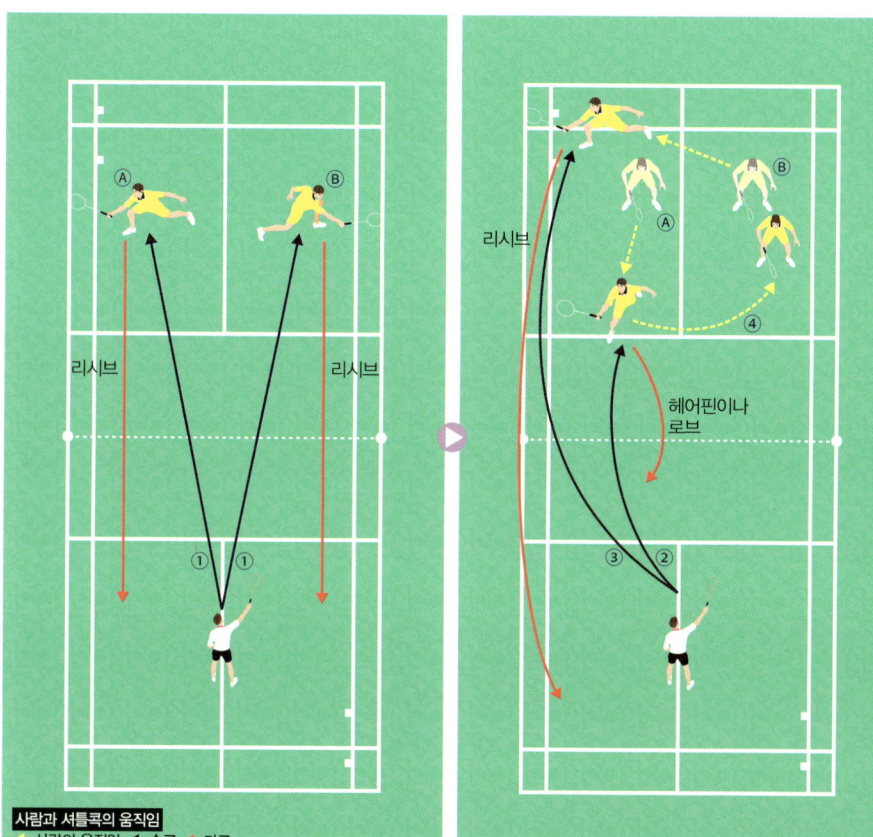

사람과 셔틀콕의 움직임
← 사람의 움직임　← 송구　← 타구

순서

① 코치가 임의로 셔틀콕을 치면 A, B는 사이드 바이 사이드의 형태로 리시브한다.
② 코치가 네트 앞으로 셔틀콕을 치면 A는 앞으로 나와서 헤어핀이나 로브로 대응한다.
③ 코치가 A의 뒤에 생긴 공간으로 셔틀콕을 치면 B가 수비한다.
④ A가 백사이드 쪽으로 이동하면 A와 B는 다시 사이드 바이 사이드 형태로 돌아가고 ①로 돌아간다.

지도자 MEMO 복식의 실전 연습이다. 파트너가 서 있는 위치에 맞춰서 움직이도록 하자. 또, 공격에서 수비, 수비에서 공격으로 바꾸는 순간의 스피드를 의식하면 보다 실전적인 랠리가 된다.

랠리 연습

메뉴 186 복식 프리 연습 ②

난이도 ★★★★

시간 약 10분

횟수 20~40회

목표 준비, 자세, 포지션 등 여러 가지 상황을 고려해서 실수 없이 리턴한다.

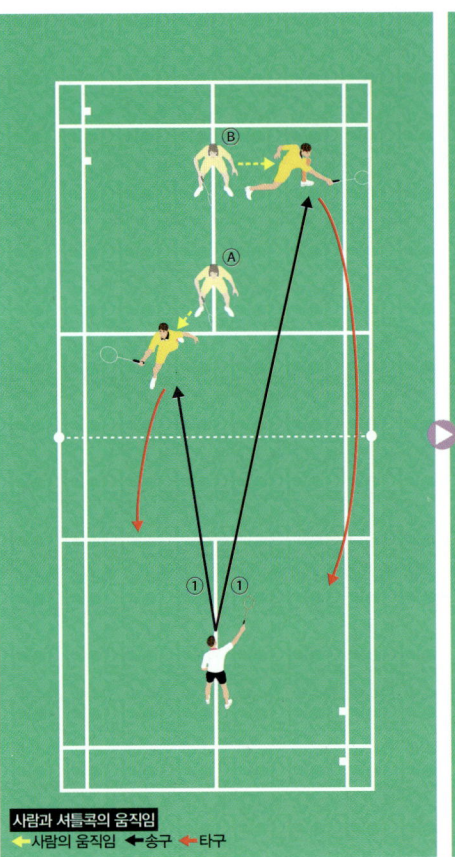
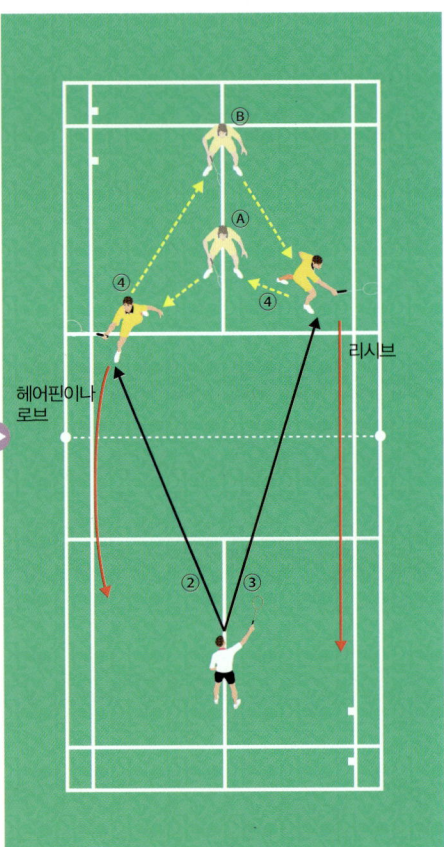

헤어핀이나 로브

리시브

사람과 셔틀콕의 움직임
← 사람의 움직임　← 송구　← 타구

순서

① 코치가 스매시 등의 공격적인 샷을 섞어서 임의로 셔틀콕을 치면 A, B는 톱 & 백의 형태로 리턴한다.
② 코치는 네트 앞의 포사이드 쪽으로 셔틀콕을 치면 A는 포핸드 헤어핀이나 포핸드 로브로 대응한다.
③ 코치는 바로 반대쪽 사이드에 셔틀콕을 쳐서 B를 앞으로 움직이게 한다.
④ B와 A는 자연스럽게 톱&백의 형태로 로테이션한다.

지도자 MEMO 복식의 실전 연습이다. 이 연습은 지금까지 복식 연습의 총결산이라고 생각하자. 코치는 시합 때 일어날 여러 가지 상황을 생각하고 셔틀콕을 친다. 서로가 실전 시합에 임하는 자세로 연습하는 것이 중요하다.

랠리 연습

메뉴 187 라켓을 재빠르게 올려 대응하기 ①

난이도 ★★★★★
시간 약 10분
횟수 16~20회

목표 짧게 오는 셔틀콕과 길게 오는 셔틀콕을 두개 연속으로 대응하면서 라켓을 재빨리 올리는 연습을 한다.

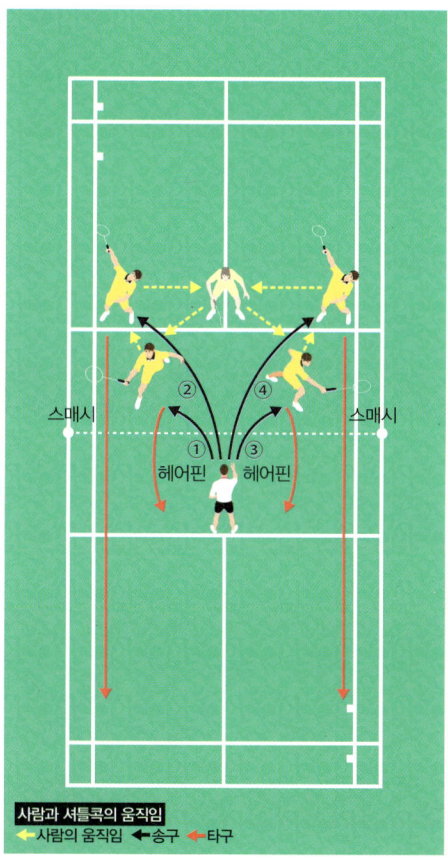

사람과 셔틀콕의 움직임
← 사람의 움직임 ← 송구 ← 타구

코치는 네트 앞에서 손으로 짧게 셔틀콕을 던진다.

선수가 헤어핀을 하는 동시에, 코치는 셔틀콕을 길게 던진다.

순서

① 코치가 포사이드 네트 앞으로 셔틀콕을 짧게 던지면 선수는 포핸드 헤어핀을 한다.
② 코치가 곧바로 포사이드로 길게 셔틀콕을 던지면 선수는 포핸드 스매시로 대응한다.
③ 코치가 백사이드 네트 앞으로 셔틀콕을 짧게 던지면 선수는 백핸드 헤어핀을 한다.
④ 코치가 곧바로 백사이드로 길게 셔틀콕을 던지면 선수는 라운드 스매시로 리턴한다.

지도자 MEMO 선수는 높은 타점으로 헤어핀을 하고, 계속해서 스매시를 하도록 하자. 헤어핀 다음에 라켓을 내리면, 스매시의 대응이 늦어지므로 라켓을 올린 채 움직이자.

랠리 연습

메뉴 188 라켓을 재빠르게 올려 대응하기 ②

난이도 ★★★★★
시간 약 10분
횟수 16~20회 X 3~5세트

목표 라켓을 재빨리 올려서 준비된 자세로 푸시를 한다.

선수는 포사이드 쪽에서 헤어핀을 한다.　　헤어핀을 하면 바로 라켓을 올려서 푸시를 한다.

푸시를 하면 재빨리 백사이드 쪽으로 이동한다.　　코치는 짧은 셔틀콕을 두 번 연속 손으로 던져준다.

순서

① 코치는 포사이드 앞으로 셔틀콕을 손으로 짧게 던진다.
② 선수는 포핸드 헤어핀으로 대응한다.
③ 코치는 다시 짧게 셔틀콕을 손으로 던진다.
④ 선수는 포핸드 푸시로 대응한다. 백사이드 앞으로 이동해서 ①~③을 반복한다.

지도자 MEMO 코치는 네트 앞에서 손으로 재빠르게 셔틀콕을 던진다. 선수가 짧게 날아오는 셔틀콕을 헤어핀으로 리턴할 수 있게 하고, 계속해서 푸시를 할 수 있는 높이로 셔틀콕을 던진다. 선수는 재빨리 라켓을 올리고 두 번째 셔틀콕을 확실하게 처리하자.

제11장
트레이닝
Training

배드민턴은 보기보다 상당한 체력을 요구하는 스포츠이다.
짧은 걸음으로 움직이는 것도 필요하기 때문에
라켓을 이용한 연습 외에도 민첩성과 완력을 기르는 훈련이 필요하다.

트레이닝

난이도 ★★

메뉴 189 셔틀콕 사다리 다리 올리기

시간 —
횟수 5~10회

목표 민첩성을 높이고 세세한 발 스텝을 익힌다.

순서
① 7~8개의 셔틀콕을 일렬로 같은 간격으로 놓는다.
② 다리를 허리 높이까지 올리면서, 셔틀콕 위를 통과한다.

지도자 MEMO 민첩성을 높이기 위해 재빠른 스텝을 의식하자. 셔틀콕을 밟지 않도록 보폭을 조절하면서 리듬을 맞춰 앞으로 나간다.

다리를 높이 올려서 셔틀콕을 넘으면서 걷는다.

팔을 똑바로 흔들고 민첩하게 움직인다.

트레이닝

난이도 ★★

메뉴 190 셔틀콕 사다리 양발로 점프

시간 —
횟수 5~10회

목표 민첩성을 높이고 세세한 발의 스텝을 익힌다.

순서
① 7~8개의 셔틀콕을 일렬로 같은 간격으로 놓는다.
② 몸을 정면이나 옆을 향해서, 셔틀콕 위를 양쪽 발로 점프하면서 앞으로 나간다.

지도자 MEMO 양발 점프는 위로 높게 뛰지 않아도 된다. 도중에 멈추지 않도록 같은 높이, 적당한 간격으로 점프하도록 하자.

한 번씩 멈추지 말고 가볍게 튕기듯이 앞으로 나간다.

트레이닝

메뉴 191 — 셔틀콕 사다리 사이드 스텝

난이도	★★★
시간	–
횟수	5~10회

목표 ▸ 민첩성을 높이고 세세한 발의 스텝을 익힌다.

잔걸음으로 재빠른 스텝을 하도록 주의한다.

중심을 좌측에 두고 왼발을 내민다.

오른쪽 발을 끌어당겨서 반대 방향으로 발을 뺀다.

순서
① 7~8개의 셔틀콕을 일렬로 같은 간격으로 놓는다.
② 사이드 스텝을 하면서 셔틀콕 사이를 통과한다.

 지도자 MEMO 셔틀콕 사이를 오른발이 통과하는 동시에 왼발을 끌어당긴다. 왼발이 오른발에 닿는 동시에 재빨리 왼발을 반대쪽으로 내밀면서 셔틀콕 사이를 통과한다.

트레이닝

메뉴 192 — 차이나 스텝 ①

난이도	★★★
시간	약 30초
횟수	3~5세트

목표 ▸ 배드민턴 특유의 움직이는 방법과 리듬을 익힌다.

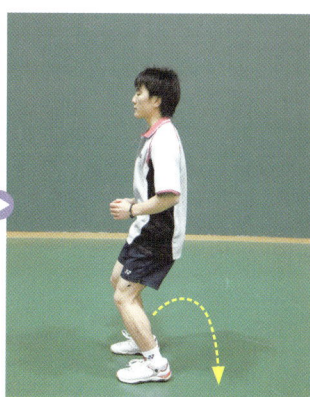

양다리를 모아서 앞으로 점프한다.

착지와 동시에 뒤로 간다.

순서
① 양다리를 어깨 넓이만큼 벌린 상태에서 전후로 점프한다.
② 도중에 10초 정도 움직이는 리듬을 빨리한다.

 지도자 MEMO 될 수 있는 한 발뒤꿈치를 많이 올려서 양발로 점프를 하도록 하자. 특히 착지할 때 발바닥 전체로 착지하지 않도록 주의하자.

트레이닝 | 난이도 ★★★

메뉴 193 차이나 스텝 ②

시간 약 30초
횟수 3~5세트

목표 배드민턴 특유의 움직이는 방법과 리듬을 익힌다.

점프와 동시에 오른쪽 발을 앞으로 내민다.
다음 점프에서 발을 모은다.
계속해서 왼쪽 발을 앞으로 내민다. 팔로 균형을 잡는다.

순서

① 오른발을 앞으로, 왼발을 뒤로 벌리면서 점프한다. 다시 점프하면서 양발을 모으고, 다음은 왼발이 앞으로, 오른발을 뒤로 벌리면서 점프한다. 이것을 반복한다.

② 중간에 10초 정도 움직이는 리듬을 빨리한다.

지도자 MEMO 발을 번갈아서 바꾸는 게 아니라 한번 양발을 모았다가 다음 발을 내밀도록 하자. 보폭을 크게 할 필요는 없다.

트레이닝 | 난이도 ★★★

메뉴 194 차이나 스텝 ③

시간 약 30초
횟수 3~5세트

목표 배드민턴 특유의 움직이는 방법과 리듬을 익힌다.

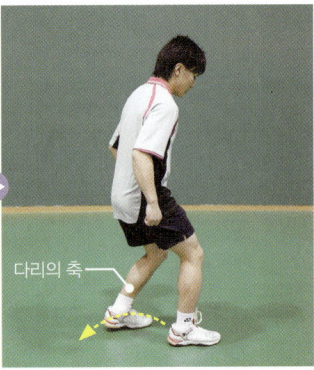

왼쪽 다리를 축으로 해서 균형을 잡으면서 오른발을 앞으로 내민다.
오른발이 지면에 닿으면 바로 뒤로 보낸다. 이것을 반복한다.

순서

① 다리의 축을 지면에 붙인 채로 다른 발을 전후로 내민다.

② 도중에 10초 정도 움직이는 리듬을 빨리한다.

지도자 MEMO 한쪽 다리만 재빨리 전후로 움직이는 것은 의외로 어렵다. 중간에 멈추지 않도록 적절한 리듬으로 발을 움직인다.

트레이닝

메뉴 195 — 차이나 스텝 ④

목표: 배드민턴 특유의 움직이는 방법과 리듬을 익힌다.

난이도: ★★★
시간: 약 30초
횟수: 3~5세트

순서
① 제자리에서 쪼그리고 앉았다가 상체를 올리는 동시에 몸을 옆으로 돌리고 발은 전후로 벌린다.
② 벌린 발을 중심으로 돌면서 쪼그리고 앉는다. 다음은 반대 방향을 향해서 발을 전후로 벌린다.
③ 중간에 10초 정도 움직이는 리듬을 빨리한다.

지도자 MEMO: 쪼그리고 앉아 있다가 바로 발을 벌리기 때문에 하체에 부하가 걸린다. 균형도 잃기 쉬우므로 하체가 흔들리지 않도록 주의하자.

쪼그리고 앉아서 상체를 올린다.

상체를 올리는 동시에 몸을 반만큼만 회전한다.

다리를 전후로 벌렸다가 원래 자세로 돌아온다.

트레이닝

메뉴 196 — 셔틀콕 놓기

목표: 배드민턴의 기본적인 움직임을 익힌다.

난이도: ★★★
시간: -
횟수: 8~20회

순서
① 그림에 있는 사선 부분 중에 다섯 군데에 셔틀콕을 놓는다.
② 셔틀콕을 1개 줍고 홈 포지션으로 돌아가서, 비어있는 공간에 셔틀콕을 놓으러 간다.
③ 다시 홈 포지션으로 돌아가서, 셔틀콕을 1개 줍고 ②를 반복한다.

지도자 MEMO: 실제로 셔틀콕을 치는 타점보다 낮은 자세로 줍는다. 몸에 부하가 걸리므로 수준에 맞춰서 셔틀콕의 숫자나 횟수를 조정하자.

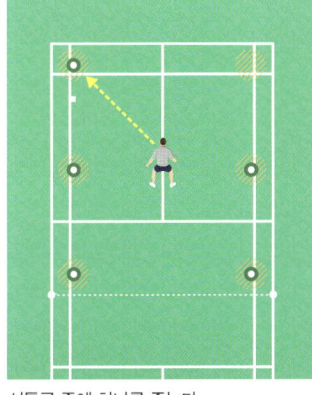
셔틀콕 중에 하나를 줍는다.

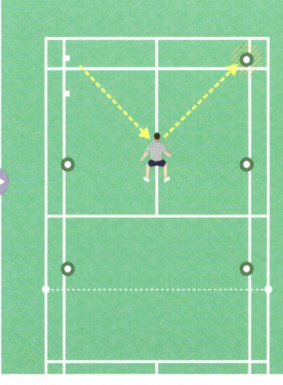
비어 있는 공간에 셔틀콕을 놓는다.

| 트레이닝 | 난이도 ★★ |

메뉴 197 봉을 이용한 트레이닝 ①

시간 −
횟수 10~15회

목표 배드민턴에서 사용하는 상반신의 근력과 유연성을 향상시킨다.

순서

① 봉을 잡으면서 팔을 앞으로 뻗고 천천히 가슴 쪽으로 당긴다. 반복해서 연습한다.

지도자 MEMO 전후로 빠르게 움직일 필요는 없다. 천천히 해도 상관없으므로 팔을 깊이 굽히자. 항상 가슴을 쭉 펴고 상반신이 흔들리지 않도록 의식한다.

봉을 떨어뜨리지 않도록 똑바로 잡고 팔을 앞으로 뻗는다.

봉을 천천히 팔의 제 위치로 끌어당긴다.

| 트레이닝 | 난이도 ★★ |

메뉴 198 봉을 이용한 트레이닝 ②

시간 −
횟수 10~15회

목표 배드민턴에서 사용하는 상반신의 근력과 유연성을 향상시킨다.

순서

① 손등이 위로 오는 모양으로 봉 중심을 잡고 머리 위로 들어 올린다.
② 손목에서 팔꿈치를 머리 뒤까지 굽히고 다시 머리 위까지 들어 올린다.

지도자 MEMO 봉을 들었을 때 균형을 잃지 않도록 주의하자. 연습이 익숙해지면 봉을 머리 앞까지 들어 올리도록 하자.

팔을 굽혀서 머리 뒤까지 봉을 내린다.

봉이 한쪽으로 기울지 않도록 좌우 균형을 잘 잡는다.

| 트레이닝 | 난이도 ★★ |

메뉴 199 봉을 이용한 트레이닝 ③

시간 -
횟수 20회

목표 배드민턴에서 사용하는 상반신의 근력과 유연성을 향상시킨다.

순서

① 사진과 같이 봉을 잡는다.
② 천천히 좌우로 몸을 비튼다.

 지도자 MEMO 스윙을 할 때 사용하는 근육의 유연성을 향상시키는 연습이다. 몸의 축을 의식하면서 천천히 좌우로 비틀도록 하자.

몸의 축이 흔들리지 않도록 양발로 똑바로 지탱해서 몸을 비튼다.

복근을 의식하고 반대 방향으로 비튼다.

| 트레이닝 | 난이도 ★★★ |

메뉴 200 봉을 이용한 트레이닝 ④

시간 -
횟수 10~20회

목표 배드민턴에서 사용하는 상반신의 근력과 유연성을 향상시킨다.

순서

① 사진과 같이 봉을 잡는다.
② 한 발을 앞으로 크게 내밀었다가 중심으로 돌려놓는다. 좌우의 발을 번갈아서 내민다.
③ 몸은 정면을 향하고 한쪽 다리를 옆으로 내민다. 좌우의 발을 번갈아 내민다.

 지도자 MEMO 허리를 많이 낮춰서 발을 내민다. 움직일 때는 몸이 흔들리지 않도록 하반신을 안정시키도록 의식하자.

한쪽 발을 크게 앞으로 내민다.

앞으로 내민 쪽의 무릎을 똑바로 굽히면서 허리를 낮춘다.

Message of the Supervisor
독자 여러분께
To Readers

기본을 습득하는 게
배드민턴 숙달의 가장 빠른 지름길이다

실수하는 원인은 누구나 같다

내가 선수시절 때 연습을 아무리 해도 실력이 늘지 않던 시기가 있었다. 그 당시에는 은퇴를 생각하기도 했다.

그런 상태를 극복할 수 있었던 계기는 초등학생을 지도할 때 찾아왔다. 초등학생을 가르칠 때는 사고나 기술의 강도를 낮춰서 지도를 하지 않으면 제대로 가르칠 수가 없다. 그렇게 가르치는 사이에 초등학생이나, 프로 선수나 실수를 하는 원인은 똑같다는 것을 알았다. 예를 들면 똑바로 발을 움직이지 않았다던가, 몸이 셔틀콕을 향하지 않았다는 것이다. 이런 기본적인 동작을 소홀히 하지 않는 것이 배드민턴에서는 아주 중요한 것이다. 그것을 재인식하고 나서 나는 다시 시합에서 이길 수 있었다.

기초를 지도하는 것이 가장 중요하다

강습회에서 코치 분들과 접할 기회가 많아져서 직접 이야기를 나누다 보면, 초보자를 어떻게 가르쳐야 할지 몰라서 골치를 썩고 있는 분들이 많다.

그런 분들을 위해서 본서에서는 기본적인 연습 메뉴를 많이 소개했다. '셔틀콕 잡기(27쪽)', '셔틀콕 던지기(28쪽)'등은 라켓을 사용하지 않아도 기본적인 발의 움직임을 익히는데 효과적인 연습이다. 신장이 작은 초등학생을 위해 네트 높이를 낮춰서 연습(34쪽)하게 하는 것도 선수를 키우는 데 아주 유효하다고 할 수 있다. 처음 시작한 선수를 지도하는 것은 고생스럽고, 끈기도 필요하다. 만약 지도하다가 벽에 부딪쳤을 때, 본서를 활용한다면 나는 더없이 기쁠 것이다.

나는 유치원 팀부터 대표 팀까지 지도를 했지만 제일 보람을 느낀 것은, 숙달되는 것이 눈에 보이는 초등학생이나 초보자를 지도했을 때였다.
코치 분들이 기본이 얼마나 중요한지 이해하고 지도했으면 좋겠다.

즐거운 환경 만들기에 힘쓰자
코치 분들은 여러 가지 생각이 있겠지만, 나는 선수에게 "우선 배드민턴을 즐겨라"라는 지침을 항상 소중히 한다. 물론 시합에서 이기기 위한 연습도 중요하지만, 선수가 지쳤을 때 힘든 연습을 시키면 배드민턴이 싫어질 뿐이다. 대표 팀 선수도, 힘들 때 연습을 하면 움직이지 못할 때가 있다. 그럴 때는, 부하가 가벼운 연습을 해서 즐거운 연습 환경을 만들도록 하자.

이 책을 읽는 독자 중에는 하루 일과가 끝난 다음에, 조금이라도 배드민턴을 즐기려는 직장인도 있을 거라고 생각한다. 그런 분들을 포함해서, 배드민턴을 즐길 수 있도록 연습 메뉴를 소개했다. 본서를 참고하여 한 명이라도 전보다 많은 사람이 배드민턴을 즐길 수 있다면, 나는 더할 나위 없이 기쁠 것이다.

배드민턴 일본대표 코치 **마스다 케이타**

New 배드민턴교본

1판 1쇄 | 2015년 6월 15일
1판 7쇄 | 2025년 7월 28일
지은이 | 마스다 케이타
감수자 | 권 오 룡
옮긴이 | 김 미 희
발행인 | 김 인 태
발행처 | 삼호미디어
등 록 | 1993년 10월 12일 제21-494호
주 소 | 서울특별시 서초구 강남대로 545-21 거림빌딩 4층
         www.samhomedia.com
전 화 | (02)544-9456(영업부) / (02)544-9457(편집기획부)
팩 스 | (02)512-3593

ISBN 978-89-7849-523-3 (13690)

Copyright 2015 by SAMHO MEDIA PUBLISHING CO.

출판사의 허락 없이 무단 복제와 무단 전재를 금합니다.
잘못된 책은 구입처에서 교환해 드립니다.